U0505981

集人文社科之思　刊专业学术之声

集 刊 名：三峡文化研究

主办单位：三峡文化与经济社会发展研究中心
　　　　　湖北省三峡文化研究会

The Research on Three Gorges Culture (Vol. 16)

编辑委员会

主　　编：王祖龙　曹大明

编辑委员会成员（按姓氏笔画排序）：

王作新　（三峡大学民族学院教授）

方　铁　（云南大学西南边疆少数民族研究中心教授）

吴　琦　（华中师范大学历史文化学院教授）

周积明　（湖北大学历史文化学院教授）

段　超　（中南民族大学民族学与社会学学院教授）

董建辉　（厦门大学历史与文化遗产学院教授）

蓝　勇　（西南大学历史地理研究所教授）

本期执行编辑：李　超　李　虎

本期英文校对：李　扬

编 辑 单 位：《三峡文化研究》编辑部

学术支持单位：三峡大学民族学院

三峡文化研究（第16辑）

集刊序列号：PIJ-2019-402

中国集刊网：www.jikan.com.cn / 三峡文化研究

集刊投约稿平台：www.iedol.cn

三峡文化研究

THE RESEARCH ON
THREE GORGES CULTURE (Vol. 16)

第 16 辑

王祖龙　曹大明　主编

社会科学文献出版社
SOCIAL SCIENCES ACADEMIC PRESS (CHINA)

目　录

《三峡文化研究》第 16 辑
第 001~029 页

云阳地区西周、春秋战国时期
人类活动的历史

杨华 杨巧[*]

摘　要：云阳地处三峡地区腹地，是古代巴国的中心区域。我国古代文献中记载有东周时期人类在云阳地区大量活动的情况，如巴国疆域、巴人的社会经济和生产技术、人口流动和迁徙、军事活动等。从考古发现来看，云阳地区属于西周、春秋战国时期的遗址和墓葬的数量，较夏商时期更多，其文化面貌主要是巴文化和楚文化，其中又以巴文化遗址、墓葬相对较多。云阳地区考古出土的西周、春秋战国的文物，有着大量的石器、铁器、铜器、骨器、蚌器等生产工具，既证实当时存在广泛的农业生产，也体现了青铜制造业和冶铁业在当地已经出现并得到发展。

关键词：云阳地区　巴文化　文化遗存

一　文献中记载的有关云阳地区人类活动的历史情况

具体来说，与夏商时期情况大致相似，各类文献史籍中，对于三峡地区西周、春秋战国时期人类活动的历史，可以查阅到一些信息，但直接记载云阳地区西周、春秋战国时期人类活动历史情况的文献却很少。其实，历史上

* 杨华（1955~），男，湖北宜昌人，重庆师范大学历史与社会学院教授，硕士研究生导师，主要研究三峡考古、巴楚文化；杨巧（1987~），女，湖北宜昌人，重庆市文物考古研究院，主要研究大遗址保护。

记载的一些有关三峡地区古代人类活动的情况，有的也就是云阳地区古代人类活动的情况。云阳地处三峡地区腹地，是古代巴国的中心区域，古老的长江沟通着我国东部与西部的文化交流，其文化传播，无论是自西向东，还是从东往西，都必须穿过三峡地区，因此，历史上无论发生什么事情，云阳地区都是身临其中的。我们从以下几个方面来看我国古代文献史籍中记载的相关情况。

其一，关于东周时期巴国疆域方面的历史记载。《华阳国志·巴志》记载，当时的巴国疆域，"其地东至鱼复，西至僰道，北接汉中，南及黔、涪"①。其疆域之辽阔，囊括了今鄂西北、鄂西、鄂西南、湘西北、湘西、黔东北、黔北、川南等地，重庆居中。而据考古发现资料，夏商时期巴人遗存（亦称"早期巴人遗存"）分布范围在江汉平原西部，洞庭湖流域西北部和西部，渝东南及乌江中下游地区，黔北赤水流域，川南宜宾地区，川东嘉陵江流域，陕南汉中、安康等地，在这一区域里都发现有早期巴人遗物（遗存），不过，从目前的考古调查和已有的发掘资料来看，这类所谓的"早期巴人遗存"的中心区在鄂西、长江三峡地区，该区域里的巴人遗存分布最为密集，出土遗物也最为丰富。② 云阳李家坝、大地坪、东洋子、伍家湾、明月坝遗址等都出土有较多的这类早期巴人遗物。由此可见，早期巴人的分布范围远远超过了《华阳国志·巴志》中记述的巴国分布范围，只是西周、东周时期有了一些变化。

其二，关于巴人社会经济和生产技术方面的历史记载。《华阳国志·巴志》记载："（巴地）土植五谷，牲具六畜。桑、蚕、麻、纻、鱼、盐、铜、铁、丹、漆、茶、蜜、灵龟、巨犀、山鸡、白雉、黄润、鲜粉皆纳贡之。"③农业生产方面，除记载"土植五谷"外，该文献还称巴地"川崖惟平，其稼多黍。旨酒嘉谷，可以养父。野惟阜丘，彼稷多有。嘉谷旨酒，可以养母"④，表现了当时巴地粮食丰收的场景。手工业方面，"盐、铜、铁"，

① （晋）常璩撰，刘琳校注《华阳国志校注》，巴蜀书社，1984，第25页。
② 杨华：《三峡考古文化》，湖北人民出版社，2018，第275页。
③ （晋）常璩撰，刘琳校注《华阳国志校注》，巴蜀书社，1984，第25页。
④ （晋）常璩撰，刘琳校注《华阳国志校注》，巴蜀书社，1984，第28页。

"皆纳贡之"。云阳地区盐业生产历史悠久，周代制盐技术水平较高，云安盐场所在地云安镇自古有"盐都"之称，至明末清初，该盐场已成为巴蜀地区四大盐井重镇之一。青铜器制造方面，巴地早在商周时期就已有青铜器制造业，考古资料显示，春秋战国时期的青铜器在巴地大量出土，同时还出土有少量铁器，而战国时期铁制工具的生产，大大推动了农业生产技术的发展。

其三，关于人口流动和迁移方面的历史记载。《山海经·海内经》记载："南方……有人曰苗民（郭璞注曰'三苗民也'）。有神焉，人首蛇身，长如猿，左右有首。"研究者认为，这里所谓的苗民也就是远古时期以"蛇"为图腾的巴人（巴蛇），远古时期该民族主要在长江中游及三峡地区活动。因三苗民族发展势力不断强大，并长期与中原华夏民族相抗争，其后华夏集团南下征伐三苗，最终三苗民族战败并向南、向西逃亡，有的沿长江而上进入三峡地区。对此《淮南子·修务训》《尚书·尧典》《孟子·万章上》《墨子·兼爱下》等诸多文献史籍都有记载。商时期，商王朝在武丁的治理下达到极盛时期，出现"殷道复兴"的局面，史称"高宗（武丁庙号）中兴"。强盛的武丁王朝曾多次南下征伐巴方，对此，甲骨文文献如《殷契粹编》1230、《殷虚文字丙编》313、《殷虚文字乙编》2948+2950 等，都有记载。由是北方中原商文化（人）进入三峡地区。商末期，更有"巴、蜀之师"参与周武王伐纣的战争。西周中期，由东向西发展的楚国首先进入三峡东部地区，至春秋战国时期，楚人进入奉节瞿塘峡以西地区。《左传·僖公二十六年》载："斗宜申帅师灭夔，以夔子归。"《史记·秦本纪》正义曰："楚……南有巴、渝，过江南有黔中、巫郡。"《华阳国志·巴志》记载："江州以东，滨江山险，其人半楚，姿态敦重。"① 可见在西周中期至战国时期，楚人源源不断地进入三峡腹地。秦灭楚后，再占巴国，秦文化随之而来。秦文化的进入不仅因秦军屯驻巴地，还因秦国移民。《华阳国志·蜀志》记载："周赧王元年（前 314）……置巴郡，以张若为蜀国守。戎伯尚强，乃移秦民万家实之。"

---

① （晋）常璩撰，刘琳校注《华阳国志校注》，巴蜀书社，1984，第 49 页。

其四，关于军事活动方面的历史记载。巴人"天性劲勇"，自古好战，北上参战，东出伐楚，西与蜀争（《华阳国志·巴志》载"巴、蜀世战争"），故历史上发生过许多与巴人有关的著名战争。这里介绍几例主要的战争。商末期，武王伐纣，巴师为其联军之一。《华阳国志·巴志》记载："周武王伐纣，实得巴、蜀之师……巴师勇锐，歌舞以凌殷人。"巴师在战斗中表现得非常英勇，为周人夺得天下立下了汗马功劳。庄公六年（前688），巴与楚联军伐申，接着巴伐楚，直逼郢都。文公十六年（前611），巴与楚、秦联合攻打庸国，灭庸［庸国，今湖北省竹溪县到房县的堵河流域和南河流域一带，其南连接鱼国（今重庆奉节）］。哀公十八年（前477），巴师战于鄾地，"巴人伐楚围鄾""巴人伐楚，败于鄾"。楚肃王四年（前377），"蜀（巴）伐楚，取兹方（兹方今湖北省松滋县），于是楚为捍关以拒之"。巴人在三峡地区与楚国战争频繁，为防止楚军西进，"故置扞关、阳关及沔关"。并置"巴郡鱼复县"（《汉书·地理志》载。鱼复县即今重庆奉节县）。由于楚国势力强大，巴与楚争战数百年，最终以失败告终，并失去了大片土地。《史记·秦本纪》正义曰："楚……南有巴、渝，过江南有黔中、巫郡。"江州失守，巴国君臣沿嘉陵江北上退窜至阆中。此时期的巴国疆域，《华阳国志·巴志》记云："江州以东，滨江山险，其人半楚，姿态敦重。"表明楚国占有川东地区后，楚对巴产生了巨大的影响。大约在秦昭襄王二十七年（前280），巴人政权最终亡于楚，其民向南散落于五溪地区。唐《十道志》记载："楚子灭巴，巴子兄弟五人流入黔中。汉有天下，名曰酉、辰、巫、武、沅等五溪，各为一溪之长，故号五溪蛮。"北方秦人南下伐巴，"（张）仪贪巴、苴之富，因取巴，执王以归……"秦军"击夺楚巴、黔中郡"，"自巴涪水（今乌江）取楚商於地为黔中郡"①。至此，秦完成了并灭巴蜀的历史任务，巴国从此退出了历史舞台。秦灭巴蜀是巴蜀历史上的重大事件，这一事件导致巴蜀地区的社会发展发生了巨大变化，从此，巴蜀地区的本土文化日渐没落，北方中原文化深入巴蜀腹地。②

---

① （晋）常璩撰，刘琳校注《华阳国志校注》，巴蜀书社，1984，第 33 页。

② 李禹阶主编《重庆移民史》，中国社会科学出版社，2013，第 224 页。

二　西周、春秋战国时期人类活动遗存的发现

云阳地区属于西周、春秋战国时期的遗址和墓葬的数量，较夏商时期更多，其文化面貌主要是巴文化和楚文化，其中又以巴文化遗址、墓葬相对较多。西周、春秋战国时期文化遗存的遗址主要有晒经、李家坝、东洋子、大地坪、佘家嘴、余家包、团堡山、明月坝、赵家湾、伍家湾等，在这类商、西周、春秋战国时期的遗址中，其时代有的包含商、西周、春秋战国各时期，有的只有春秋战国时期，还有的仅有西周时期。这一时期的墓葬（地）主要有马沱、李家坝、三坝溪、故陵、营盘包、平扎营等。此外，在有些西周、春秋战国时期的遗址中，还发现有一些房屋建筑遗迹、陶窑等，有的遗址中还出土了商、西周和东周时期的瓦材。

遗址地层中出土器物包括陶器、石器、铜器和铁器等，以陶器的数量最多。陶器主要有罐、壶、鬲、甗、杯、豆、盆、钵、器盖、鼎、釜、缸、盂、瓮、甑、缶、盏、拍、网坠、纺轮等；石器较少见，所见者主要有斧、锄、铲、锤、凿、磬、砍砸器、刮削器、刀、范等；铜器有斧、削、锛、箭镞、鱼钩、刀等；铁器有斧；另还发现有骨器，但数量较少。

墓葬中出土器物包括陶器、铜器、铁器、玉器、漆木器等，以陶器和铜器数量居多。陶器主要有圜底釜、罐、豆、鼎、盏、壶、敦、甗、盖、鍪、盂、盒等；铜器主要有鍪、鼎、壶、勺、匕、剑、矛、戈、钺、斧、箭镞、刮刀、削、带钩、印章等；铁器有斧、罐等；玉器有环、璧等；漆木器多腐朽，仅存漆痕。

上述西周、春秋战国时期遗址与墓葬的年代约在公元前 1000 年至前 200 年之间，前接商时期，后连秦汉。

据考古发现资料，云阳地区一些先秦时期的人类居住遗址中，一般都有西周时期的文化堆积层，而在西周文化层之下一般都直接叠压着商时期文化堆积层，但也有其下直接叠压着生土层的情况，而其上则大多叠压着东周时期文化堆积层。在对西周时期文化遗存中的遗物与商时期和东周时期文化遗存中的遗物进行比较分析后获知，西周时期文化遗存中的一些日用陶器与先

前商时期文化遗存中的日用陶器有着承袭关系，而后再延续到东周时期，早晚演变顺序清楚，由此我们对西周时期的这段历史逐渐从过去模糊不清的状态进入一个比较清晰的认识状态。关于西周时期文化遗存的族属性质，从出土遗物的形态来看，云阳地区西周时期文化遗存当属典型的巴文化系统。

在云阳地区，对于春秋、战国时期的人类居住遗址和墓葬等，都有较多的发现，而且有的占地面积也比较大，如大地坪、晒经、李家坝、明月坝、佘家嘴、东洋子等遗址，占地面积都在数千平方米、上万平方米甚至数万平方米，还有的在十万平方米以上。在对这一历史时期的考古发现资料进行分析后我们发现，其文化内涵主要是巴文化和楚文化，其次是秦文化。从对上述遗址和墓葬中出土遗物的分析，可以看到，至少在春秋时期，楚文化已进入云阳地区，特别是沿长江地区，楚文化占相当大的比例。

云阳地区的一些春秋、战国时期的遗址中，出土了不少的青铜器，而在这一时期的墓葬中，出土的青铜器数量更多。如李家坝东周墓地，出土了较多的青铜礼器、兵器、工具等。该墓地出土的青铜器以巴文化因素为主，其次是楚文化因素。从目前已发现的青铜器资料来分析，云阳东周时期的青铜器当以战国时期的数量最多。因此，我们认为，战国时期应是云阳地区青铜器制造业的最高峰时期。

除青铜器以外，在云阳地区一些东周时期的遗址和墓葬中还发现有铁器，由此我们似乎可以看到云阳地区冶铁工艺之发端。云阳地区东周时期的遗址和墓葬中出土的铁器主要是生产工具，有个别罐，另还有不知器形的铁器。从云阳地区几处东周时期的遗址中出土铁器的所在层位可知，铁器生产的时代当为战国时期。20世纪90年代以前，云阳地区几乎没有出土过东周时期的铁器，甚至在整个重庆地区都很少发现有东周时期的铁器，因而云阳地区东周遗址和墓葬中铁器的发现，说明云阳地区的先民早在东周时期就开始掌握冶铁术，这为我们研究云阳地区冶铁业生产的历史提供了重要的实物资料。

西周、春秋战国时期具有代表性的遗址、墓葬资料情况如下。

1. 云阳晒经遗址

晒经遗址位于云阳县莲花乡晒经村，处于云阳县西部边缘，在巴阳峡河段东部长江与彭溪河交汇的三角地带。遗址地属于长江北岸的一级阶地，东距云阳县新县城约 5 千米，距彭溪河约 3.5 千米。遗址整体略呈狭窄的长方形，与长江河道平行，总面积约 37 万平方米。从 2001 年 2 月到 2002 年底，安徽省文物考古研究所与云阳县文物保护管理所对该遗址进行了大规模考古发掘，发掘面积约 10000 平方米。经对晒经遗址各地层堆积和包含物的分析，可将探方地层分为 7 个地层组，其中第 7 组地层遗物属于西周时期。下面我们对该层组及其遗物做一些简单介绍。

遗址中这一时期的遗物数量不多，所见有陶器、石器、铜器三类，以陶器为大宗。按用途可将陶器分为生活用具、生产工具及其他三类。作为生活用具的陶器以夹砂陶居多，占陶器总数的 90% 以上，陶色以灰褐为主，其次为黑灰和红褐，青灰陶、黄褐陶和纯红陶少量。泥质陶很少，多呈青灰色，其次为黑灰色，纯红色和红褐色陶少量。纹饰以素面为主，绳纹次之，此外有少量的弦纹、网格纹和附加堆纹等。陶器制法为手制兼轮制，一般采用手制，从口至底用泥条盘筑，刮抹内外壁，拍打成形，再施纹饰，最后以快轮修抹口沿，具体做法与器形有关。器类以圜底器最多，约占陶器总数的 42.53%，平底器次之，占 33.33%，尖底器和圈足器又次之，分别占 12.12% 和 9.09%，三足器最少，占 3.03%。器形以罐、釜、盆数量较多，还有壶、缸、杯、盏（钵）、豆、簋、器盖等。陶器组合为花边口和素缘口圜底罐（釜）、柱足鬲、高颈壶、小平底盆、尖底杯、尖底盏（钵）、高柄豆、圈足簋、大口缸、器盖等，其中以花边口和素缘口圜底罐（釜）、高颈壶、小平底盆的数量为多。除生活用具外，还出土有生产工具及其他陶器。生产工具有纺轮、网坠、模具、陶拍（垫）、饼形器等。

石器多为磨制，基本通体磨光。原料以砾石为主，有石英岩和硅质岩两类，以前者居多。石器的色泽绝大多数为青灰色，此外还有少量为青绿色、青白色和灰黑色。石器刃部多磨光，多数为双面刃，少数为单面刃，大多有初制时的疤痕。石器的种类有斧、锛、楔、凿、杵、矛、磨盘、穿孔石器等。斧的数量最多，锛次之，其他都较少。

经对出土陶器特征的比较可知，云阳晒经遗址的文化面貌与李家坝第一期文化及巫山双堰塘遗址等遗存的文化面貌比较接近，它们应属同一文化系统，其年代亦应大体相当，大约在西周中晚期，即公元前900年左右。①

2. 云阳李家坝遗址

李家坝遗址位于云阳县高阳镇青树村长江北岸支流彭溪河（也称"小江"）东岸的一处狭长的坡地上，是三峡库区一处重要的古文化遗址。遗址地分上坝、中坝、下坝三个部分，东西长约1300米，南北宽100米至500米（东宽西窄）。自1987年调查发现以来，文物考古部门先后多次对该遗址进行了复查、勘探、试掘和正式发掘。1997~1998年，四川大学历史文化学院考古系先后两次对该遗址进行了大规模的考古发掘，共揭露遗址面积3000多平方米。

李家坝遗址1997年发掘的Ⅰ区地层堆积自上而下分为26层，最深处近5米。最下面的第25层、第26层为商、西周时期文化层，第25层之上为东周时期文化层；Ⅱ区地层堆积，自上而下可分为6层，最深处约2.3米。最下面的第6层为商时期文化层，第5层为周代文化层，第4层为战国时期文化层，第4层之上为近现代扰乱层。1998~1999年发掘的Ⅰ区B象限地层堆积，自上而下可分为19层，最深处近3米，最下面的第12~19层为商、西周、东周时期文化层，第19层之下为生土层，第12层之上为汉代文化层；Ⅰ区D象限地层堆积，自上而下可分为11层，最深2.3米，最下面的第5~11层为商、西周、东周时期文化层，第11层之下为生土层，第5层之上为汉至六朝时期文化层；Ⅱ区D象限地层堆积，自上而下可分为8层，最深处约1.3米，最下面的第5~8层为商、西周、东周时期文化层，第8层之下为黄褐色生土层，第5层之上为近现代扰乱层。

遗址地层中出土的商周时期遗物包括陶器、石器、铜器、骨器等，其中陶器（主要为陶片）数量多，器类多，发展演变序列较为清楚，具有鲜明的文化特征。陶器以泥质陶居多，夹砂陶亦占相当比例。夹砂陶中有夹粗砂和夹细砂之分，前者较少，系羼和石英石等颗粒制作的釜、鬲类炊器，常见烧制火候不均者；夹细砂者砂粒较细，分布均匀，有的砂粒极细，似陶土提

---

① 重庆市文物局、重庆市移民局编《云阳晒经》，《长江三峡工程文物保护项目报告》，科学出版社，2008，第45页。

炼不纯所致，而非有意羼和。陶器制作分手制和轮制两种，常见泥条盘筑再慢轮修整。陶色多为灰陶，红褐陶、灰褐陶亦较常见，另外还有灰黑陶、红陶、黄褐陶、磨光黑皮陶、磨光灰陶、黑衣褐陶以及磨光黑衣褐陶等。纹饰有各种绳纹（包括粗绳纹、细绳纹、弦断绳纹、交错绳纹，另有凹弦纹、网纹）、瓦棱纹、篮纹、重菱纹、小圆圈纹、附加堆纹以及几何形刮划暗纹等。可辨器类丰富，形制多变，主要器类有釜、罐、盆、缸、尖底杯、尖底罐、尖底盏、矮领罐、高领罐、圜底罐、瓮、豆、甗、甑、鬲、钵、花边口沿釜、花边口沿盆、器盖、器座、高柄豆、纺轮、网坠、陶拍等。石器：多用砾石磨制而成，少数打制。器类有斧、锛、凿、铲、矛、镞范、砍砸器、刮削器、环、磬等。1997 年发掘出土商周时期石器 9 件，1998 年、1999 年，发掘出土商、西周、东周时期石器 43 件。铜器：1997 年发掘时没有发现铜器，1998 年、1999 年，发掘出土铜器，有箭镞 11 件、带钩 4 件、鼎足 1 件、削 1 件、鱼钩 5 件、簪 1 件、钱币 1 枚，铜器的时代主要为东周时期。骨器有簪 8 件。

李家坝遗址中出土遗物可分两期。

第一期文化遗存：年代大约为西周，上限可至商时期晚期。该时期的陶器以泥质灰陶和夹砂褐陶为主，泥质红褐陶、黑陶以及夹粗砂红褐陶、黑陶各占一定比例。有纹饰的陶器以绳纹为主，另有方格纹、弦纹、戳印纹、划纹和极少量的太阳纹。器类主要有釜、罐、高领罐、尖底杯、尖底罐、高柄豆、器盖、器座等。在这些器类中，尖底器和小平底器较常见。花边口沿器较为流行，圜底器占一定比例，另有少量圈足器。文化面貌与重庆三峡库区其他商周时期遗址文化面貌较为接近，这类遗存有巫山双堰塘、万州塘房坪、万州中坝子、忠县瓦渣地、忠县哨棚嘴、丰都石地坝等。李家坝遗址第一期文化遗存中的豆、高柄豆、缸、器盖等与巫山双堰塘遗址西周时期的豆、缸、器盖、簋相同或相似。此外，李家坝遗址第一期文化遗存中的矮领罐与万州塘房坪遗址商周时期的矮领罐相似。因此，李家坝遗址第一期文化遗存的年代大致为西周时期，有极少数器物可上溯到商时期晚期。

第二期文化遗存：该期可分前、后两段，年代为东周时期，下限晚至西汉初年。前段：年代为春秋，下限为春秋战国之交。该时期陶器以泥质灰陶、褐陶为多，夹砂褐陶亦较常见，另有少量磨光黑陶。器表多素面，纹饰以绳纹较常见，另有方格纹、弦纹、刮划暗纹等。器类主要有罐、釜、鬲、甗、豆、盆、钵、尖底盏、网坠等。本段的主要器类如罐、釜、盆、钵等都由第一期发展而来，但器形已有变化。新出现的一组器物如鬲、甗、豆等为明显东来的楚文化特征和风格，与湖北西部当阳赵家湖春秋楚墓同类器物相似。后段：年代为战国，下限可至西汉初年。陶器以泥质灰陶为主，器类组合与前段相似，但几乎不见尖底器、鬲、甗等，同类器物的型式亦有所变化。本段年代为战国至西汉初年。①

至于文化性质，李家坝遗址商周至汉初的文化遗存为巴文化，这一认识已为学术界公认。但亦有东来的楚文化因素（次要地位）。李家坝遗址商、西周、东周时期巴文化遗存的发现，有利于推动该地域巴文化研究的深入。

3. 云阳马沱墓地

马沱墓地位于云阳县双江镇（现改名双江街道）马沱村第十、第十五组，墓地位于一个独立的低山南坡，东西以潘家沟、大潘家沟为界，分别与三坝溪墓地和旧县坪遗址相望。墓地东西长 500 多米，南北宽 400 多米，占地面积 20 多万平方米。2001~2003 年，文物考古部门对该墓地前后进行了三次发掘，共发掘出东周时期墓葬 33 座，其中 2001 年发掘 10 座，2002 年发掘 4 座，2003 年发掘 19 座。这批墓葬绝大多数是长方形竖穴土坑墓，个别为长方形竖穴岩坑墓。现以 2003 年发掘的这批墓葬资料来进行介绍。

2003 年发掘的 19 座墓葬均为长方形竖穴土坑墓，可分大型墓和中小型墓两类。

大型墓，仅 1 座（编号 M124）。墓葬平面呈"甲"字形。墓圹为长方形竖穴土坑，四壁各有二层台阶内收。墓口东西长 10 米、南北宽 7.8 米、深 1 米；墓底东西长 4.8 米、南北宽 3.2 米、深 8 米。墓圹东壁中间设"斜坡墓道，残长 1.4 米、宽 2.2 米、坡度 25°。墓室位于第二层台阶的下面，

---

① 重庆市文物局、重庆市移民局编《重庆库区考古报告集》（1998 卷），科学出版社，2003，第 346 页。

长 5.6 米、宽 3.6 米。墓室内葬具为一棺一椁。由于盗扰破坏、坍塌等，棺、椁均腐朽无存，仅见朽痕。骨架已朽蚀殆尽，故葬式及性别不明。随葬品放置于墓室西南棺、椁之间，可辨器形有陶器 10 件，另有料珠、铜伞箍等"。

中小型墓 18 座。长方形竖穴土坑墓，四壁较斜直，一般都有熟土二层台。墓口长 3 米、宽 2 米左右。葬具有一棺一椁、单椁或单棺。墓底两端椁或棺下一般有垫木槽。所见葬式大多仰身直肢，个别上肢弯曲。如 M125，一棺一椁。墓口长 3 米、宽 2 米，墓底长 2 米、宽 1.8 米、深 2.9 米至 3.5 米。椁呈"Ⅱ"形，长 2.36 米、宽 1.4 米，椁痕宽 0.1 米至 0.14 米；棺略偏于椁室的东部，呈长方形，长 1.74 米，宽 0.8 米，棺痕宽 0.1 米。棺椁下南北两端各有一垫木。墓内填黄褐色五花土，土质较硬，结构疏松，含料姜石颗粒、石块等。单人葬，骨架散乱，葬式不明。随葬器物放置于底部西侧棺、椁之间，可辨器形仅 3 件陶器，分别是敦、罐、豆。

墓葬内共出土器物 146 件，包括陶器、铜器、玉器和漆器等。陶器共124 件，主要有夹砂灰陶、泥质灰陶、泥质黑皮陶等，另外有少量红褐陶。陶器制法以泥条盘筑并轮修和轮制为主。另外，器物的足、把手、耳、纽等部件多为捏制、模制。器表多装饰有纹饰和彩绘图案。纹饰主要以绳纹、凸弦纹为主，另有凹弦纹、暗纹、刻划纹等。器物组合主要为鬲、盆（盂）、罐、鼎、敦、壶、豆等。铜器共出土 22 件，主要有剑、矛、带钩、棺饰件、伞箍等（2001 年出土铜器有剑、戈、矛、匕等；2002 年出土铜器有剑、戈、矛和车饰等）。

马沱墓地发掘的这批墓葬，根据出土器物及墓葬形制等，可分为两期（包括 2001 年度、2002 年度）。第一期为春秋时期，此期墓葬共 6 座。第二期为战国时期，此期墓葬共 26 座。马沱墓地的这批东周时期墓葬均为楚墓，墓葬中出土的春秋时期器物组合为鬲、盆、罐；战国时期器物组合为鼎、敦、壶、豆，均为典型楚文化器物组合。鬲、鼎、敦、壶是楚墓中常见的典型器物，战国时期器物表面多带绚丽而繁缛的彩绘装饰图案，其装饰风格与楚地器物一致。墓葬底都有在棺、椁之下两端横置垫木的习俗，这在楚人墓葬中比较普遍。第一、第二期墓葬具有非常典型的楚墓特征，属于楚文化遗存。

2003 年发掘的 M124，是马沱墓地发掘的最大的一座墓葬，该墓形制较大，平面呈"甲"字形，发掘残存墓口长 10 米、宽近 8 米，并有两层二层台，这样规模的墓葬在云阳地区极少见。此外，从发掘时的情况看，随葬品相当丰富，且出土的陶器形制相当大。另外还出土了一些铜器。种种迹象表明，M124 墓葬规格较高，墓主人生前的地位也是比较高的。①

4. 云阳营盘包墓地

营盘包墓地位于长江北岸的巴阳镇巴阳村清和寨向江边延伸的二级阶地上，东边为长江，西边为巴阳镇。墓地东西长 180 米、南北宽 140 米，占地面积约 15000 平方米。2002 年，文物考古部门对该墓地进了考古发掘，发掘面积 3065.4 平方米，共清理战国至汉代墓葬 44 座。墓地内墓葬分布密集，开垦造成的人为破坏比较严重，墓圹上半部多被挖掘，下半部一般保存较好。墓内的木质葬具皆腐烂无存，仅遗留腐朽痕迹。除个别人骨架保存较完整外，其余大多严重腐烂或残缺不全，有的甚至不见任何痕迹。44 座墓葬中有 9 座为战国中期至西汉前期的墓葬，其余为西汉中期至东汉晚期墓葬。这里我们仅对 9 座战国中期至西汉前期的墓葬进行介绍。

这 9 座墓葬中，属于战国中期前后的墓葬有 4 座，编号为 M14、M25、M40、M48；战国晚期至西汉前期的墓葬 5 座，编号为 M21、M30、M34、M35、M41。战国中期前后的 4 座墓葬规模都不大，其中的 M14 墓圹长 2.35 米、宽 1.2 米。其余 3 座墓葬的墓圹长在 3.1 米至 3.4 米之间，宽在 0.8 米至 2 米之间。墓葬中都放置有随葬品，但数量不多。M40 陶豆 2 件，M48 陶鍪 1 件，M14 陶豆 3 件、铜鍪 1 件、铜钺 1 件、铜矛 1 件、铜带钩 1 件，M25 陶釜 1 件、陶豆 3 件、铜刀 1 件。战国晚期至西汉前期的 5 座墓葬，规模略大于前者，墓圹长在 3 米至 4.1 米之间，宽在 2 米至 3 米之间。墓葬中都放置有随葬品，绝大多数都是陶器。器物组合为鼎、敦、壶、豆、盒、罐、釜、钫、勺。铜器很少，仅在 M30 内出土铜剑 1 件，M35 内出土小件铜器 2 件。另 M30 内出土铁器 1 件，M35 内出土料珠 2 粒。

---

① 郑州市文物考古研究所、云阳县文物管理所：《云阳马沱墓地 2003 年度发掘报告》，重庆市文物局、重庆市移民局编《重庆库区考古报告集》（2003 卷），科学出版社，2019，第 2031 页。

营盘包墓地早期墓葬的规模和随葬品数量与三峡地区其他区、县此时期墓葬相比较，基本上都属于中小型墓葬，以小型墓葬为多。其特点为：埋藏方式单一，形制相近，基本上都为长方形竖穴土坑墓，形制规整，墓内都有葬具，皆为单人埋葬。依据墓葬形制大小、随葬品多寡和等级的区别，大体上可归纳为两类：一类为随葬青铜兵器的墓葬，如 M14、M25；另一类为随葬陶器的墓葬，个别有少量小件铜器。M21、M35、M41 可视为中型墓葬，余下为小型墓葬。中型墓葬规模相对较大，随葬品数量相对较多；小型墓葬规模相对较小，随葬品数量较少，一般 1~2 件，皆为陶器。墓葬中随葬品的数量悬殊反映了当时贫富之间的差别。

这批墓葬基本上都采用深穴埋藏方式，平面为长方形，个别因长宽相近而近方形。墓壁一般为直壁或斜直壁，个别略外弧，均为平底。形制均较规整。坑壁大多无自然脱落，有些还十分光滑。有的墓葬一侧或两侧设生土二层台。墓葬的底部留有木质葬具的轮廓和垫木痕迹，其平面呈"Ⅱ"字形。底部两端一般都放置垫木。从痕迹分析，当时的葬具经过了比较细致的加工，葬具较规整，厚薄均匀。至于墓葬方向，从墓葬中保存较好的人骨架来判断，以东南或西南方向为主，个别为正东西或正南北向。随葬品数量及放置情况大体有三种：第一种是随葬品数量中等，沿人骨架一侧，顺向呈"一"字直线排列，这类随葬品往往成套出土，组合关系明显；第二种是集中放置在头部前端，没有明显规律；第三种是随葬品数量少，一般放置在头部前端或墓室一端，个别放置于人骨架一侧或脚部下端，随葬品主要为陶豆。

墓葬的文化性质：墓葬形制为长方形竖穴土坑墓，且墓口大于墓底，四壁斜直，墓底有的设二层台，随葬器物多为泥质灰陶，次为褐陶、灰褐陶和红褐陶，器表多有彩绘装饰。器物组合为鼎、敦、壶、豆。墓葬形制、器物组合及形态均与鄂西地区江陵、当阳、枝江一带的楚墓相近，当为楚文化系统。即使是西汉前期的墓葬，也仍然保留了一些楚文化因素。除典型的楚文化墓葬外，其 M25、M48 为狭长形土坑竖穴墓，M25 内出土陶釜、陶豆，M48 仅 1 件陶豆，其形制与三峡地区的巴文化墓葬形制相似，可能属于巴文化的墓葬。①

5. 云阳李家坝墓地

1997年和1998年，在靠近李家坝遗址台地边缘一东西狭长地带（Ⅱ区），共清理出80余座东周时期墓葬。现对1997年发掘的40座墓葬予以介绍。

墓葬开口原都在第3层、第4层下。除了东部发掘区的西边之外，墓葬均分布密集。墓葬之间的打破叠压关系较多，有不同层位之间的打破叠压关系，也有同层之间的打破叠压关系。这40座墓葬中除M36、M45外，其余的墓葬大都呈南北向平行排列，但以略微偏东北西南向的居多，仅少量为略偏东南西北向。头向除1座西向、8座南向，其余的均为北向。

这批墓葬的墓坑形制均为长方形竖穴土坑墓。墓坑长在2米至4米之间、宽在0.5米至2.5米之间，墓坑最深的可达3.5米，最浅的仅数十厘米。根据墓坑和葬具的规模，可将这批墓葬分为大、中、小三型。墓坑的深浅也大致与规模的大小相对应。有5座墓葬设有二层台，这些墓葬除M23、M53为生土二层台外，其余均为熟土二层台。在这40座墓葬中有23座墓葬发现有木质葬具。根据板灰腐朽痕迹可以观察出葬具的大致形制和原板材的大体厚度，有的则仅知葬具的大致范围，而形制不详。葬具大致可分为木椁和木棺两种。在有葬具的墓中，有3座墓葬为一棺一椁，2座墓葬为单棺，19座墓葬为单椁。木棺的形制为长方形，板制。木椁的形制有三种。在一部分大中型墓中还见有用一层白膏泥（或青膏泥）在葬具（木椁）外填塞以保护葬具的习俗。墓葬中死者的葬式，一般都为单人仰身葬，其下肢伸直，上肢弯曲。上肢弯曲的情况有三种：有的是一手握住腰间的剑，一手放置胸前或腹上；有的是双手交叉于胸前或腹上；有的是一手伸直紧靠身体，一手放置胸前。在个别墓葬中，死者为仰身，但一腿伸直，一腿向上曲肢；另有一座墓葬中死者为屈肢葬。

墓葬中随葬品主要是陶器和铜器，另有少量漆器、铁器、玉器和琉璃

---

① 福建省博物馆、云阳县文物保护管理所：《云阳营盘包墓群发掘报告》，重庆市文物局、重庆市移民局编《重庆库区考古报告集》（2002卷·上），科学出版社，2010，第467~512页。

器。除个别墓葬中未发现随葬品外，绝大多数墓葬中都放置有随葬品。随葬品数量多寡不均，少的仅1~2件，最多的有17件，一般在3~8件。陶器主要有罐、釜（鍪）、盂、豆、壶、罍、瓮、鬲、甗、鼎、敦、镶壶、勺等，铜器主要有剑、矛、钺、斧、戈、箭镞、小刀、鍪、鼎、勺、壶、杯等。据分析，一般葬有兵器的，其墓主人可能为男性，而不随葬兵器的，其墓主人可能为女性。另有一部分大中型墓葬中有殉人。

关于人殉，在李家坝遗址墓葬中发现葬有殉人的共8座，均为大中型墓，其中殉葬1人的有4座，殉葬2人的有3座，殉葬3人的有1座。殉人在墓内一般是与陶器等随葬品一起放在脚下或头上，也有放置在墓主人小腿旁的。发现的殉人骨骼一般堆放在一起；有的则是肢骨等放在脚下面，头骨放在肢骨之上；还有的仅见一个头骨。据对这些遗骨的观察与分析，这些殉人可能是在殉葬前先作为"人牲"被杀祭，肢解成数段，然后再放入墓葬中殉葬的。

墓葬中随葬品除上述陶器和铜器外，另还有漆器和纺织品。所发现的漆器基本上是一些残存的漆皮痕迹和漆器上的耳、环、足和纽等饰件。纺织品主要是在铜鍪的表面发现了若干丝绸的残片。这些丝绸纺织得很细密，并且采用了斜织的方法。

墓葬的分期与年代：据这批墓葬开口的地层叠压关系和相互的打破关系以及墓葬中随葬的陶器形制特征与组合关系的类型学分析，墓葬的分期与年代可分为三期四段。第一期的年代为战国早期前后，其中有的墓葬（M48）的年代也许可以早到春秋晚期；第二期的年代为战国中期；第三期的年代为战国晚期。[①]

可见，云阳地区周代遗址和墓地占地面积较大，特别是春秋、战国时期的遗址和墓地，一般占地面积都在数千平方米、上万平方米甚至数万平方米，有的更可达十万平方米以上。在这些遗址和墓葬中，出土遗物的种类、数量和类型都远远超过先前的夏商时期。关于西周、春秋战国时期的文化遗

---

① 四川大学历史文化学院考古系、云阳县文物管理所：《云阳李家坝东周墓地发掘报告》，重庆市文物局、重庆市移民局编《重庆库区考古报告集》（1997卷），科学出版社，2001，第244~285页。

存，我们可做如下归纳并有以下几点认识。

第一，遗物的类型和数量。周代遗址中出土的遗物类型在先前商时期的基础上大大增加，主要有陶器、铜器、石器、骨器、玉器等，以陶器数量最多。陶器的陶质仍以夹砂陶为主，纹饰多绳纹和方格纹，制作方法兼手制和轮制，基本沿用夏商时期的流行器形如平底器、圜底器、尖底器和圈足器等，只是各类器形在各遗址中所占的比例有所不同。另外，西周中晚期还出现了陶鬲、陶鼎。东周时期，由东而来的带有楚文化因素的陶器大量出现。铜器仍为小件的工具或装饰品。石器多经磨制，主要为斧、锛、凿等工具。骨器多为工具如鱼钩、锥、镞等。到了春秋战国时期，除上述遗物类型外，还出现了铁器、漆器、玉器、琉璃器、纺织品、竹编织物等。其中以陶器和铜器为主。石器的数量和器形已大大减少。

第二，遗物的性质。云阳地区西周至春秋战国时期的出土遗物包含巴文化、楚文化及蜀文化的因素，以巴文化、楚文化为主。与巴文化陶器以釜、罐为主的情况不同，楚文化的陶器主要有鼎、鬲、甗、豆等。在云阳地区发现的周代遗存中，西周晚期以前，云阳地区以巴文化系统占主导地位，至春秋战国时期，巴文化遗存的发展开始减弱，楚文化遗存的发展逐渐增多，尤其是墓葬中的随葬器物显示楚文化已深入这一地区。

第三，在云阳地区的长江沿岸阶地上发现有较多的周代墓地，如马沱、营盘包、故陵、三坝溪等，这些周代墓地中有的占地面积很大，如马沱墓地，占地面积约 20 万平方米。据考古发掘资料公布的信息，这些沿长江分布的墓葬，其性质基本上都是楚墓。墓葬的时代，春秋时期少数，战国时期最多。墓地始于春秋时期，历战国、秦、西汉、东汉、蜀汉、六朝至唐代，使用年代达千年之久。该墓地东周时期墓葬遗存性质以楚文化遗存为主，很少有巴文化器物。这里值得一提的是，墓地中规模较大的 M124，墓口面积近 80 平方米，可见其等级之高，这在三峡地区是比较少见的。在远离楚文化中心区的巴人统治腹地，竟发现如此之多的楚墓，这恐怕不是偶然，可能与史载春秋战国时期巴楚相争有关。这些墓葬的发掘无疑为我们探讨春秋战国时期巴楚关系和楚国疆域等历史问题提供了重要资料。

第四，在李家坝周代巴人墓葬中一般都随葬有青铜兵器，反映了当时巴人的生活与战争关系紧密，甚或是一种全民皆兵的态势。巴族是一个尚武善战的民族，这在文献中多有记载，《华阳国志·巴志》云："周武王伐纣，实得巴、蜀之师，著乎《尚书》。巴师勇锐，歌舞以凌殷人，前徒倒戈故世称之曰'武王伐纣，前歌后舞'也。"因而云阳李家坝遗址周代巴人墓葬中出土的青铜兵器为我们研究古代巴人"尚武善战"的历史提供了可靠的实证材料。

第五，1997 年，在李家坝遗址中清理出墓葬 40 座，在这 40 座墓葬中，有殉人墓葬 8 座，8 座墓葬皆为大中型墓。据对殉人人骨位置的观察，发现其零散杂乱，因而推测这些殉人可能在殉葬之前已先被作为"人牲"而祭，肢解成数段后再放入墓内殉葬。[①] 1998 年，又在李家坝遗址中清理出墓葬 45 座，同样也发现有殉人的现象。如 M18，为一座巴人双棺合葬墓，其东侧棺内葬有青铜剑、勺，脚下葬有四个人头（骨），当为"人牲"。[②] 西侧棺内无任何随葬品，其墓主人亦似为殉人。据此分析，东侧墓主人可能是当时巴人军队中的一个武将，而西侧墓主人则可能是东侧墓主的妻妾。四个为墓主人殉葬的人，生前则可能为俘虏、外族族民或奴隶。

三　西周、春秋战国时期农业生产的发展

西周、春秋战国时期，云阳及巴地的农业生产有了很大的发展。检索文献史册，可供参考且记载较早、较详细的文献要数晋常璩的《华阳国志》。此书史料价值极高，历来为研究者所推崇。《华阳国志·巴志》中记载了东周时期三峡地区（古代巴国所在地）"土植五谷，牲具六畜"的景象。何谓"五谷"？《周礼·天官·疾医》记云："以五味、五谷、五药养其病。"郑玄注："麻、黍、稷、麦、豆也。"《楚辞·大招》记载："五谷六仞。"王

---

① 四川大学历史文化学院考古系、云阳县文物管理所：《云阳李家坝东周墓地发掘报告》，重庆市文物局、重庆市移民局编《重庆库区考古报告集》（1997 卷），科学出版社，2001，第 244~285 页。

② 四川大学历史文化学院考古系、云阳县文物管理所：《云阳李家坝东周墓地发掘报告》，重庆市文物局、重庆市移民局编《重庆库区考古报告集》（1997 卷），科学出版社，2001，第 286 页。

逸注："五谷，稻、稷、麦、豆、麻也。"据考古发现资料获知，云阳地区早在新石器时代、夏商时期就有了种植水稻的历史。继商之后发展而来的周代巴国，其种植水稻的技术已达到了很高的水平。研究认为，周代巴人当时还培育出了一种优质的水稻品种，他们利用这种优质水稻制作出了一种上等的化妆粉，这种化妆粉不仅深受巴、蜀两国贵族妇女的喜爱，而且也颇受崇尚奢华的楚国贵族妇女的欢迎，《楚辞》记载的"粉白黛黑"及立于衢间之间的"粉白"，多半与当时巴国所生产的这种化妆粉有关。[1] 这一记载从另一方面说明，这个地区的古代巴人有着种植水稻的悠久历史。水稻的种植反映了巴地的农业发现状况。

这个地区不仅有悠久的稻作农业的历史，而且在缺水的山地丘陵，巴地先民也因地制宜地种植了一些耐旱的黍、稷之类的农作物。在三峡地区，种植黍、稷等旱地农作物与种植水稻一样具有悠久的历史，其时代可上溯至新石器时代。西周、春秋战国时期，该地区的巴人种植黍、稷的技术也达到了很高的水平。《华阳国志·巴志》记载巴地农事："川崖惟平，其稼多黍。旨酒嘉谷，可以养父。野惟阜丘，彼稷多有。嘉谷旨酒，可以养母。"山地虽不如平原的自然条件好，但这里的古代先民们在住址附近的一些阶地、缓坡、浅丘平坝上种植黍、稷之类的农作物，并用剩余的粮食酿制美酒来孝敬父母，以及喂养猪、牛、鸡、鸭等家畜。黍、稷的种植，同样显示了巴地农业生产的进步与发展。

对于这个地区西周、春秋战国时期的农业生产情况，除文献史籍的记载以外，我们还可以从这一地区考古发现的农作物遗存中获得一些信息。1997～2002年，在对忠县中坝遗址进行考古发掘时，中国社会科学院考古研究所赵志军、哈佛大学傅罗文两位研究者曾对该遗址的一个探方（DT0202）取土采样进行了浮选工作，发现有粟、黍、水稻、紫苏、商陆等炭化植物种子，其中粟、黍、水稻3种谷物的数量占有绝对优势（粟粒共计509粒、黍粒共计629粒、稻谷共计28粒），说明新石器时代晚期至青铜时代末期，忠县中坝农业经济比较发达。在3种农作物中，粟、黍的数量明显偏多，从而

---

[1] 黄中模、管维良主编《中国三峡文化史》，西南师范大学出版社，2003，第57页。

推断中坝遗址的生产模式是以种植黍和粟为主的早期旱作农业生产模式。[①] 1959年，四川省长江流域文物保护委员会文物考古队与四川大学历史系联合对长江边的忠县瞿井沟遗址群的几处遗址进行了考古发掘，在其中的何家院遗址夏商时期文化遗存中发现了一些腐烂的小米遗存。[②] 云阳地区的地理环境与忠县大致一样，在长江沿岸、支流沿岸的台地上，多分布有新石器时代至春秋战国时期以及秦以后各个历史时期的古人类居住遗址，可惜的是，考古发掘中没有对遗址中的堆积土层进行取土采样浮选工作，从而忽视掉了有关农作物种植方面的一些信息，但考虑到云阳与忠县大致相同的地理环境，因而推断云阳地区夏商、西周、春秋战国时期的先民们已广泛种植水稻以及旱地作物黍、粟、麦等，应是不容置疑的。

有关商、周、春秋战国时期云阳地区的农业生产状况，我们已从上面文献史籍以及考古发掘中的植物遗存两个方面了解到了一些重要信息，从而推测当时已有了较广泛的农业生产，而另一方面，也可以从云阳地区考古发掘的遗址地层及墓葬中出土的农业生产工具来获取佐证资料。这些出土的生产工具种类包括石器、铁器、铜器、骨器、蚌器等。现选择几处遗址、墓葬出土的生产工具资料，介绍如下。

1994年，在李家坝遗址周代地层中出土石锛3件、石斧2件、石凿2件、刮削器1件，这些石器多数经过磨制。除石器外，还发现铜刀1件，骨锥1件，角锥2件。[③]

1995年，在李家坝遗址周代地层中出土石斧2件、石凿1件、切割器1件。[④]

1997年，在李家坝东周时期墓葬中出土铜斧5件，分别出自M34、

---

① 重庆市文物局编纂《重庆市志·文物志（1949—2012）》，西南师范大学出版社，2019，第900页。

② 四川省长江流域文物保护委员会文物考古队等编《四川忠县井沟遗址的试掘》，《考古》1962年第8期。

③ 四川联合大学历史考古专业：《1994—1995年四川云阳李家坝遗址的发掘》，《三峡考古之发现》（二），湖北科学技术出版社，2000，第75~121页。

④ 四川联合大学历史考古专业：《1994—1995年四川云阳李家坝遗址的发掘》，《三峡考古之发现》（二），湖北科学技术出版社，2000，第75~121页。

M43、M45、M53、M54 墓葬内。[①]

1998 年，在李家坝巴人墓葬中出土铜斧 11 件，见于公布的墓葬有 M10、M11、M12、M21、M23。[②]

2001 年至 2002 年，在晒经遗址西周时期地层中发现石器 34 件，"石器的种类有斧、锛、楔、凿、杵、矛、磨盘等，其中以石斧数量最多，石锛次之，其他都较少"。其中斧 20 件、锲形工具 3 件、凿 1 件、矛 1 件、磨盘 1 件、穿孔石器 1 件。[③]

2002 年，在赵家嘴遗址东周时期地层中出土石器 11 件。其中打制石器 8 件，以生产工具为主，包括石斧 1 件、石锤 1 件、砍砸器 2 件、刮削器 2 件、石料 2 件。磨制石器 3 件，包括石斧 2 件、石锛 1 件。[④]

2003 年下半年，在大地坪遗址商时期晚期地层中出土骨锥 1 件，又在东周时期地层中出土石锛 1 件。骨锥、石锛皆经过磨制。[⑤]

文献史籍中记载，两周时期，这个地区就已经有了种植"五谷"的历史，又因为在这个地区的考古发掘中出土了当时甚至年代更早的各类谷物遗存，还有商周、春秋战国时期遗址和墓葬中出土的用于劳动的各类生产工具，故综合推测，云阳地区在当时已经有了较为发达的农业。"川崖惟平，其稼多黍，旨酒嘉谷，可以养父。野惟阜丘，彼稷多有。嘉谷旨酒，可以养母。"这应是西周、春秋战国时期云阳地区古居民们农业生产的真实写照。

① 四川大学历史文化学院考古系、云阳县文物管理所：《云阳李家坝东周墓地发掘报告》，重庆市文物局、重庆市移民局编《重庆库区考古报告集》（1997 卷），科学出版社，2001，第 244~285 页。

② 四川大学历史文化学院考古系、云阳县文物管理所：《云阳李家坝巴人墓地发掘报告》，重庆市文物局、重庆市移民局编《重庆库区考古报告集》（1998 卷），科学出版社，2003，第 348~388 页。

③ 重庆市文物局、重庆市移民局编《云阳晒经》，科学出版社，2008，第 35~44 页。

④ 重庆市文物局、重庆市移民局编《重庆库区考古报告集》（2002 卷·上），科学出版社，2010，第 286~319 页。

⑤ 重庆市文物局、重庆市移民局编《重庆库区考古报告集》（2003 卷·五），科学出版社，2019，第 3215 页。

四 西周、春秋战国时期青铜器和铁器的发现

（一）青铜器的发现

1. 西周时期的青铜器

早在夏商时期，三峡地区就已有了铸造青铜器的历史，到了西周时期，该地区青铜器铸造业又有了一定的发展。在此时期的一些遗址中，青铜器的出土数量明显要比商时期多，但出土的青铜器与该地区出土的商时期青铜器一样，多是一些小件青铜器。云阳地区商时期遗址中似乎没有发现青铜器，西周时期遗址中有零星出土，在晒经遗址、李家坝遗址中发现有小件青铜器。此外，除了在遗址中发现有小件青铜器外，还发现有用于铸造青铜器的石范。现将所发现的青铜器资料简述如下。

1994 年，在李家坝遗址商周时期地层中出土铜器 1 件（器形不明）。标本 94ⅡT3⑥：5，略呈方形斗状，中有一圆突，用途不明，外边长 2 厘米、厚 0.7 厘米。①

2001 年，在晒经遗址西周时期地层中出土铜镞 1 件。标本 2001YSBⅡH1：1，锈蚀，表面呈绿色。形态近似长方形，上部呈弧形，两侧及两面平直，横断面呈长方形，下部残断，素面。残长 1.5 厘米、宽 0.6 厘米、厚 0.4 厘米。②

2001 年，在晒经遗址西周时期地层中出土铜镞 1 件。标本 2001YSBⅢT1003④：4，花绿色，为带铤双叶镞，关、铤分界明显，无翼。本部磨损，横断而呈不规则三角形，向前逐聚成锋。铤较长，横断面近似椭圆形。通长 1.1 厘米、最厚处 0.7 厘米。③

1997 年，在李家坝遗址商周时期地层中出土石范 1 件。标本 IBT0605：

---

① 四川联合大学历史考古专业：《1994~1995 年四川云阳李家坝遗址的发掘》，《三峡考古之发现》（二），湖北科学技术出版社，2000，第 75~121 页。
② 重庆市文物局、重庆市移民局编《云阳晒经》，科学出版社，2008，第 44 页。
③ 重庆市文物局、重庆市移民局编《云阳晒经》，科学出版社，2008，第 44 页。

26，钺范，红砂石，宽11.1厘米、长8.7厘米。[①]

从已有的考古发现资料来看，云阳地区两周时期的青铜器铸造技术处于比较落后的状态，东边不及两湖地区，西边落后于成都平原。不过，就云阳地区而言，尽管西周时期的青铜器出土数量很少，但毕竟已经出现青铜器，再结合李家坝遗址发掘出土的石范，则充分证明西周时期云阳地区的先民们已熟练掌握冶炼铜矿石并铸造青铜器的全套技术。进一步的研究表明，云阳地区西周时期的青铜器铸造技术在商时期青铜器铸造技术的基础上又向前迈进了一步。

2. 春秋战国时期的青铜器

在云阳地区的春秋、战国时期遗址和墓葬中，出土的青铜器数量及类别等都远比该地区西周时期的多得多，器类也更丰富。据已有的青铜器资料，其器类大致可分为礼（容）器、兵器、工具和其他杂器等几大类。在出土的这些青铜器中，以巴式青铜器最多，其次是楚式青铜器。从云阳地区青铜器的出土情况看，一般大件的青铜器多出土于墓葬中，而遗址中则很少发现大件的、完整的青铜器，所见者往往是一些青铜器小件，这可能是人们在生活中遗弃的或是不经意丢掉的，青铜器的资料情况如下。

春秋战国时期人类居住遗址中出土的青铜器：一般都是一些小件，在一些春秋、战国时期的遗址中普遍都有发现，器类少，器形也不是太多。主要有兵器类、工具类和其他类。兵器类中以箭镞最为常见，形式有双翼式、三棱式。1998年李家坝遗址发掘出土的东周时期青铜器主要有箭镞、带钩、鼎足、削、鱼钩、簪等，共23件，其中箭镞11件。工具类主要有刀、鱼钩等。其他类有簪、带钩、残片等。

春秋战国时期墓葬中出土的青铜器：大件、小件均有，基本上都是完整器物，制作精美，类型多样。依类型分，主要有礼（容）器、炊器、兵器、工具及其他类等。器形主要有鍪、鼎、壶、剑、矛、钺、斧、戈、箭镞、刮

---

① 四川大学历史文化学院考古系、云阳县文物管理所：《云阳李家坝遗址发掘报告》，重庆市文物局、重庆市移民局编《重庆库区考古报告集》（1997卷），科学出版社，2001，第219页。

刀、小刀、带钩、铃、敦、斤、镈、镦、勺、匕、削、盒等。在剑、矛、戈上一般都铸有虎、水鸟、蝉、手臂纹、心形纹、云雷纹等凹线的纹饰图案，在斧和钺上有各种几何形的凸线纹图案。在鼎上还有凸弦纹。

从云阳地区考古发现的一些春秋战国时期的青铜器来看，其制造工艺在商和西周时期的基础上得到了较大发展。其制造技术，在铸造质量、装饰技法以及原料配方等方面，都达到了较高的水平。有冶金研究者曾对战国时期巴人墓葬中出土的青铜器进行过金相分析鉴定，其结果证明，巴人青铜器的成分与《考工记》中所定的比例接近。因此我们认为，春秋战国时期，尤其是战国时期，是巴人青铜器铸造业的高峰时期。

至于云阳地区考古发现的这些春秋战国时期的青铜器，究竟是由当时云阳本地的巴人所铸造，还是从周邻地区输入，这里我们还不能武断地下结论，但在云阳地区商、西周、东周时期遗址中发现有用于铸造青铜器的石范，因此我们或许可以考虑至少在东周时期该地区已有铸造生产青铜器的可能。

（二）冶铁业的出现与发展

常璩在记载巴国物产时在《华阳国志·巴志》中称巴地"土植五谷。牲具六畜。桑、蚕、麻、纻、鱼、盐、铜、铁、丹、漆……皆纳贡之"。从中我们看到，当时巴国已经有了冶铁业，而且铁还是贡品之一。云阳居于巴国的腹心地区，那么，云阳究竟有无生产铁器的历史呢？文献及考古资料显示，至少在20世纪90年代以前不见有东周时期冶铁业方面的信息。但20世纪90年代以来，为配合三峡大坝水电工程建设，考古工作者在云阳陆续发现了东周时期的铁器，时代为战国时期，春秋时期的铁器似乎不见有资料披露。而据三峡东部西陵峡地区考古发现资料，该地区铁器出现的时代可追溯至春秋中期，甚至还可能有更早时期的铁器。[1] 除铁器外，还见有铁渣。西陵峡地区春秋时期铁器的发现，是三峡地区近些年来考古发现中的重大突破。三峡西部地区所见到的铁器普遍要晚于三峡东部地区，其时代多为战国时期。现将云阳地区考古发现的铁器资料简述如下。

---

[1]　杨华：《巴文化考古研究》，中国言实出版社，2009，第165页。

1994 年，在李家坝遗址东周时期地层中出土铁斧 1 件。标本 94 Ⅱ T3⑤：11，锈蚀严重，锥状銎，直刃中锋，残长 4 厘米、宽 6.3 厘米。①

1997 年，在李家坝遗址东周时期地层中发现铁器 4 件，其中 2 件出土于墓葬中，2 件出土于地层中。标本 M53：8，为 1 件铁刮刀，锈蚀严重，长条形。残长 15.4 厘米、宽 2.4 厘米。② 标本 M27：2，为 1 件铁锛，锈蚀严重，器身较宽，长方形銎口，直刃中锋。通长 9.4 厘米、宽 6.5 厘米。③ 标本 T0701：53，为 1 件铁罐，矮圈足，胎壁较厚。足径 11.8 厘米。④ 标本 T0701B：52，为 1 件铁斧，锥状銎，圆弧刀。残长 7.3 厘米、宽 5 厘米。⑤

1998 年，在李家坝遗址地层和墓葬中出土铁器 5 件，其中 2 件出土于墓葬中，3 件出土于地层中。标本 M12：11，器形不明，长方形。残长 9.5 厘米。在 M12 中出土 1 件铁铤箭镞⑥；遗址地层中出土铁斧 3 件，发掘报告中记录 1 件。标本 T0811⑤：2，锈蚀较甚，长方形，中刃。残高 12.6 厘米。⑦

2003 年上半年以及 2003 年下半年，分别在大地坪遗址东周时期地层中出土铁斧 2 件，其中 1 件出土于遗址地层中，另 1 件出土于墓葬中。标本

---

① 国家文物局三峡工程文物保护领导小组湖北工作站编《三峡考古之发现》（二），湖北科学技术出版社，2000，第 117 页。

② 四川大学历史文化学院考古系、云阳县文物管理所：《云阳李家坝东周墓地发掘报告》，重庆市文物局、重庆市移民局编《重庆库区考古报告集》（1997 卷），科学出版社，2001，第 241 页。

③ 四川大学历史文化学院考古系、云阳县文物管理所：《云阳李家坝东周墓地发掘报告》，重庆市文物局、重庆市移民局编《重庆库区考古报告集》（1997 卷），科学出版社，2001，第 241 页。

④ 四川大学历史文化学院考古系，云阳县文物管理所：《云阳李家坝遗址发掘报告》，重庆市文物局、重庆市移民局编《重庆库区考古报告集》（1997 卷），科学出版社，2001，第 228 页。

⑤ 四川大学历史文化学院考古系，云阳县文物管理所：《云阳李家坝遗址发掘报告》，重庆市文物局、重庆市移民局编《重庆库区考古报告集》（1997 卷），科学出版社，2001，第 228 页。

⑥ 四川大学历史文化学院考古系、云阳县文物管理所：《云阳李家坝巴人墓地发掘报告》，重庆市文物局、重庆市移民局编《重庆库区考古报告集》（1998 卷），科学出版社，2003，第 385 页。

⑦ 四川大学历史文化学院考古系、云阳县文物管理所：《云阳李家坝巴人墓地发掘报告》，重庆市文物局、重庆市移民局编《重庆库区考古报告集》（1998 卷），科学出版社，2003，第 332 页。

T2③：20，为1件铁锛，方銎，近梯形，斜直身，圆角直刃。通高11.2厘米、宽6厘米。标本T6③：1，为1件铁锛，黑色，锻造，方銎，长方体，双面刃。长11厘米、宽5.5厘米。[①]

云阳地区李家坝、大地坪两遗址中共出土铁器12件，其中李家坝遗址中出土10件，大地坪遗址中出土2件，器型主要是斧和锛，其中斧5件，锛3件，其他4件。从铁器的用途来看，主要是生产工具。这批铁器的时代除1998年李家坝M12内出土的1件铁器为春秋晚期至战国初期（春战之交）外，其余都为战国时期。

李家坝遗址三个年度的发掘，共出土铁器10件，其中地层中出土6件，墓葬中出土4件。三座墓葬中出土铁器资料情况：除M27资料没有详细公布外，另两座M12、M53资料值得注意。两座墓葬都属于较大型墓，M12墓口长3.8米、宽2.1米；M53墓口长3.1米、宽1.94米。两座墓葬内都放置有一定数量的随葬品。M12内共放置器物11件，其中铜器7件（束），陶器2件，铁器2件。M53内共放置器物11件，其中铜器5件，陶器3件，漆木器2件，铁器1件。墓葬规模较大，随葬器物较多，都放置有好几件青铜器，同时也都放置有铁器，可见墓主人身份非同一般，其中铁器的放置，也许说明当时能使用铁器者都是在社会上具有一定地位的人士。从目前云阳及重庆库区出土铁器的时代来看，其时代最早可能到春秋晚期，而且被认为是春秋晚期的铁器仅在奉节新浦遗址出土过。战国早期以后，铁器的数量才逐渐增多。这一现象告诉我们，该地区在春秋至战国初期时，冶铁业还没有大规模地展开。[②]

五　对云阳地区西周、春秋战国时期
历史文化遗存的认识

以上我们对云阳地区西周、春秋战国时期的遗址、墓葬以及发现的一些遗迹，进行了简略介绍与分析，并结合历史文献史籍中的相关记载讨论了西

---

① 重庆市文物局、重庆市移民局编《重庆库区考古报告集》（2003卷·三）、（2003卷·五），科学出版社，2019，第1924页、第3226页。
② 杨华：《巴文化考古研究》，中国言实出版社，2009，第157页。

周、春秋战国时期云阳地区沧桑变迁的历史，回望以上云阳地区西周、春秋战国时期的这些文化遗存资料，我们可从以下几个方面来进行归纳和认识。

第一，文化渊源及与周邻同时期文化的关系。经过考古地层学和类型学的分析，我们可以看到，云阳地区西周至春秋战国时期的文化遗存显示，其文化的发展是具有继承性的。云阳地区考古发现的西周时期文化是从该地区商时期文化直接演变而来的，而春秋战国时期的文化又是从西周时期文化直接演变而来的。从云阳地区出土的大量东周时期以及夏、商、西周时期的实物资料来看，云阳地区约在春秋时期以前属于传统的巴文化系统，并与重庆地区整体文化面貌相似。大约自春秋中期开始，三峡东部地区的楚文化开始进入云阳地区，而奉节瞿塘峡以东地区则基本上都是楚文化的分布区。战国时期，云阳地区长江两岸也基本上都是楚文化的分布区。不过，即使是自春秋中期开始，三峡东部的楚文化对云阳地区产生了强烈影响，但本地的巴文化还一直顽强地保留着，尤其是一些离长江稍远的地区（如李家坝、明月坝等），东周时期还是以巴文化为主。这个时期大批的楚人陆续由东向西移民到巴地（包括云阳地区），甚至有的越过云阳地区继续向西至万州、忠县、丰都、涪陵等地，将先进的楚文化传播到巴国腹地。近年来在奉节、云阳、万州、忠县等地发现大量楚文化遗存和楚人墓葬群，即是证明。这与《华阳国志·巴志》记载东周时期"江州以东……其人半楚"的历史是相吻合的。

在巴地的西边是蜀国，巴、蜀两地民族从新石器时代开始直到战国时期，一直和睦相处，世世代代都有着密切的文化交往。夏商周时期，两地之间的联系更加密切，尤其是晚期阶段即东周时期，两地的文化呈现出了很多的相似性，特别是巴人鳖灵取代蜀王杜宇建立开明氏蜀王朝以后，两地之间的文化已很难区分。可见巴文化向蜀族的注入对蜀族在川西平原的崛起是起到了积极作用的。古时的云阳（朐忍）是巴民族中重要成员之一，其贡献是不可磨灭的。

在云阳地区东周时期的遗存中，除见有巴、楚、蜀几大主体文化以外，另还发现有一些来自中原的秦文化因素以及长江中下游地区越文化和华南地区的岭南百越文化因素。相比之下，虽说中原秦文化、长江中下游越文化、华南岭南百越文化等都曾在东周时期对云阳地区产生影响，但云阳地区的整体文化面貌中似乎北方秦文化因素的成分要浓厚些，越文化和百越文化因素的成分要薄弱些。

第二，云阳地区东周时期的人类活动及居住位置较前期有所变化，与新石器时代至西周时期相比，东周时期的人们已趋向于选择后山的山坡和山岗作为活动地和居住址。而在此前的偏早阶段，人类是集中于长江及支流沿岸的一些第一、二级阶地来生活的，有的甚至曾在与现在长江常年水面平齐或略低于常年水面的地方居住。不少的遗址地层叠压情况告诉我们，云阳地区新石器时代的遗存与周代遗存的高差一般达 5 米以上，有的甚至更高一些。在三峡地区考古发现的资料中，还有一些旧石器时代遗址多发现于长江常年水面以下的河漫滩上，这些古人类的居住遗址地点为研究远古时期长江水位的海拔高度提供了重要的参考信息。

第三，在云阳地区商周时期遗址中发现有零星的小件青铜器，有的遗址中还出土了铸造青铜器的石范，这表明云阳地区已有制造青铜器的历史。不过，从商周时期出土的青铜器数量很少又都是小件来看，该地区此时期的青铜器制造业还很落后。而事实上，三峡地区的其他区、县考古发现资料也同样显示这些地区基本上没有发现大件的青铜器。虽然 20 世纪 80 年代初曾在巫山大宁河畔的大昌发现一件青铜尊（这是目前三峡地区发现的唯一一件商时期青铜器），但这件青铜尊可能是由外地传入的，并非本地制造。而至东周时期（尤其是战国时期），一些遗址和墓葬中多有青铜器出土，种类包括礼器、容器、炊器、兵器、生活用具、生产工具等（以战国时期墓葬中出土最多），则证明此一时期的青铜器制造业有了很大的发展。

第四，在云阳地区一些东周时期遗址和墓葬中发现有铁器，主要是生产工具，但在东周时期遗址中没有发现与冶铁相关的任何遗迹。考古人员在三峡东部地区的上磨垴、柳林溪、张家坪等遗址的堆积层中，都发现了一些春秋中期的铁器以及与铁器铸造有关的草木灰和含铁渣的红烧土块等。[1] 据此，考古专家们分析，至少从春秋中期（甚至更早）开始，三峡地区便已

---

① 杨华：《三峡考古文化》，湖北人民出版社，2018，第 370 页。

有制造铁器的历史。又据西周时期（西周中期）、春秋时期三峡东部地区基本上已由楚人管辖的史实，我们推测三峡东部地区的铁器生产当为楚人掌握或管理。云阳地区进入铁器时代较晚，一些东周时期遗址中没有发现与冶炼铁器有关的遗迹，故我们推测，云阳地区考古发现的这些东周时期的铁器当是从楚地输入的。这些铁器的发现，为我们研究中国早期铁器的生产历史提供了新资料。

第五，商、西周、东周时期的瓦材：大地坪遗址地层中出土有商晚期的筒瓦，李家坝遗址地层中出土有商周时期（商末周初）的筒瓦，另李家坝遗址地层中还出土有东周时期的板瓦和筒瓦。从考古发现资料获知，云阳地区早在距今3000年以前就已经有制造瓦材的历史。瓦材的发明和制造是在制陶工艺一步步向前发展的情况下对建筑材料的一个重大改革和突破。瓦材的使用大大改善了房屋的遮盖功能，从而使房屋的保存时间得以延长，同时也使人们的居住环境更为舒适。尽管目前在云阳地区发现的商、西周、东周时期的瓦材数量还不是太多，但毕竟商时期，西周、东周时期的瓦材都有了发现。据此分析，可见商时期、西周时期云阳地区的先民们在社会实践中已摸索或者学习其他民族的技艺来制造瓦材了，而这一技术在东周及其后得到了推广和普及。有了制作陶瓦的技术，云阳地区的先民们也就有了更好的生存条件，房屋的建筑也才有了多元化的可能。

第六，关于故陵镇帽盒岭楚故陵贵族墓地的问题：有关楚故陵的记载，最早见于北魏郦道元（约470~527）的《水经注》。《水经注》卷三十三载："江水又径东阳滩。……江水又东为落牛滩，径故陵北，江侧有六大坟。庾仲雍曰：'楚都丹阳所葬，亦犹枳之巴陵矣，故以故陵为名也，有鱼复尉戍此。'"正是因为有了这一记载，人们认为今故陵镇两边的帽盒岭一带就是楚早期的故陵墓地所在，因为帽盒岭从地形和土质上看都像一座人工修筑的陵墓。1994~1999年，国内外的有关部门采用遥感勘探、人工钻探开探方法，以及探地雷达等先进仪器对帽盒岭进行过多次大规模的勘探，结果却并不理想。1998年、1999年，文物考古部门对帽盒岭进行了全面的发掘和勘探，结果表明，帽盒岭并非楚国早期故陵，而只是战国时期的一般楚墓。至于《水经注》中记载的"六大坟"，实与考古发掘情况不符，故这里既不可能是楚国的都城丹阳，也不可能有成批的楚上等贵族埋在此地。①

第七，云阳地区周代巴人墓葬中一般都随葬有青铜兵器，反映了当时巴人的生活与战争关系紧密，甚或是一种全民皆兵的态势。巴族是一个尚武善战的民族，这在古代文献中多有记载，《华阳国志·巴志》云："周武王伐纣，实得巴、蜀之师，著乎《尚书》。巴师勇锐，歌舞以凌殷人，前徒倒戈，故世称之曰'武王伐纣，前歌后舞'也。"因而云阳李家坝遗址周代巴人墓葬中出土的青铜兵器为我们研究古代巴人"尚武善战"的历史提供了可靠的实证材料。

第八，1997 年，在李家坝遗址中清理出墓葬 40 座，在这 40 座墓葬中，有殉人墓葬 8 座，8 座墓葬皆为大中型墓。据对殉人人骨位置的观察，发现其零散杂乱，因而推测这些殉人可能在殉葬之前已先被作为"人牲"而祭，肢解成数段后再放入墓内殉葬。② 又 1998 年 10 月至 1999 年 1 月，在李家坝遗址中清理出墓葬 45 座，同样也发现有殉人的现象，如 M18，为一座巴人双棺合葬墓，其东侧棺内葬有青铜剑、勺，脚下葬有四个人头（骨），当为"人牲"。③ 西侧棺内无任何随葬品，其墓主人亦似为殉人。据此分析，东侧墓主人可能是当时巴人军队中的一个武将，而西侧墓主人则可能是东侧墓主的妻妾。四个为墓主人殉葬的人，其生前则可能为俘虏、外族族民或奴隶。

---

① 中国历史博物院故陵考古队、云阳县文物管理所：《云阳故陵楚墓发掘报告》，重庆市文物局、重庆市移民局编《重庆库区考古报告集》（1998 卷），科学出版社，2003，第 414~415 页。

② 黄伟、李永宪、白彬：《三峡库区李家坝遗址发掘获重大成果》，《重庆历史与文化》1999年第 1 期。

③ 四川大学历史文化学院考古系、云阳县文物管理所：《云阳李家坝巴人墓地发掘报告》，重庆市文物局、重庆市移民局编《重庆库区考古报告集》（1998 卷），科学出版社，2003，第 387~388 页。

《三峡文化研究》第 16 辑
第 030~037 页

从巴式兵器看巴与周边族群的
相互影响

柳婷婷*

摘　要： 巴人向来以勇猛、善战而被载于史书，巴地考古成果中，墓葬出土文物里青铜兵器占据了较大比例，比较典型的有巴式柳叶剑、铜戈、铜矛、铜钺。这四类兵器虽形制、纹饰俱有巴特色，却非巴地特有，既展示了早期巴文化的特殊之处，又彰显了先秦之际族群之间潜移默化的影响。

关键词： 巴式兵器　巴文化　身份记忆　族群

《左传·成公十三年》有云"国之大事，在祀与戎"，先秦文化中，祭祀与兵戎是一个国家最重要的两件大事，故而，祭祀与兵戎相关的器物在文化中也占据了十分重要的地位。兵器，不仅仅是在两国兵戎相见之时增加战斗力的工具，更是特殊的文化、地位象征，如剑为贵族身份象征，亦可代表君子品德；钺可指示军权、王权等。今出土可见的先秦典型巴式兵器类型丰富，比较典型的为剑、戈、矛、钺，这四类兵器虽然在先秦军事文化中比较常见，但从巴地区的大量出土也可窥见它们在早期巴文化中的重要地位和特殊性质。

＊　柳婷婷（1994~），女，苗族，湖北咸丰人，恩施土家族苗族自治州博物馆助理馆员，主要研究先秦两汉史、文物与博物馆。

一 典型巴式兵器出土情况

对于巴式兵器的考古出土情况，前辈专家学者整理十分详尽，比较典型的兵器为剑、戈、矛、钺，以下借前辈学者的整理简单综述。

（一）巴式剑

巴式剑的出土以墓葬为主，年代绝大多数为战国中、晚期，最早为春秋晚期或战国早期，最晚为西汉晚期。出土地点分布很广，涵盖渝、鄂、川及湘西境内等20多个县市，据可收录到的57处墓葬典型材料，出土数量就达306件。[1] 巴式剑主要呈柳叶形，扁茎，无格，无首，斜建，刃平直，有中脊，身茎连铸且无明显分界，茎部多双穿，也有单穿或无穿。剑长20~50厘米，目前可见以30~40厘米为多，剑宽一般在3~4厘米。

巴式剑剑身多带巴人特殊的图形符号或文字纹饰，如虎纹、虎斑纹、手心纹、水波纹、船纹、鸟纹、蝉纹、花蒂纹、鱼纹等。带有各类纹饰的巴式剑出土地点不一，但都是早期巴国的中心地带。

（二）铜戈

同样作为兵器出土的铜戈，以墓葬发掘出土为主，年代集中在战国中、晚期，最早为春秋晚期或战国早期，最晚断代为西汉时期。[2] 据可收录的52处墓葬典型材料，铜戈出土数量达257件，涵盖渝、鄂、川及湘西境内的20多个县市。[3] 巴地区出土的铜戈主要为两种形制，一为巴式有胡戈，一为蜀式有胡戈。巴式有胡戈为直援，长胡或中胡，胡部近阑处两穿或三穿，长方形内。蜀式有胡戈为三角援，有中脊，近阑两侧有长方形穿。据朱世学教授的整理，可见材料中，巴式有胡戈为213件，占墓葬出土铜戈的83%；蜀

---

① 朱世学：《巴式青铜器的发现与研究》，科学出版社，2015，第117页。
② 出土自四川珙县新民村巴式铜戈，其墓葬断代相当于秦至西汉时期。
③ 朱世学：《巴式青铜器的发现与研究》，科学出版社，2015，第154页。

式有胡戈为 43 件，占墓葬出土铜戈总数的 17%。另外，清江流域也曾出土过一件无胡戈。巴地区出土的铜戈一般长度为 15~30 厘米。

巴地铜戈多带有特殊纹饰符号，以虎纹、云雷纹、饕餮纹、鱼纹、水波纹、手心纹、鸟纹、龙纹、蝉纹等为主。

（三）铜矛

可收录的 55 处墓葬典型材料显示，巴地区铜矛出土数量达 336 件，涵盖渝、鄂、川及湘西境内的 20 多个县市。[1] 绝大部分为墓葬出土，年代集中在战国中、晚期，最早为战国早期，最晚为西汉中期。巴式矛多见弓耳矛，矛叶呈柳叶形，长骹或者短骹，双弓形耳，圆銎，弧刃，尖峰，骹部及銎口多饰有纹饰。长度一般在 15~30 厘米。

巴铜矛骹部及銎口多带有巴地特有纹饰或图形符号，如虎纹、手心纹、蝉纹、鸟纹、云雷纹、花蒂纹、饕餮纹、人面纹、蛇纹、龙纹等。

（四）铜钺

可收录的 31 处墓葬典型材料显示，巴地区出土的铜钺数量达 155 件，涵盖渝、鄂、川及湘西境内的 20 多个县市。[2] 绝大部分为墓葬出土，年代集中在战国中、晚期，最早为战国早期，最晚为西汉中期。巴地出土的铜钺，总体特征为弧刃，束腰，折肩，銎呈椭圆形。学术界俗称"烟荷包"形。铜钺长度一般为 7~15 厘米。

巴地铜钺多为素面，但也有部分饰有巴特殊纹饰符号，以凸棱纹、手心纹、虎纹、鱼纹、花蒂纹等为主。

可见，巴地区出土的典型兵器剑、戈、矛、钺，其年代集中在战国中、晚期，形制较独特，带有特殊纹饰或图形符号，虽然战争作用与中原兵器类似，但在形制、纹饰上自成体系。

---

[1]　朱世学：《巴式青铜器的发现与研究》，科学出版社，2015，第 196 页。
[2]　朱世学：《巴式青铜器的发现与研究》，科学出版社，2015，第 218 页。

二　善战与身份认知

由典型兵器的出土可见，战国时期，尤其是中、晚期的巴兵器锻造已经进入比较成熟的阶段，其形制、纹饰特殊，由此可对巴人独特的文化窥见一二。

（一）善战

战国时期，尤其是中、晚期，各国之间的战争日益加剧，大小战争无数，"巴以战争而载入历史，以其勇猛而闻名"[1]。发达的兵器制造工业是组织庞大军队的支撑。[2] 巴的兵器文化也侧面反映了其本身族属的战争文化。

从出土数量来说，可收录材料中所统计到的剑、戈、矛、钺这几类典型青铜兵器的数量比较丰富。不少战国巴地墓葬中，随葬出土的兵器占出土铜器数量的一半以上。位于重庆市涪陵小田溪的战国巴人墓群，考古学研究者界定其为巴人墓中的高等级墓葬，应为巴王等级。此墓葬群中共出土文物192件，青铜兵器即有54件，占据了1/4的比例。[3] 王等级墓葬中兵器即占如此之高的比例，可见战争在巴人族属文化中的重要性。

从兵器本身来看，如剑的演变，其趋势是剑身越来越长。此阶段的巴式柳叶剑多为30~40厘米，涪陵小田溪战国巴人墓群出土的巴式剑形制最长，达66.5厘米。相对早期来说，此阶段的剑长已经趋于稳定，战斗作用也达到了比较好的程度。另外，出土的战国巴式剑较薄，刃锋利，大多中脊两侧带有血槽。这不仅减轻了剑的自重，方便携带和取剑，更能在战斗中给敌人致命一击。此阶段，巴地的戈、矛也被大量运用，而同时段的中原地区对此二者的使用已经衰落，这也许是因为巴地区本身实力相对于中原落后，但并

---

① 李禹阶、黄晓东：《巴族社会组织的一般性与特殊性》，《巴渝文化》（第 2 辑），西南师范大学出版社，1994。

② 蒋孟：《巴族地区青铜艺术研究》，博士学位论文，武汉理工大学，2013，第 158 页。

③ 四川省博物馆、重庆市博物馆、涪陵县文化馆：《四川涪陵地区小田溪战国土坑墓清理简报》，《文物》1974 年第 5 期，第 62、65、68 页。

不代表其战斗能力不高，巴地区出土的铜戈，随地形而出现形制改造，其戈秘较短，多在140~160厘米，更便于携带和灵活使用，此类车战兵器也逐渐演变得适用于步战。

（二）身份认知

生物传承、语言文化、宗教信仰、资源共享等都会带来族群之间的划分，属于同一族属的人群往往分享着共同的身份记忆，他们会通过各种方式印证自己的身份，并在其中倾注自身的情感与记忆。这一时代的巴人已经将战争兵器与自己的族属文化完全融合，现今出土可见的巴式典型兵器中，大多带有其族属特有的纹饰或符号，尤其以虎纹为主。

白虎一直被认为是早期巴人共同的图腾，《后汉书·南蛮西南夷列传》中记载："巴郡南郡蛮，本有五姓：巴氏，樊氏，曋氏，相氏，郑氏……廪君死，魂魄世为白虎，巴氏以虎饮人血，遂以人祠焉。"巴人铸虎于器，一为崇拜，一为寻求庇护，更是为了表明自己属于白虎后代的这一文化记忆。现藏于重庆市万州区博物馆，于1979年在重庆万县地区丝厂附近工地出土的青铜戈，其身长18.4厘米，长条形直援，援末近阑处向上、下扩展呈双翼状，上下端各有一穿，援后部一穿向上隆起，铸有一只虎围绕于穿外，虎身细长，虎口吐长舌，后躯绕穿而上卷至戈翼。长方形内，内上有一椭圆形状穿。即使到了今天，戈上的虎依然栩栩如生，可以想象在几千年前的战场上，巴士兵手握此类戈时从心底而生的为共同族属战斗的自豪感和拼搏感。

除了虎纹之外，巴地兵器亦饰有其他精美的纹饰或特殊图形符号，1976年宣汉进化战国墓出土两件巴式剑，一件剑身饰手心纹、花蒂纹，一件剑身两面分别饰虎斑纹、蚕纹、手心纹、鸟纹等组合纹饰。[1] 1986年成都京川饭店战国墓出土的铜矛，其骹一面饰蝉纹、手纹和其他图形符号，一面饰虎纹、花蒂纹，近骹处饰一周雷纹。[2] 虽然如今想要完整释读这些早期符号的意义比

---

① 马幸辛：《试探川东北出土的巴蜀铜兵器》，《四川文物》1996年第2期，第34页。
② 成都市博物馆考古队：《成都京川饭店战国墓》，《文物》1989年第2期，第62页。

较难，但"它们具有突出的表意性质，非一般艺术装饰纹样，这是学界不少论者的基本共识"①。从族属文化来说，这些纹饰、图形符号和虎纹一样，也应是专属的集体记忆符号的一种，是其内部共享的自我身份认知。

三 族群间"潜移默化"

当下史学界的一种学科态度是将历史上遗留下来的文献史料视作一种"历史记忆"，这样定义的目的是将其作为文本进行分析，最重要的关注点不在其真实性，而在于通过对其进行文本分析以窥探文献形成时所处的情景，以及其背后的情感、意图等。相对于文字来说，器物本身及纹饰、符号虽然并不能直接叙述一段历史，但将其放置在历史背景中时，我们也可以窥见一些细微的流变脉络。

（一）形制影响

巴地区的青铜兵器虽然与其他地区的形制有所区别，但比较来说，仍然是沿袭中原或者受到临近族群影响。目前考古发现的柳叶形青铜剑的实物最早出现在西周早期。1956~1957 年考古学家在陕西长安沣西张家坡 206 号西周墓中发现一枚铜剑。剑身柳叶形，有脊，扁茎带孔，茎与剑身之间无明显分界，无首无格，通常 27 厘米。② 戈则是在青铜兵器史上出现得比较早的兵器，考古发掘发现其自二里头文化时期即已出现且一直被延续使用至战国、秦。巴地出土的铜戈其形制与中原地区差异并不大，白草坡二号墓出土的虎纹戈，③ 虎头在援本部，虎身在胡部，头大身小，张口露牙，凤眼，弧形耳向后竖成双翼以包秘。这与巴式虎纹戈如出一辙。据此可以推测，巴式虎纹戈也并非传入本地区之后的独创，在传入过程之中即有相似的改造。

矛在青铜兵器中的使用也很早，目前考古发现最早的青铜矛并非出自中

---

① 朱世学：《巴式柳叶剑的考古发现与研究》，《三峡大学学报》（人文社会科学版）2015 年第 5 期，第 1~8 页。
② 朱凤瀚：《中国青铜器综论》，上海古籍出版社，2009，第 423 页。
③ 甘肃省博物馆文物队：《甘肃灵台白草坡西周墓》，《考古学报》1977 年第 2 期，第 114 页。

原地区，而是出自湖北黄陂盘龙城和吉林奈曼后斑鸠、河北藁城台西等地。中原地区使用青铜矛最盛的时期为商晚期，西周早期即开始逐渐衰减。后在战国时期，楚、越两地对于矛的使用也较多，巴式矛与此二者即有相似的元素。

钺在青铜兵器史上一直被视为象征军权的重要器物，著名的如殷墟妇好墓就曾出土过两件青铜大钺。巴式钺虽极具特色，但在他地也并非找不到与其类似的踪影，1964 年出土的大量商代青铜器的城固铜器群曾引发学界对于文化族属的讨论。就其曾出土的虎纹钺来说，虽然各家之说未能有定论，不能完全证实其属早期巴人族群，但早期族群之间的相互流动、影响是肯定的。

（二）文化含义影响

在中国早期文化中，尤其是先秦时期，兵器并不只象征着武力与争斗，也有其他的内涵。如对"武"字的释义，早期就有"止戈为武"的解释。战争并不只是简单、盲目地争夺资源，兵器也并不只有战斗之用。

自西周开始，在中原文化之中，剑即为君子所配，不仅防身，也是贵族身份地位的象征。1972~2002 年，涪陵小田溪战国巴人墓群先后出土了巴式柳叶剑 22 件，纹饰丰富，铸造十分精美。对于如此高规格的墓葬，随葬品出现的精美剑器，不仅展示了其武力值，可以猜测其应亦为贵族身份的展示。

除剑外，钺是更具身份象征意义的兵器。新石器时代晚期的浙江余杭良渚文化反山墓地就出土过饰有"神人"和"神鸟"的青玉钺。大量考古证据表示，在早期中原文化中，钺多象征王权、军权、宗教等至高的地位。战国巴地墓葬出土大量铜钺，钺身长度多集中在 10 厘米左右，銎的位置也前移，钺刃变薄，实用性并不强，尤其是后面出土的兵器，很难看出其作为实战兵器的作用，推测应更多为巫术与祭祀活动中使用。[①]

从上述典型兵器的简单列举来看，所有兵器皆与巴周边有着直接或者间

---

① 蒋孟：《巴族地区青铜艺术研究》，博士学位论文，武汉理工大学，2013，第 56 页。

接的联系，这种相互之间兵器元素的共鸣并非一时性的，而是在长期频繁的战争、文化之中繁衍的。纵向看，这是来自文化仰慕的荣誉感；横向看，则是华夏族群之间的潜移默化，"续周制、沐楚风、染秦化、和汉俗"①。人类社会有许多划分群体的方式，如血缘、政治、性别等，每一种群体的划分，目的大多都是资源的竞争。我们今天说华夏，其范围十分广泛，而在先秦时代的横向流动之间，"中国"却是很小一部分。"汤以七十里之地王天下，文王以百里之壤而臣诸侯"，从昔日之"中国"而成今时之华夏，从巴地典型兵器的出土及演变推测中可以看到，族群之间"潜移默化"的流变。

四　结语

巴人作为一个独立的族群已经消逝在历史的尘埃中，但他们的文化血液却留给了后来的民族继承者。从巴式兵器来看，巴人勇猛，善战与技术，其礼仪在战争文化交流中逐渐融合。"当我们在一张纸上画一个图形时，事实上是它的'边缘'让它看来像这个图形"，王明珂先生提出的"华夏边缘"② 理论给了今天探讨民族历史的一个新角度。站在当下回看，早期巴人有自己独特的族属文化和身份认知，而被周边族群影响，最后与其融为一体的微观变迁自先秦即已开始。

---

① 向明学：《巴蜀古史的考古学观察——以东周秦汉时期巴蜀文化墓葬为中心》，博士学位论文，吉林大学，2017，第 248 页。

② 王明珂：《华夏边缘——历史记忆与族群认同》，上海人民出版社，2020。

《三峡文化研究》第 16 辑
第 038~050 页

历代云阳县旧志述略[*]

熊茂松^{**}

摘　要： 云阳县位于三峡地区核心区域，行政区划始建于秦灭巴国置巴郡之后设立的朐忍县。根据现有文献可知，云阳县修志始于明嘉靖二十年，现存旧县志有明嘉靖本、清乾隆本、清咸丰本、清末乡土志本和民国本五种。云阳县旧志载有丰富的地域文化史料，是研究三峡地区历史文化等问题的重要参考文献。

关键词： 云阳县　旧志　乡土志

一　云阳县行政区划及其变迁

先秦时期，云阳县域属梁州之域。东周赧王元年（前 314），秦灭巴国置巴郡，在云阳县地域建立朐忍县，这是云阳建县的开始。秦汉实行郡县制，秦时属巴郡。汉置朐忍县，属巴郡。东汉献帝兴平二年（195）属永宁郡，建安六年（201）属巴东郡，建安二十一年（216）改为隶属固陵郡。三国时期，蜀汉章武元年（221）属巴东郡。魏晋南北朝时期，隶属未变。北周天和三年（568）改名为云安，仍属于巴东郡。隋朝开皇三年（583）隶属信州，大业三年（607）隶属巴东郡。唐武德元年（618），再次隶属于

＊　基金项目：国家社会科学基金项目"三峡地区旧志文献整理与研究"（项目编号：16XTQ006）；重庆市社科规划项目"巴渝旧志研究"（项目编号：2014YBLS121）。

＊＊　熊茂松（1973~），男，重庆开州人，博士，重庆三峡学院公共管理学院副教授，硕士研究生导师，主要研究历史文献与文化、文化资源与文化产业。

信州，二年（619）即变为属夔州。天宝元年（742）废除夔州，置云安郡，不久再为夔州，贞元元年（785），在云安场设置云安监。宋开宝六年（973），云安县升为云安军，领有云安县、云安监，熙宁四年（1071），撤销云安监，置安义县，八年撤安义县，并入云安县，后又废除云安军、云安县。元朝至元十五年（1278），再置云安军，二十年，省县入军，军改为州，名为云阳州，隶属于夔州路。明朝洪武四年（1371），属于夔州府，洪武六年，州降为县，始名为云阳县，属夔州，洪武九年，属重庆府，十四年，再属夔州府。清朝一直沿袭明朝历史关系，直至清朝灭亡。

根据现有史料，云阳县现存旧志为嘉靖二十年（1541）所修《云阳县志》。

二　嘉靖《云阳县志》

本志分卷上、卷下。嘉靖二十年云阳县知县杨鸾主修，秦觉纂。鸾，字雪峰，贵州省威阳县人。觉，字惟西，云阳县人，嘉靖举人，后考取进士。此志是现存云阳县志中最早的一部志书，杨鸾在云阳县做知县的第四年奉檄而修。云阳县原有旧志已经残缺不全，错误百出，纂修本县县志已经是必要的事情，恰逢上级命令修志，杨鸾遂召集本县王景原（陕西省兴平县人，任云阳县典史）、施继宗（云南省马龙县人，任云阳县儒学训导）、唐相（云南省大理府人，任云阳县儒学训导）、翁镗、屈表、黎子拱等人商议纂修本县县志。志成后，唐相作引（相当于序），杨鸾、施继宗分别作序，交代此次修志的具体情况。本志分为卷上和卷下，分别为：

卷上　县谱一、星野二、提封三、古迹四、创设五、学校六、风俗七、祀典八、食货九、武备十。

卷下　惠政一、官守二、名宦三、选举四、人物五、烈女六、侨寓七、外志八。

此志是三峡地区现存较早的明代县志，也是原夔州地区现存最早的县志，仅比现存正德年间的《夔州府志》晚出二十余年，是认识了解明代中期三峡地区情况的重要历史文献。该志记载的很多史料都极具价值，如当时川东地区道教徒众多，政府为了管理处置相关事务，专门设立了管理道教徒的机构"道会司"，这在该志"属署"条有专门记载。明代四川的教育比较发达，川东地区的学校也不断发展，在"学校"条里，记载本县的学校说"元至大初建，国朝洪武七年，知县郑凯重建。弘治十四年，知县游汝昌改置明伦堂。正德六年，知县梅宁修置御书楼、棂星门、儒门。正德十一年，知县白云凤增修学舍二十所。嘉靖三年，知县陈宪纲以学宫岁久倾圮，大为迁修至圣先师殿，移置旧明伦堂基、两庑……嘉靖八年，推官陈铨署县，修棂星门，激劝耆民"①。本志同时还记载了本县社学的情况，这些史料登载了云阳县学校修建和发展的历史，有助于我们认识明代乡村教育的发展状况。本志其他史料也有价值，如记载嘉靖十一年云阳县人户为一千二百二十三户，人口为一万六千二百一十五口，以及与之相关的其他史料，可以使我们了解当时的人口情况。张飞是三国时期著名的武将，人们为了纪念张飞，在云阳修有张桓侯庙，县志对此记载颇详尽，交代了元顺帝时期始修、明嘉靖时期重修的情况。如今，张飞庙已经是国家级文物保护单位。李远是唐朝时期三峡地区唯一有史籍记载的诗人，本志在"人物"条对其有专门记载，"李远，字求古，省元咸通进士，有诗集行于世"②，可与史籍互相印证。

本志为云阳县早期方志，记载较为简略，很多条目仅列名字，不作解释说明，故整个志书内容偏少，一些史料不够明晰。由于其出现较早，保存了云阳县在明朝中期的很多史料，所以仍具有较高的文献价值。

本志宁波天一阁收藏有一部，今有上海古籍书店影印本，此本据明嘉靖二十年刻本影印，字迹有些模糊不清。2003 年云阳县地方志编纂委员会对本志进行了整理，变竖排为横排，使用简体字，对其内容进行了注释，与乾隆本《云阳县志》合在一起刊印，不过该版存在一些差错，建议读者对照其他版本阅读和使用。

三 乾隆《云阳县志》

本志四卷，清刘士缙、曹源邦修，稽坊、陈嘉璠纂。士缙，字观宸，山

---

① （明）杨鸾主修，秦觉纂《云阳县志》卷上"学校六"，明嘉靖二十年刻本。
② （明）杨鸾主修，秦觉纂《云阳县志》卷下"人物五"，明嘉靖二十年刻本。

东省秋县（今属于河北省）人，乾隆十一年（1746）任云阳县知县。源邦，字风万，浙江嘉善人，康熙时举人，曾经两次作云阳县知县（1732年、1741年）。坊，字世楷，浙江省德清县举人，乾隆五年任云阳云安场盐大使。嘉瑍，云阳县人，贡生。源邦任职云阳期间，根据川省修志要求，即行召集稽坊、嘉瑍诸人，商议修志事宜，搜集素材，确定条例次目，志书未曾正式刊印，乾隆十一年源邦离任云阳，士缙接任，继续与以前诸人补充材料，斟酌修改，完成修志事业，不久刊行。此志共计四卷，分别为：

卷一　序文、姓氏、凡例、目录、图考、分野、沿革、山川、城池、形势、疆域、关隘、公署、学校、祀典、古迹（亭台楼阁古碑附）、名景、坛壝、祠庙、寺观、风俗、户口。

卷二　驿递、铺舍、坊表、惠政、官师、宦绩、军旅、汛防、人物、选举、辟荐、名贤、隐逸、侨寓、孝义。

卷三　赋役、井灶、物产。

卷四　貤封、贞节、仙释、茔墓、艺文、诗类、志跋。

全志共约10万字，在前志的基础上有所增加。此志结合清初以来川东发生的重大事件，记录了当时地方势力谭弘叛变一些事情，史料具有重要价值，其"军旅"条说："安耀拔，字文华，山东聊城人。由丙午顺天武举，效力兵部，历授湖北归彝镇守备。康熙十九年，贼将谭弘复叛，公随提督徐治都攻打云阳。凭河夺贼龙纛、军器。又筑城困贼，每夜改号，巡营七十余回。于系虎石冒矢先登，呼撼山谷，遂擒伪总兵向旭晖、伪副将汪文省、伪千总张虎等十八人。旋放归招抚群贼。时提督徐公欲以纵贼论公。未几，贼果投诚……"[①] 云阳自古以来就是川东地区的产盐重镇，本地产盐运销各地，直至外省。明清时期，政府在云安场专门设置盐大使一职，管理各项事物。相比于前志，本志新增"井灶志"，记载本地产盐盛况，共计盐井五十二眼，盐灶一百一十六座。并且记载了本地自宋代以来的盐业发展历史："宋初，于夔州路置云安军云安监及盐一井，纳课变价，成、潼、利三路纳钱绢。建炎间，始许民间开井，岁纳钱绢银两，后罢课改引。崇宁

---

① （清）刘士缙、曹源邦修，稽坊、陈嘉瑍纂《云阳县志》卷二"军旅"，清乾隆十一年刻本。

四年，夔、绵、梓、遂等监盐，听于本地贩卖，惟不得出川峡。庆元中，云安民苦盐井赋薪，运使周湛蠲课省输，民得宽贳。明盐茶副使杜诗条奏画一货税，盐引填注小票。行贩后，以云太等发卖处所易至混淆，有一票照五百斤、千斤者。乃定严例，每张止照盐一百斤。万历中，云安盐课溢额，民甚病之。夔守郭棐请减罢之。国朝康熙六年，巡抚张德地以川省民少，灶减，云、万、宁、太止四井。又属新淘，盐少，题止大引，暂行小票。后十一年，查增引张，川湖总督蔡毓荣题请如旧。"①明清以来，一些地方志在其后收录本地诗文，增设"艺文"一条，遂逐渐成为惯例，到了清代，地方志收录诗文越来越多。本志也根据当时通行的惯例，将一些诗文收入后面，增设了"艺文"和"诗类"两条，收录唐宋时期名人如杜甫、刘禹锡、陆游等的诗文上百篇，这些诗文主要描写长江三峡地区的自然人文景观、季节气候、风土人情、名胜古迹、兴学办学事迹、云安盐场产盐盛况等，史料价值都很高。

本志修于清乾隆时期，史料承续了明朝嘉靖时期县志的部分内容，也新增了部分采访搜集的新内容，但由于编纂者在编修体例上沿袭旧作，故史料仍然比较简约，一些史料缺少必要的解说，全志的内容仍显不足。

此志于乾隆十一年首次刊刻，存有民国二十三（1934）年手抄本，故宫博物馆藏乾隆十一年木刻本。2003年云阳县地方志编纂委员会对本志进行了整理，变竖排为横排，使用简体字，对其内容进行了注释，编于嘉靖《云阳县志》后，可与之比较阅读使用。

四 咸丰《云阳县志》

本志十二卷。清江锡麒修，陈昆纂。锡麒，优贡生，安徽省全椒县人，先后两次就任云阳县知县（1852年、1854年）。昆，四川省开县（今重庆市开州区）人，进士。清咸丰二年（1852），江锡麒任云阳县知县后，了解到本县的县志已经一百多年没有纂修，于是召集本县文人商议修志一事，大家纷表赞同。

---

① （清）刘士缙、曹源邦修，稽坊、陈嘉瑯纂《云阳县志》卷三"井灶"，清乾隆十一年刻本。

便延请当时正在云阳县教书的陈昆来负责修志的具体事宜。陈昆中过进士，也做过知县，具有良好的文化素养，他接受了此项任务，组织人员广泛搜集资料，斟酌选材，分类编排。第二年，志书没有修好，而江锡麒又调到了四川省里工作，陈昆便将确定好了的志书稿件邮寄到省城，请江锡麒审阅作序。咸丰四年（1854），锡麒重回云阳做知县，于是刊印修订好的稿件。本志前有云阳前几部旧志的序文、凡例、修纂人员姓名等内容，方便阅读。此志卷次分别为：

卷一　天文、舆地

卷二　户口、水利、井灶、赋役、驿递、风俗、物产

卷三　仓储、蠲政

卷四　学校、典礼、祀典（附礼器图、乐器图）

卷五　学校、祀典、典礼①

卷六　武备

卷七　选举、坊表、秩官、政绩

卷八　人物

卷九　人物②

卷十　艺文文类

卷十一　艺文传类

卷十二　艺文诗类

此志与前志相比，内容大为增加，各卷下面分为若干条目，条目下还有细目，内容极为详尽。由于记载了清代中期以来川东地区的很多重要事件，特别是有关农民起义的很多史料，此志极具文献价值。清代乾隆末期到嘉庆初期爆发了大规模的白莲教起义，云阳是重要的起义活动区域，志书中记载了大量有关农民起义的人物和事件，是研究清代农民起义难得的文献，如卷六"武备"记载的"城守事宜""遇变事宜""预防事宜""坚壁清野议"等，是研究清中期农民起义基层社会应对的第一手资料。如记载当时本县修筑寨堡防御侵扰。

---

① 此处与卷四的条目相同，但记载的内容不同。

② 此处与卷八的名称相同，但记载的人物类型不同。

安设卡隘以便侦伺也。寨堡之外紧要路口，设立卡房，安设壮健义勇数十名，按日轮换，可以诘奸细而远了望。妥择寨长以专责成也。查每寨以数千户论，男妇不下数千人，若无统摄，终同乌合。须选一家道殷实、品行端方、明白晓事、众所信从之人，或绅士或耆民，充为寨长，官予钤记，使总一寨之事。一切修筑防守事件，无论钜细，俱遵指画，其董视工程，稽查出入，训练丁壮，修饬守备，经手铅药，掌管册籍，以及临时督催巡查诸务，非寨长一人所能独任。每寨再公举数人，各就所长，分任其事，以为副长。诸事商明寨长办理。分派大、小首领，以便约束也。一寨之中，除家无男丁及残废老弱者不挑选外，其余每户计丁之多寡，或一人或二三人编为队伍，十名择一小领，百人择一大领，五百人择一总领。平日派拨妥当，同寨长、副长注明册籍一本，呈官一本存查。止许防守本境及城池，不许调赴他邑。候有警信，寨长传知总领，总领传知大领，大领传知小领，小领传知各散户，迅速登寨防守。如有一户不到，事过禀官讯究。到寨之后，寨长凡有指授，亦次以次禀承，以便各归约束……防宜周密，勿令贼匪乘间也。贼匪或日间不能得手，往往于四五更我兵疲倦之时，或早露朦胧之候，暗劫卡伦。寨长须严谕大小首领丁壮人等，日间更番歇息，夜间各执器械，不得暂离。派定所在，不许任意酣睡。墙内多挂号灯，以备伺察。另拨更夫数十名，击柝鸣锣。寨长及副长等亲身督率巡警，毋稍疏懈。又，贼诡计多端或向一面攻扑，我兵齐赴此面堵御，贼遂分从他面乘间而入。[①]

嘉庆二年（1797），云阳县高阳乡白莲教领袖林亮功、林定相、萧占国、包正洪等在云阳县境内的白岩山发动起义，很快，起义军与达州东乡的徐添德、王三槐、冷天禄等会合，人数达到数十万人，驰骋全川几十个州县，极大地威胁到清廷的统治。本史料对于寨堡的修筑、设防保护、相关人员的选定等进行了详细的说明，有助于我们认识当时白莲教起义的攻防作战情况。另外，本志对于本邑的风俗记载颇详，引用旧志、《华阳国志·巴

① （清）江锡麒修，陈昆纂《云阳县志》卷六"武备"，咸丰四年刻本。

志》、《汉书·地理志》、《太平寰宇记》等史料，详细介绍本邑的各种风俗，如冠礼、婚礼、丧礼、祭礼、节气等，其中"节气"条就有元旦、人日、上元、社日、上巳、寒食、清明、四月八日、端午、五月六日、七夕、七月十五日、中秋、重阳、十二月朔八日、（十二月）二十四日、除日等，并说明每个节日人们的活动及表达的意蕴，这是前两部县志没有的。

本志内容鸿富，夹杂大量礼制、礼器、乐器等内容的记载，如在卷四"学校、典礼、祀典（附礼器图、乐器图）"中，记载典礼、祀典30余条，这是封建礼制思想的反映。还有就是全志大力弘扬宣讲封建贞烈、节烈妇女，为她们立传或是花费大量篇幅记载其事迹，很多人没有具体事迹，编纂者就在志书中列出她们的名字，予以旌表。

本志由于晚出，保存较好，咸丰四年（1854）刻印第一版，重庆市内很多图书馆都可以找到，云阳县地方志编纂委员会对其进行了整理，2012年重印，竖排简体字，字体清晰，便于识别，是巴渝地区旧志中整理保存较好的志书。

五 《云阳县乡土志》

本志分为三门。清武丕文（云阳县知县）、冯善征（云阳县知县）等修，另外参加修纂的人员还有本县儒学训导金位坤、盐课大使周毓渝、典史张授本。全志三门共计约15万字，分别为历史门，载沿革、政绩、兵事、耆旧、户口、氏族、宗教、实业；地理门，载疆域、山水、道路；格致门，载物产。本志打破官修志书的刻板形式，大胆创新，地理门中，采用《水经注》笔法，以水为经、以山为纬，较全面地记述了云阳县境内江、河、山的走向，以及沿途分布村庄、集镇、寨堡、农田、祠庙或其他名胜古迹。格致门第一次较全面地记述了全县动物、植物和农副土特产、工矿产品的年产量、质量、产值及外销情况，十分珍贵。

根据《四川省地方志联合目录》记载，《云阳县乡土志》有两部，一部为手抄本，存四川大学图书馆，一部为传抄本，存四川省图书馆。2013年10月底，经整理后的清光绪《云阳县乡土志》重新出版发行。

六 民国《云阳县志》

本志四十四卷，首一卷，民国朱世镛等修，刘贞安等纂。世镛，字铁如，安徽霍山人，云阳县知县。贞安，字竹，四川奉节人，贵州印江县知县。民国六年，《四川通志》将续修，令各县先修县志，于是云阳县知县朱世镛设局修志，聘请奉节县刘贞安负责总纂。刘氏本进士出身，曾经出任贵州省印江县知县，民国以后，不再仕进，归隐云阳，平时研究史学，文笔精美雅致，受到知县的聘请后，遂召集彭聚星等开始编纂云阳县志。当时四川兵荒马乱，志稿时修时停，反复多次，直到民国十八年（1929）志书才初步脱稿，刘贞安将志书初稿寄到身在北京的云阳县人涂凤书审阅，请为其作序。涂氏为光绪年间举人，曾出任黑龙江龙江府知府，辛亥革命后出任黑龙江教育司司长、政务厅厅长。1916年入北京，任国务院秘书、国务院参议等职，北洋军阀政府垮台后不再仕进。涂氏精通史籍，工书善文，著有《石城山人文集》。民国十九年（1930），涂氏从北京归隐故里云阳，与彭聚星、刘贞安等人再次审核云阳县志编次，增加了"士女""列传"等内容，又搜集了宋、明以后诗文若干篇，补入"文录"。涂氏根据云阳县的生活语言，撰写"方言"条，放在"礼俗"卷中。此后几经辗转，直到民国二十四年（1935），本志书编纂人员历经艰辛，筹集了足够的资金，才将县志付印。涂氏为之作序，专门介绍此志的编纂过程。

此志共计四十四卷，卷次内容分别为：

卷一　地里　疆域总图、历史地里疏证、城镇乡户口、市集、名胜图

卷二　建置　城池、衙署、坛庙、驿传、仓库、会、局、所

卷三　山水上　北山、西北山、东北山

卷四　山水中　南山、西南山、东南山

卷五　山水下　过境大江、彭溪、汤溪、新军水、永谷、咸池水

卷六　厄塞　关隘、寨洞、碉垒、道路、津渡、桥梁

卷七　官师上　表　汉至元、明、清、近人

卷八　官师下　传

卷九　财赋　正税、津贴、捐输、契税、附加

卷十　盐法　沿革、井灶、租赁、洩汲、薪炭、煎法、引岸、税率、分运、盐官、关卡

卷十一　学校　儒学、书院、中学校、小学校、教育产业文契表

卷十二　礼俗上　冠、昏、丧、祭

卷十三　礼俗中　士、农、工、商

卷十四　礼俗下　方言上

卷十五　礼俗下　方言下

卷十六　兵团上　周、秦、汉、三国、梁、北周、唐、孟蜀、宋、元、明、清

卷十七　兵团中　梧匪

卷十八　兵团下　团防

卷十九　仓储　常平、监仓、社仓、义仓、济仓、采办仓

卷二十　惠恤　三费局、同乐堂、育婴堂、乐善堂、平安局、养济院、一钱会、救生局、浮尸会、医药局、贫民教养工厂、老老会、白骨塔、义冢、惠人表

卷二十一　祠庙　神祠、会馆、杂祀、佛寺、道院

卷二十二　金石　汉、晋、梁、唐、后蜀、宋、元、明、清

卷二十三　族姓　族姓表、宗祠表、附说略

卷二十四　士女　先贤

卷二十五　士女　耆旧一

卷二十六　士女　耆旧二

卷二十七　士女　耆旧三

卷二十八　士女　耆旧四

卷二十九　士女　寿民表

卷三十　士女　贡举上　表

卷三十一　士女　贡举下　传

卷三十二　士女　士林上

卷三十三　士女　士林下

本志在前三志的基础上，充分吸取精华，精心搜集采写史料，内容极为丰富，是巴渝地区民国时期少有的完备的地方志，全志约 70 万字，其中很多卷次的史料极具价值。

首先，本志前面的图片已经不再是原来那种用手绘制的粗略图，而是使用照相机照的照片，虽然不是很多，但较为清晰，"云阳县城全景图""东城公园全图""西坪全景图""县立中学校图""县立中学校全图""城南桓侯祠图""城南桓侯祠全图""云安场演易台图"等一应俱全，将全县重要的场景用照片保存了下来，这已经是民国时期很多地方志的普遍做法。

其次，各条记载非常详尽，很多内容不只记事件本身，还将与之相关的历史记录下来，给我们更多的信息，达到了精细专业的水准，如"山水上"记"西山坪"："又南曰西山坪，一名得胜坪，四围削壁，高数十丈。嘉庆初，张林作乱，分据此山。同治初，乡人就隘建寨，计周围八门，宽七八里，可容二千家。内有八十余塘，稻田三百余亩。雍正初，为刘若仙所有。后分隶刘一斌子孙。今其产犹十存八九。坪西南隅，突起锐峰，别建高峰寨。西南下至山坳，有同心寨，屈马场人避难于斯。"县志将与高峰寨相关历史事件和其他如农作物、塘堰、大小等全部介绍，增加了更多的信息，超过了旧志仅仅介绍一些寨洞的位置的固有写法，提高了其文献价值。

最后，本志独列"族姓"（卷二十三），介绍云阳县地域有较大影响的家族和人物。县志不厌其烦，分 20 个乡镇，逐一介绍，按照族居地、姓、原籍、始迁祖、始迁时、历世、户口、散处分别列表介绍，如族居地：云安镇。姓：柳。原籍：巴陵。始迁祖：再寅（为迁入本地的第一人）。始迁时：康熙。历世：七（代）。户口：百余。散处：水磨甲。这实际上是将某一族姓在本地的发展历史信息列出，对于我们研究地域社会的发展和巴渝地区明清以来的移民社会，提供了重要的参考文献，在民国时期的巴渝旧志中，具有这种内容的地方志很少。并且，我们还可以将这个族姓的信息和志中其他有关的"列女""人物"相互参照，基本上可以分析出一个家族的发展史。当代日本学者山田贤曾以本志和咸丰《云阳县志》为原始史料，对清代四川的移民社会进行研究。[1] 本志还有很多史料如"礼俗"中的方言、民国时期云阳的学校教育、各个乡镇的移民会馆介绍、民国时期云阳县的社会救济机构等，都记述详尽，史料丰富，具有重要的参考价值。

本志有民国二十四年刻本，1992 年巴蜀书社据此出影印本，2002 年出版新式整理本，全国多地图书馆可查阅。

七　结语

历史上，三峡地区由于山高谷深，河流纵横，不适宜农业经济的发展，经济社会文化发展比较滞后，本地产生的文献也较少。自宋代以来，三峡地区出现了方志文献，但由于战争、自然灾害等影响，一部也没有保存下来。明代嘉靖本《云阳县志》是现存最早的三峡旧县志，记录的内容虽较简单，但毕竟保存了不少有关本地的历史文化信息，值得重视。

纵观明代嘉靖年间到民国年间几部保存下来的云阳旧县志，具有以下几个特点。一是初期县志内容粗疏，越到后面内容越丰富，体现出地方志文献"后出转精转详"的特点。二是每一部旧县志所登载的内容都能反映其产生时代县域社会经历的重大历史事件，如嘉靖本反映了当时云阳县在和平时期

---

[1] 〔日〕山田贤：《移民的秩序——清代四川地域社会史研究》，曲建文译，中央编译出版社，2011。

经济社会发展的概况，乾隆本则反映了清初以来云阳县经历的战乱，咸丰本则收集白莲教起义时云阳县官民应对的情况，民国本则系统书写了清后期到民国时期云阳县丰富的社会生活。三是民国本县志体例完整，内容精审，富有创意，登载的"族姓"和"礼俗"等内容，极具史料价值，完全可以与当时巴蜀地区张森楷所纂名志《合川县志》媲美，是传统旧县志适应时代变化的典范之作。

云阳县地处三峡地区核心地带，其旧志登载了丰富的地域文化史料，是研究三峡地区历史文化等问题的重要参考文献。

《三峡文化研究》第 16 辑
第 051~063 页

"屈原故里"诸说梳理与简析

谭家斌[*]

摘　要：最早记载屈原生平的《史记·屈原贾生列传》对屈原生地没有述及，为后人探索屈原生地留下争论空间。而且，后人混淆"屈原故里"与"屈原生地"的概念内涵，认为故里即生地，其实是混为一谈。至明清时期则争讼不断，特别近代以来，已出现十多种说法，可谓异说纷纭，莫衷一是。较早的说法认为屈原是秭归人，最早且明确记载屈原生地在秭归的历史文献是东晋袁山松的《宜都记》。

关键词：屈原　故里　生地　秭归

先秦文献对屈原生地的记载阙如，《史记·屈原贾生列传》对屈原生地也未述及，自汉始有零碎涉及，为后人探索屈原生地留下争论空间。再者，后人混淆"故里"与"生地"的概念内涵，认为故里即生地。因此，至明清时期则争讼不断，特别是近代以来，随着争夺名人故里现象的出现，更是异说纷纭，莫衷一是。

综观古今争议，笔者发现有的说法存在颇多待商榷之处。因之搜集整理各说之源与流，并逐一辨析平议。

---

[*] 谭家斌（1965~），男，湖北秭归人，湖北省秭归县屈原纪念馆研究馆员，中国屈原学会理事，主要研究屈原与楚辞。

一　诸说梳理

古今流行的"屈原故里"说主要有以下几种，按时间先后顺序排列如表1所示。

表1　古今流行的"屈原故里"说

序列号	朝代或年份	诸说名称	引论依据或出处
1	东汉	湖北宜城（鄢郢）说	王逸《九思》
2	东晋	湖北秭归（乐平里）说	袁山松《宜都记》
3	南宋	重庆奉节（夔州）说	朱熹《楚辞集注》
4	明	湖南湘阴（玉笥山）说（亦称汨罗说）	周圣楷《楚宝·文苑部》
5	明	湖南常德（武陵）说	《大明一统志》
6	清	湖南岳阳（东太平寺）说	《大清一统志》
7	清	河南南阳（南屈）说	嘉庆《常德府志》
8	1953	湖北江陵（纪南城）说	浦江清《祖国十二诗人》
9	1997	湖南汉寿（辰阳）说	黄露生《屈原的出生地在湖南汉寿》
10	2006	湖南临湘（州屈）说	周笃文《屈原的首丘情结及屈氏封地考略》
11	2013	河南南阳西峡说	段文汉《河南西峡屈原岗历史渊源考证及其价值》

从以上11说之中可以看出，"屈原故里"各说争议的区域主要集中在湖南及湖北两地，均属古楚地。除以上在报刊等文献中流传的11说之外，网络上散布的还有湖北郧县说、应城（蒲骚）说、丹江口说，河南鲁山说、淅川说，湖南桃江说，青海贵德说，等等，诸说多以汉代以后的推测或传闻为依据引论而发布，名不见经传，不可轻信，故未列入本文讨论。

为弄清11说之源流，现将各说主要依据布列如下，并概述其主要推理或考证方式。

（一）湖北宜城（鄢郢）说

东汉王逸在《九思》诗中自释其作意说："逸与屈原同土共国，悼伤之情与凡有异。"① 王逸为古楚地南郡宜城（今湖北宜城）人，战国时楚之别都鄢郢即治宜城，因王逸"与屈原同土共国"，所以屈原的生地在鄢郢（今湖北宜城）。当代学者周笃文《屈原的首丘情结及屈氏封地考略》一文言及屈原故乡鄢郢说。② 其主要推理或考证方式是：王逸是鄢郢人→"逸与屈原同土共国"→屈原是鄢郢人。

（二）湖北秭归（乐平里）说

北魏郦道元在《水经注·江水》"又东过秭归县之南"条下注云："（秭归）县北一百六十里有屈原故宅……名其地曰乐平里。" 又引东晋袁山松（有称袁崧）《宜都记》（亦称《宜都山川记》）称："秭归盖楚子熊绎之始国，而屈原之乡里也。原田宅于今具存。指谓此也。"③ 自此之后，屈原生地在秭归乐平里的说法出现。至于有的称屈原生地为秭归归州三闾乡、归州屈沱等，其实均指秭归乐平里，乐平里旧称三闾乡、屈原乡，现为秭归县屈原镇屈原村。其主要推理或考证方式是：依据古文献记载。

（三）重庆奉节（夔州）说

唐代诗人杜甫旅居夔州（今重庆奉节）时，作有《最能行》一诗，诗中曰："若道土无英俊才，何得山有屈原宅。"④ 至宋代，人们认为杜甫在夔州创作此诗，诗中的"屈原宅"应在夔州，并认为夔州即指夔峡。所以南宋朱熹据此在《楚辞集注》中注释屈原《九章·抽思》"有鸟自南兮，来集汉北"说："鸟，盖自喻。屈原生于夔峡，而仕于鄢郢，是自南而集于汉北也。"⑤ 奉节说由此而流传。其主要推理或考证方式是：杜甫居夔州言屈原宅→屈原宅即在夔州→屈原生于夔州。

---

① （宋）洪兴祖：《楚辞补注》，白化文等点校，中华书局，1983，第314页。
② 周笃文：《屈原的首丘情结及屈氏封地考略》，《中华诗词》2006年第8期，第44页。
③ （北魏）郦道元著，陈桥驿校证《水经注校证》，中华书局，2013，第757页。
④ 刘济民编注《歌咏屈原古今诗词选》，中国炎黄文化出版社，2008，第24页。
⑤ （宋）朱熹：《楚辞集注》，蒋立甫校点，上海古籍出版社，2001，第85页。

（四）湖南湘阴（玉笥山）说（亦称汨罗说）

明代周圣楷《楚宝·文苑部》引晋代罗含《湘中记》言："屈潭之左玉笥山，屈平之放，栖于此山而作《九歌》。"① 人们将"栖"释为"居住"，认为屈原故里"在今湖南湘阴县北玉笥山"。玉笥山现已为湖南汨罗市属地，故此说亦称汨罗说。其主要推理或考证方式是：屈原栖玉笥山→栖即居住→屈原故里在玉笥山。

（五）湖南常德（武陵）说及湖南岳阳（东太平寺）说

清代嘉庆十七年间陈楷礼总纂《常德府志·列传一》在屈原传记之后附加一段说明文字："屈原，王逸以为南阳人。或以为归州人。明《一统志》载入常德府人物。今武陵（今湖南常德）有三闾祠、屈原巷。……录之以俟考正。"② 《大清一统志》记载，秦时的巴陵县（今湖南岳阳县）东太平寺为屈原故里。此两说不知何所据，亦难以考证，也许是以讹传讹。例如汉代"屈原，王逸以为南阳人"，据今存王逸著述，全无此言，似空穴来风。故此两说不再一一赘述。正如嘉庆《常德府志》总纂、武陵人陈楷礼所言只能"录之以俟考正"。明代嘉靖《常德府志·摭遗》记载："屈原，旧志（指《大明一统志》）为武陵人，然于史传无据。……则非武陵产明矣。"③ 明代史志已认定屈原不是常德人，所以清代嘉庆《常德府志》也只能"录之以俟考正"了。

（六）河南南阳（南屈）说

清嘉庆《常德府志·列传一》（卷三十六，1812年修）载："按：《湖广总志》于（夏商周）三代以前人物，概谓'楚人'，后世始分著郡县。屈原，王逸以为南阳（指楚南阳，今河南西部一带）人。"④ 1998年，黄崇浩

---

① （晋）罗含：《湘中记》，（明）陶宗仪等编《说郛三种》，上海古籍出版社，1988，第2819页。
② 转引自邓声斌《屈原与太阳文化》，湖南人民出版社，2011，第194页。
③ 转引自邓声斌《屈原与太阳文化》，湖南人民出版社，2011，第192页。
④ 转引自张俊伟主编《屈原：南阳诵歌》，河南人民出版社，2012，第258页。

发表《屈原生于南阳说》① 一文（以下简称"黄文"），推论屈原生于河南南阳。如："屈氏世守申、息，而申地即在南阳，其地有屈申城"；"东方朔《七谏》言屈原'生于国'。此国非指国都，而系指诸侯大夫'封国'之国。故屈原生于国乃指生于屈氏封地，即南阳之'南屈'"；"南阳有地名南屈（南就），此乃楚之屈氏得姓之地"。2002年，其又在《屈原生于南阳说新证》② 中申论。认为湖南汨罗南阳里实为河南南阳，并将清代《湘阴县图志》所载南阳寺、翁家洲等古地名推论为河南之南阳。其主要推理或考证方式是：汉代南阳有"南屈"，"南屈"是屈氏先祖得姓之地，因此屈原生于南阳。

（七）湖北江陵（纪南城）说

1953年，北京大学教授浦江清等在《祖国十二诗人》一书中，引西汉东方朔《七谏·初放》"平生于国兮，长于原野"③ 后说："'国'，指国都。"并说："屈原的出生地点就是楚国的都城，郢。"④ 认为屈原的生地是郢都，即今湖北江陵县纪南城。自此之后，孙作云、周建忠等学者以"平生于国"为主要论据进行引论。1994年，江陵县浦士培先生主编的《屈原生地论集》⑤ 一书出版，推广屈原生于江陵之论。其主要推理或考证方式是：平生于国→国即国都→国都名郢→郢即今江陵→屈原生于江陵。

（八）湖南汉寿（辰阳）说

1997年，湖南一师黄露生在《武陵学刊》上发表《屈原的出生地在湖南汉寿》⑥ 一文，其主要依据是汉寿株木山曾发掘出土一柄青铜戈，此戈有"武王之督"字样，据此推测"武王之督"是指屈原先祖屈瑕，又由

① 黄崇浩：《屈原生于南阳说》，《中州学刊》1998年第5期。
② 黄崇浩：《屈原生于南阳说新证》，《黄冈师范学院学报》2002年第2期。
③ （宋）洪兴祖：《楚辞补注》，白化文等点校，中华书局，1983，第236页。
④ 浦江清、余冠英、王瑶等：《祖国十二诗人》，中华书局，1953，第12~18页。
⑤ 浦士培主编《屈原生地论集》，武汉工业大学出版社，1994。
⑥ 黄露生：《屈原的出生地在湖南汉寿》，《武陵学刊》1997年第5期。

此推论其封地在汉寿，所以，汉寿是屈原的故乡。同时，认为屈原《涉江》"朝发枉渚兮，夕宿辰阳"中的"辰阳"是汉寿古县名。2008 年出版的《汉寿县志》之人物篇亦以此为据记载屈原"祖籍常德汉寿县"。2006 年，湖南省社会科学院毛炳汉在《人民日报》（海外版）发表《屈原故乡很可能在湖南汉寿》① 一文，则说"屈原的出生地就在汉寿沧港"。2014 年，汉寿县侯文汉主编的《汉寿屈原故里考》② 一书出版，极力扩散汉寿说。其主要推理或考证方式是：武王之督→武王指楚武王→青铜戈是楚武王赐屈瑕之"尚方宝剑"→汉寿是屈瑕封地→屈瑕是屈原之先祖→屈原故乡（或生地）在汉寿。

（九）湖南临湘（州屈）说

2006 年 6 月 7 日《岳阳晚报》刊发一条新闻：《当代鸿儒周笃文惊天发现：屈原故里应是岳阳临湘》，同时在当日晚报第 3 版发表了周笃文的一篇特稿——《屈原的首丘情结及屈氏封地考略》③（以下简称"周文"）。新闻稿中称："（周笃文）获得一条前无古人的重要线索：湖南临湘是最早的屈氏封地。"周文认为《左传》所载"楚子使薳射城州屈"在临湘，"州屈"是屈氏先祖封地。其主要推理或考证方式是：州屈在临湘→临湘是屈氏封地→屈原故里在临湘。

（十）河南南阳西峡说

2012 年 5 月 29 日，《人民日报》（海外版）官网发表署名文章《屈原与河南西峡》④，推测"屈原始祖句亶王的发祥地当在西峡""屈原曾被放逐到西峡"。2013 年，《中国楚辞学》第 20 辑刊载《河南西峡屈原岗历史渊源考证及其价值》⑤ 一文，作者为段文汉（以下简称"段文"）。该文明

---

① 毛炳汉：《屈原故乡很可能在湖南汉寿》，《人民日报》（海外版）2006 年 6 月 1 日，第 7 版。
② 侯文汉主编《汉寿屈原故里考》，中国文史出版社，2014。
③ 周笃文：《屈原的首丘情结及屈氏封地考略》，《中华诗词》2006 年第 8 期，第 44 页。
④ 马晓林、李晋：《屈原与河南西峡》，《人民日报》（海外版）2012 年 5 月 29 日，第 8 版。
⑤ 段文汉：《河南西峡屈原岗历史渊源考证及其价值》，中国屈原学会编《中国楚辞学》第 20 辑，学苑出版社，2013，第 346~352 页。

确推介屈原故里西峡说。其主要推理或考证方式是:南阳西峡居丹淅一带→屈原始祖在丹淅→屈原故里为南阳西峡。

二 诸说简析

弄清诸说源流及其主要推理或考证方式之后,不难看出:有的说法不足为据,难以服人;少数说法已被历史淘汰,再无人言及;以炒作形成的说法则如昙花一现,随即烟消云散。

(一)湖北宜城(鄢郢)说

鄢是城邑名,战国时为楚之别都,往往与"郢"连称,南宋王应麟《通鉴地理通释》卷十释鄢郢曰:"江陵郢也,襄阳鄢也。"宜城旧属襄阳府。今人钱林书《"鄢郢"解》一文引王应麟释义后认为:"鄢城在今湖北宜城东南……原是古鄢国地,后为楚灭,立为楚之别都。所以《史记·楚世家》集解引东汉服虔所说:'鄢,楚别都也。'"又说:"史书记载的战国鄢郢……指江陵北的楚都郢城及别都鄢城,故可以把鄢郢联称作为楚国当时国都的通名。"[①] 因此,从王逸"逸与屈原同土共国"语意看,其实是就楚地广义的地域概念而言的,即指包括鄢、郢在内的广袤楚地,并非实指湖北宜城。因为鄢郢只是楚之别都,不能称其为"国","同土共国"唯指楚国。再者,秦置南郡后,当时的宜城、江陵、秭归皆隶属南郡,依此而论,王逸所言"与屈原同土共国"不为过,但"同土"的是南郡,"共国"的仍是原"楚国"大地域。

(二)湖北秭归(乐平里)说

郦道元《水经注》引袁山松《宜都记》之"秭归……屈原之乡里"之后,又引:"屈原有贤姊,闻原放逐,亦来归,喻令自宽。全乡人冀其见从,因名曰秭归。"袁山松认为秭归县名源于此。因"屈原有贤姊……亦来

---

① 钱林书:《"鄢郢"解》,《江汉论坛》1981年第1期。

归"而名"秭归"，意即"姊"通"秭"。郦道元对此持异议："因事而立证，恐非县之本旨。"意思是说"秭归"并非源于"姊归"。至今对秭归县名之源多有争议，郭沫若、游国恩等人认为袁山松之说是"附会""不见得可信"。但郭氏对袁山松屈原生地为秭归之说却认为"是正确的"[①]，并肯定地说："他（指屈原）是生在秭归县的人。"[②] 游氏也说："湖北省的秭归就是屈子的老家。"[③]

（三）重庆奉节（夔州）说

唐武德二年（619）于奉节置夔州，并于秭归置归州。杜甫《最能行》："瞿塘漫天虎须怒，归州长年行最能。……若道土无英俊才，何得山有屈原宅。"诗中的归州是指唐代所置秭归之归州，虽然古"归"可通"夔"，但夔州不等于归州，诗中之"土"即指归州，而且夔州从古至今无屈原宅。屈原故宅早为东晋《宜都记》载在秭归。再者，杜甫在夔州作诗，不可能全指夔州之事。苏雪林说："秭归与夔州的距离，约一百公里。屈原居宅怎么能在那里？也许后人以为秭归与夔发音相通，以为原是一处……杜甫不察以为真，而有那二句诗。"[④] 实际上是后人将"夔州"与"归州"混为一谈。因此，屈原生于奉节说难以成立。此说也早已无人再论及。

（四）湖南湘阴（玉笥山）说（亦称汨罗说）

此说仅凭"栖"为"居住"之义，即推论屈原生于湘阴是难以服人的。且《湘中记》已言明："屈平之放，栖于此山而作《九歌》。"从"放"字可知，言下之意是说屈原流放玉笥山作《九歌》。如果说湘阴是屈原的流放之地而言其为屈原的故乡，尚不为过。古今学者多认为处于汨罗境的玉笥山一带是屈原流放沅湘之范围。若由此而论其为屈原生地，实属牵强。

---

① 郭沫若：《历史人物·屈原研究》，人民文学出版社，1979，第20页。
② 郭沫若：《今昔蒲剑·蒲剑集》，海燕书店，1950。作于1929年6月。转引自崔富章总主编《楚辞评论集览》（楚辞学文库），湖北教育出版社，2003，第581页。
③ 游国恩著，游宝谅编《游国恩楚辞论著集》（第三卷），中华书局，2008，第460页。
④ 苏雪林：《屈原与〈九歌〉》，武汉大学出版社，2007，第27～28页。

（五）湖南常德（武陵）说及湖南岳阳（东太平寺）说

前文叙及史志已否定此说，今已无人再论，故不再赘述。

（六）河南南阳（南屈）说

清嘉庆《常德府志》："屈原，王逸以为南阳人。"查阅汉代王逸现存《楚辞章句》等著述，皆无此言。至于黄崇浩先生所论，大部分是在对古地理名称进行比较后提出来的，多有商榷之处。因为古今地名相似或相同者，其例较多。黄文虽列"十条证据"力证屈原生于南阳，实以第一条"屈原得姓之地——南屈"立论。他认为郦道元《水经注》引《汲郡古文》"翟章救郑，次于南屈"①的"南屈"在汉代南阳之宛县，宛县的"南就聚"就是"南屈"，并认为"因为，古音屈、就为旁纽，故可通"，所以"南就"即"南屈"，这个"南就聚"就是屈氏的得姓之地，也就是屈原的出生地。黄文此言过于牵强，有五大疑点：其一，黄文定"南就聚"即"南屈"，以古韵通转推理地名，有模棱两可之嫌，令人生疑。其二，假如"南屈"在古南阳宛县，最多勉强言屈原始祖楚武王之子屈瑕的得姓之地，不可能是屈原的生地。其三，按《史记》《左传》《战国策》等载，战国初期，韩、赵、魏"三家分晋"，韩建都平阳（今山西西部吉县一带），韩哀公灭郑后又迁都于新郑（今河南新郑市）。韩建都于平阳为"北屈"，迁都于新郑为"南屈"，乃以别一国两都之名，《水经注》"翟章救郑，次于南屈"中的"南屈"也是指韩。此"南屈"与"南就聚"似无因果关系。其四，据《史记·韩世家》："（韩哀侯）二年，灭郑，因徙都郑。"②韩哀侯于公元前375年迁都于新郑，秦于公元前230年灭韩，新郑先属郑，后属韩，再属秦，倘若说"南屈"居新郑一带，此"南屈"既不是屈原的得姓之地，也不是屈原的出生之地。其五，南阳宛县的"南就聚"之名，始见于《后汉书·郡国志》，战国时期是否存在"南就聚"之名？至今未见先秦文献记载，

---

① （北魏）郦道元著，陈桥驿校证《水经注校证》，中华书局，2013，第97页。

② （汉）司马迁撰，（宋）裴骃集解，（唐）司马贞索隐，（唐）张守节正义《史记》，中华书局，1963，第1868页。

既然没有"南就聚"之名，"南就"是"南屈"则为虚推之结论。既然这条主据不能立足，其他九条围绕主据展开的辅证之据自然不容置辩。

（七）湖北江陵（纪南城）说

此说主要据东方朔《七谏·初放》"平生于国兮，长于原野"立论，但"国"之义有多种。一是指封地、食邑。如《战国策·齐策四》："孟尝君就国于薛。"① 二是指国家。如《周礼·天官·大宰》："以佐王治邦国。"② 三是指国都、城邑。如《国语·周语》："国有班事，县有序民。"③ 另外，"长"可读为 cháng，具有"长期"之义。所以"平生于国兮，长于原野"是说：屈原出生于屈氏封地，长期被放逐于原野。同时，东方朔史称"滑稽家"，其《七谏》以散文笔调作诗，而诗又不能等同于史志，缺乏可信度。晋代庾仲雍《荆州记》载："秭归县有屈原田宅。"④ 唐代沈亚之《屈原外传》引《江陵志》载："屈原故宅在秭归乡。"⑤ 由此说明，晋代《荆州记》及唐代《江陵志》的编修者都认为屈原的生地不在江陵（古称荆州）。古代地理志书的记载是比较可信的。

（八）湖南汉寿（辰阳）说

此说的主要依据是汉寿株木山出土的"武王之督"铭文青铜戈。湖南学者杨启乾、邓声斌、金则恭等经过考证，据形制特征认为此铜戈属战国中晚期秦武王时代，而不属于春秋早期楚武王时代，与屈原家族毫无关系。到目前为止，我国发掘出土的"武王之督"铭文戈在长沙也有出土，并非汉寿独有。《涉江》的"夕宿辰阳"，宋代洪兴祖《楚辞补注》载："前汉武陵郡有辰阳。……沅水东径辰阳县东南，合辰水。旧治在辰水之阳，故取名焉。"⑥ "辰水之阳"即指今辰溪，辰溪即在辰水之东，古代指东为阳。洪氏所说辰阳

① 缪文远等译《战国策》，中华书局，2015，第 192 页。
② 陈成国点校《周礼仪礼·礼记》，岳麓书社，2006，第 3 页。
③ 陈桐生译注《国语·周语》，中华书局，2013，第 76 页。
④ （清）陈运溶、王仁俊辑《荆州记九种》，石洪运点校，湖北人民出版社，1999，第 100 页。
⑤ 转引自（清）胡文英《屈骚指掌》，北京古籍出版社，1979，第 2 页。
⑥ （宋）洪兴祖：《楚辞补注》，白化文等点校，中华书局，1983，第 130 页。

是汉代置武陵郡之辰阳。清顾祖禹《读史方舆纪要》等古籍记载，辰溪在秦汉时称为辰阳，属武陵郡。虽然汉寿早期也曾称为辰阳，但其时间已晚至宋朝大观年间，至绍兴三年（1133）又改辰阳为龙阳，1993年出版的《汉寿县志》亦有记载。清同治《龙阳县志·人物》记载："屈平，字原。……平，实归州人。"直至2008年，新编《汉寿县志》才将屈原列为"汉寿人物"编入志内。如果说屈原流放时曾途经汉寿，则有可能，然说屈原生于汉寿，难以令人信服。湖南师范大学文学院罗敏中、湖南科技大学人文学院吴广平撰文认为"'汉寿屈原故里说'很难据此成立"。[1]

（九）湖南临湘（州屈）说

周笃文的《屈原的首丘情结及屈氏封地考略》从引用《岳阳府志·临湘》云"临湘：古如城，汉下隽地。按县志：楚子城州屈，以居如人，即此"及《左传·昭公二十五年》"楚子使薳射城州屈，复茄人焉"立论，认为是楚平王令薳射在临湘筑屈邑城堡。"城州屈"即为在"州屈"筑城堡。"州屈"即今之临湘，古亦称"如城"。"如城"因如山而得名。如山即如矶，后更名儒矶，即如今临湘儒溪镇。"州屈"即以"州"地作为屈氏封邑，地在"如山"一带。"茄人"即"如人"。"如山"即"茄山"，亦即茄人之山。周氏用古韵通转的方式进行推论，认为州屈在临湘，进而推论屈氏封地在临湘。细阅周氏全文，只推论"州屈"是屈瑕之封地且在临湘，却没有将屈原故里明指为临湘，反而说临湘"辖地包括今之汨罗一带"，"'临湘'从广义而言，则包括长沙、岳阳等地区"。由此可见，《当代鸿儒周笃文惊天发现：屈原故里应是岳阳临湘》有新闻炒作之嫌。再者，《左传》所载"州屈"，作为城邑名，清代高士奇、秦蕙田认为"州屈"居凤阳府治凤阳县西，即今安徽凤阳县境。而主屈原故里汉寿说者，推论"州屈"则在湖南汉寿，如韩隆福、侯明忠《楚平王时的采菱城和城州屈——兼论屈原祖籍汉寿说》[2]一文；主屈

[1] 参见吴广平、鲁涛《湖南省屈原学会2009年年会暨屈原与湖湘文化学术研讨会述评》，《云梦学刊》2010年第1期。

[2] 韩隆福、侯明忠：《楚平王时的采菱城和城州屈——兼论屈原祖籍汉寿说》，《湖南文理学院学报》（社会科学版）2009年第3期。

原故里南阳说者，则推论"州屈"在河南南阳，如黄崇浩《"州屈"不在湖南而应在河南》① 一文。众说纷纭，至今难详其地。

（十）河南南阳西峡说

此说是南阳说的延展。段文主要以"屈原始祖在丹淅，南阳是屈原故里，有学者主张西峡是屈原出生地"而立论。段文所言"有学者主张西峡是屈原出生地"，虽未指名道姓，按其注解，其实是指黄崇浩《屈原生于南阳说》② 一文，段文即以此文"南屈"居于南阳为依据。但是，2015 年，黄氏突然以《河南平顶山市鲁山县是屈原故里——"屈原生于南阳说"的一个新结论》为题发文"亡羊补牢"。黄氏在该文中称："在西峡会议（指 2013 年在西峡召开的中国屈原学会第十五届年会暨楚辞学国际学术研讨会）前后，一批学者及专家力图将笔者所持'屈原生于南阳说'直接坐实为屈原生于西峡。……是有违笔者原意的。坦率地说，笔者在提出'屈原生于南阳说'之初，并没有能确指屈原生于南阳何地何处。这也是笔者今日深感遗憾的。然而，亡羊补牢，犹未为晚。"③ 由此可见，屈原故里西峡说不攻自破。且笔者曾撰有专文驳论，④ 在此不再赘述。

三　故里与生地概念内涵

古今有关屈原故里的争讼中，始终存在使用概念不一的问题，有称屈原故乡、屈原家乡、屈原老家等，有称屈原生地、籍贯等。有的以屈原故里、屈原故乡、屈原家乡、屈原老家等概念代指屈原生地，形成含糊其词、模棱两可的现象。仔细辨析，这些概念内涵既有区别又有联系。

笔者认为，出生之地是家国，亦可称老家；祖籍或祖居之地是祖国，亦

---

① 黄崇浩：《"州屈"不在湖南而应在河南》，《云梦学刊》2007 年第 5 期。
② 黄崇浩：《屈原生于南阳说》，《中州学刊》1998 年第 5 期。
③ 黄崇浩：《河南平顶山市鲁山县是屈原故里——"屈原生于南阳说"的一个新结论》，《黄冈师范学院学报》2015 年第 5 期。
④ 谭家斌：《驳"屈原故里西峡"说》，《三峡论坛》2014 年第 2 期。

可称籍贯；久居之地是乡国，亦可称故乡、家乡、故里；奉仕之地是君国，特指时也可称故乡。换言之，曾生活或工作时间较长的地方，亦可称故里、故乡、家乡。《辞源》释故里"即故乡"，释故乡"即家乡"。① 籍贯是对祖居地的一种表述，如今，部分人将"籍贯"等同于"生地"，混淆了二者的含义。

因此，可以看出，祖国、乡国、君国与故里、故乡、家乡、籍贯的含义大同小异，且含义宽泛。故里、故乡、家乡、籍贯的内涵广于生地。唯生地（家国）具有专一性、特指性。生地有时可称故里、故乡、家乡、籍贯，但故里、故乡、家乡、籍贯却不能特指为生地。简言之，故里、故乡、家乡、籍贯不能等同于生地。生地始终只存在一个，而故里、故乡、家乡、籍贯可能存在两个或多个。

从前述11说之中可以看出，明指为屈原生地者有宜城、秭归、奉节、南阳、江陵、西峡等六说，明指为屈原故乡或故里者有湘阴、常德、岳阳、临湘等四说，既称屈原故乡又称屈原生地者有汉寿说。从前述评议中可见，宜城、奉节、湘阴、常德等四说已无人再论及。从上述概念内涵来看，古今真正意义上的屈原生地争讼只有秭归、江陵、西峡等三说。

总而言之，屈原生地始终只存在一个，其地在何处呢？东晋袁山松《宜都记》是今见最早明确记载屈原生地的古籍文献："秭归盖楚子熊绎之始国，而屈原之乡里也。原田宅于今具存。"② 随后，东晋庾仲雍《荆州记》："秭归县有屈原宅。"③ 北魏郦道元《水经注》："（秭归）县北一百六十里有屈原故宅，累石为室基，名其地曰乐平里。"④ 唐代沈亚之《屈原外传》引《江陵志》载："屈原故宅在秭归乡。"⑤ 唐代至明清时期，此类记述较多。较早的传统观点也认为屈原生地在秭归，在没有确证出现之前，以秭归说较为妥当。

---

① 广东、广西、湖南、河南辞源修订组，商务印书馆编辑部编《辞源》（修订本），商务印书馆，1995，第725页。
② （北魏）郦道元著，陈桥驿校证《水经注校证》，中华书局，2013，第757页。
③ （清）陈运溶、王仁俊辑《荆州记九种》，石洪运点校，湖北人民出版社，1999，第94页。
④ （北魏）郦道元著，陈桥驿校证《水经注校证》，中华书局，2013，第757页。
⑤ 转引自（清）胡文英注《屈骚指掌》，北京古籍出版社，1979，第2页。

《三峡文化研究》 第 16 辑
第 064~085 页

明代宜都诗人刘芳节生平、交游
及其《闺情集句》考述

肖大平[*]

摘　要： 刘芳节是明代湖北宜都著名诗人，著有《云在堂集》《闺情集句》。康熙《宜都县志》称其与彝陵雷思霈、公安袁中道“一时鼎峙荆楚”，评价甚高。刘氏与张居正，公安派的袁中道，竟陵派的钟惺、谭元春，以及宋懋澄、钱谦益等人交游甚厚。其所作《闺情集句》受到重视，惜全本不传。钱谦益《列朝诗集》仅选录其中四首，《御定四朝诗》据以转录。朱彝尊《静志居诗话》选录了其中三联集句，梁章钜《巧对录》据以转录。通过对这四首集句诗的分析，可窥知唐诗在明后期传播与接受的一些信息。

关键词： 刘芳节　交游　《闺情集句》　集句诗

刘芳节是明代宜都著名诗人。《湖北诗征传略》评价称：“芳节博学洽闻，与公安袁氏兄弟齐名。”[①] 康熙《宜都县志》亦称：“（芳节）博学宏才，与彝陵雷思霈、公安袁中道，一时鼎峙荆楚。”[②] 对其评价甚高。刘芳

---

* 　肖大平（1984~），男，湖北云梦人，文学博士、博士后，现为暨南大学文学院、中华文化港澳台及海外传承传播协同创新中心助理研究员，主要研究中国古代文学、域外汉籍、中国文学域外传播。

① 　丁宿章：《湖北诗征传略》卷三十五，清光绪七年（1881）孝感丁氏泾北草堂刻本，第18页。
② 　（清）刘显功等纂修《宜都县志》卷十《人物志·征献》，清康熙三十六年（1697）刊本，第14页。

节著有《云在堂集》《闺情集句》。袁中道为《闺情集句》作序，序中对其集句诗创作高度肯定。其集句诗受到时人称赞，并为钱谦益《列朝诗集》、《御定四朝诗》、朱彝尊《静志居诗话》及梁章钜《巧对录》部分选录。刘芳节与张居正，公安派的袁中道，竟陵派的钟惺、谭元春，以及宋懋澄、雷思霈等人物交游甚厚。

不过对于这位宜都诗人的生平、交游及其《闺情集句》，尚未见有学人揭橥。而对其研究，对于宜昌地区古代文学与文化的研究具有一定的参考价值。本文即旨在结合相关文献作初步探讨，以见教于方家。

一 刘芳节生平事迹考

刘芳节，明代湖北宜都人。关于其生平，主要的资料有：（1）袁中道（1570~1623）《游居柿录》中的相关记载；（2）钱谦益（1582~1664）《列朝诗集》中的诗人小传；（3）丁宿章①（1829~?）《湖北诗征传略》中的诗人小传；（4）康熙《宜都县志》中的刘芳节小传；等等。

上述资料中，袁中道与钱谦益的记载早于清人丁宿章《湖北诗征传略》与康熙《宜都县志》中的记载。此外，袁中道、钱谦益与刘芳节是同时代人，且二人与刘芳节有交游关系（下文将详考），如钱谦益在《列朝诗集》刘芳节小传中说："（刘芳节）时常从袁小修及余游。"袁中道在其《游居柿录》中说"（玄度）与予为髫年交"，还说"吾友刘玄度，少时即与予作忘形友"（袁中道《刘玄度集句诗序》）。因此，钱谦益与袁中道对刘芳节生平的记载更为可信。兹以钱谦益与袁中道等与之有交游关系的友人的记载为基础资料，并参考《湖北诗征传略》与康熙《宜都县志》等中的相关记载，对刘芳节的字号、生卒年、科举经历、婚姻、去世及死因等生平相关事实作如下考证。

---

① 关于丁宿章生平的考辨，可参考陈于全《丁宿章事略考》，《兰州大学学报》（社会科学版）2020 年第 2 期。

（一）字号

钱谦益《列朝诗集》中云"芳节，字圣达"，载其字，不载其号。袁中道《游居柿录》中载："玄度名芳节，别号恒沙。"刘芳节的友人、《九籥集》的作者宋懋澄有《武昌寄和刘玄度》诗，同时代人谭元春亦有《喜刘玄度至》诗，袁中道《珂雪斋集》中多次称呼刘芳节为"刘玄度"①，钟惺亦有《赠刘玄度孝廉为雷太史同年好友》诗。从古人常称字不称名的习惯来看，刘芳节的友人袁中道、宋懋澄、谭元春、钟惺皆称其为"刘玄度"，可知"玄度"当为其字，"芳节"当为其名。又由钱谦益《列朝诗集》的记载来看，刘芳节一字圣达。

《湖北诗征传略》对其姓名字号记载称："刘芳节字圣达，号元度。"玄度本是其字，这里误将字作号。又，之所以将"玄度"改为"元度"，概因避康熙皇帝玄烨之"玄"字讳。至于其号，袁中道《游居柿录》中载其号曰："玄度名芳节，别号恒沙。"可知其号为恒沙。

综上，刘芳节，一字玄度，一字圣达，别号恒沙。

（二）生卒年

关于其卒年，袁中道在万历四十三年（1615）乙卯岁的日记中记载了自己听闻刘芳节去世的消息，《游居柿录》云："晨起入郡，崔受之偕。晚渡江，将至岸，忽有一人大呼曰：'刘玄度逝矣！'……欲以八月十八日纳妾，而十七日逝矣。"可知刘芳节卒于万历四十三年八月十七日。关于其生年，尚未见可据以考证的相关材料。

（三）科举经历

钱谦益《列朝诗集》载其"举万历丁酉乡荐"，仅记载了其于万历丁酉年乡试中举事，未记载万历丁酉年科考事。袁中道《游居柿录》载："举丁

---

① 如"朱奉常上愚，邀宜都刘玄度饮村园"，"又刘玄度持仇十洲《瀛洲图》及《汉宫春晓》来阅"。见袁中道《游居柿录》。

西乡试第二。癸丑试卷已入彀，将登榜矣，而策中称誉江陵相公太过，其词殊激，竟掷去。"① 对其丁酉间乡试中举事记载甚详，且详细记载了癸丑科考时因试卷中对张居正褒扬太过，遭到阅卷考官"掷去"的经历。《湖北诗征传略》载："万历举人……癸丑，礼闱条策，指陈时事，为主司所抑，仅置副车。"② 《湖北诗征传略》的记载与之相似。又康熙《宜都县志》载："万历甲午恩选，中丁酉第二名，癸丑副榜第一名。"③

结合以上记载来看，刘芳节在万历丁酉间参加乡试，位列第二名。而癸丑年再次参加会试时，本来"已入彀，将登榜"，但由于考卷之外的其他原因，被置入副榜。对于个中原因，袁中道《游居柿录》解释说，是"策中称誉江陵相公太过，其词殊激"。就是说，因为试卷中对张居正过于褒扬，所以被"掷去"。而《湖北诗征传略》对此的解释是，因为指陈时事而遭到主考官的压制，即"礼闱条策，指陈时事，为主司所抑"，说法与袁中道不同。

关于刘芳节与张居正的亲密关系，下文将详考，这里仅列举材料以证明刘芳节对张居正的钦佩。刘芳节曾在文章中表达阅读张居正文集的快感，云："数日读太岳集，真是手舞足蹈而不能已。千古奇人，千古奇书，何迟我十年读也？然非迟十年读，又恐不能读若此之快也。"④ 称张居正为"千古奇人"，称张居正文集为"千古奇书"，恨自己读此书太晚，对张居正的钦佩敬仰之情溢于言表。考虑到《湖北诗征传略》是清人著作，且上文已经指出，此书对其字号都记载失误，而袁中道是刘芳节的"髫年交"，二人相交时间较长，因此在刘芳节何以本来"已入彀，将登榜"，却还是落榜的解释上，本文采纳袁中道的说法。

（四）婚姻

袁中道在《游居柿录》中介绍其婚姻说："无子，晚娶雷何思太史妹，

---

① （明）袁中道：《珂雪斋集》下，钱伯城点校，上海古籍出版社，2007，第1346~1347页。

② （清）丁宿章：《湖北诗征传略》卷三十五，清光绪七年孝感丁氏泾北草堂刻本，第18~19页。

③ （清）刘显功等纂修《宜都县志》卷十《人物志·征献》，清康熙三十六年刊本，第14页。

④ 刘志琴：《张居正评传》，南京大学出版社，2011，第12页。

甚悍；家有数妾，皆不得御。以无子故，至沙头买妾，欲以八月十八日纳妾，而十七日逝矣。"① 钱谦益《列朝诗集》与康熙《宜都县志》中不载其婚姻与家世。《湖北诗征传略》载："壮岁无子，舍宅为广福寺。"

由记载可知，刘芳节先是娶雷何思（雷思霈，字何思）太史的妹妹为妻，家中虽然有数妾，但因妻子"甚悍"，在其阻拦之下，刘芳节直至壮年都未能生子。且其在万历四十三年八月十七日赴湖北沙市买妾返回后，因病去世。

（五）去世及死因

关于其死亡及死因，袁中道《游居柿录》载："晨起入郡，崔受之偕。晚渡江，将至岸，忽有一人大呼曰：'刘玄度逝矣！'② 予惊问故，其人曰：'玄度至沙市鬻妾，忽病，数日遂不起。'"下文又记曰："无子，晚娶雷何思太史妹，甚悍；家有数妾，皆不得御。以无子故，至沙头买妾，欲以八月十八日纳妾，而十七日逝矣。"③ 由袁中道的记载来看，刘芳节是在从沙市买妾返回后，"忽病，数日遂不起"。上文中提到过刘芳节娶雷何思妹妹为妻，此女"甚悍"，家中虽然有多名小妾，但因妻子的干预，刘芳节"皆不得御"，造成刘芳节壮年都膝下无一子的局面。而万历四十三年八月十七日，刘芳节买妾回家后，"忽病，数日遂不起"。其死因与刘妻是否存在关联，因资料不足，难以定论。

《湖北诗征传略》在记载其癸丑年不顺利的科考经历时称："癸丑，礼闱条策，指陈时事，为主司所抑，仅置副车，愤郁而卒。"将刘芳节之死与癸丑年不顺的科考经历联系起来，认为此次科考经历使得刘芳节"愤郁而卒"。考，万历癸丑即万历四十一年，西纪1613年。刘芳节买妾与卒年是在万历四十三年，是在癸丑科考事件两年后。因此以科考不顺造成的"愤郁"来解释其死因，难以令人信服。由买妾后刘芳节"忽病，数日遂不起"来看，买妾事件当是造成其死亡的直接导火索。

① （明）袁中道：《珂雪斋集》下，钱伯城点校，上海古籍出版社，2007，第1347页。
② （明）袁中道：《珂雪斋集》下，钱伯城点校，上海古籍出版社，2007，第1346页。
③ （明）袁中道：《珂雪斋集》下，钱伯城点校，上海古籍出版社，2007，第1347页。

二 刘芳节交游考

刘芳节在万历丁酉湖北乡试中中举，在癸丑会试中本来"已入彀，将登榜"，但却因为主考官的干预，与进士身份失之交臂。癸丑科考事件两年后，又因买妾事件突然病发身亡，未能尽显其才。不过，与之交游的张居正、袁中道、钟惺、谭元春、宋懋澄等人对刘芳节的才华评价甚高。

如袁中道称其"大有才藻，善谭论……其人旁通百家言，楚中异才也"（《游居柿录》）。宋懋澄《武昌寄和刘玄度》诗中称赞刘芳节的才华说："才子挂帆神欲助。"至于张居正对刘芳节的态度，可从《湖北诗征传略》中所记载的刘芳节与张居正交游的一段逸事中窥知："尝客江陵张相国邸中，一夕集唐成诗百首，相国命子允修辈咸师事之。"这里的"江陵张相国"指的是张居正，"允修"即张居正第五子张允修。可以看出，张居正为刘芳节的诗才所折服，令其诸子拜刘芳节为师，足见张居正对刘芳节的推重。

至于《湖北诗征传略》与康熙《宜都县志》，对其评价更高。《湖北诗征传略》评价称"芳节博学洽闻，与公安袁氏兄弟齐名"。康熙《宜都县志》亦称："博学宏才，与彝陵雷思霈、公安袁中道，一时鼎峙荆楚。"① 如果张居正、袁中道、宋懋澄等人对刘芳节的评价是与之有交游关系的缘故，那么《湖北诗征传略》与康熙《宜都县志》中的评价则相对客观。然而，这两种相对客观的评价，却对刘芳节有更高的赞誉，称其"与公安袁氏兄弟齐名""一时鼎峙荆楚"。虽然这些评语不乏夸张的成分，但在一定程度上还是能说明时人对刘芳节的总体印象"博学洽闻"的。而这正是张居正、袁中道、钟惺、谭元春、宋懋澄等人与之交游的前提之一。以下对其与以上诸人的交游诗文作考证。

（一）刘芳节与张居正

上引《湖北诗征传略》中记载了刘芳节与张居正的交游契机："尝客江

---

① （清）刘显功等纂修《宜都县志》卷十《人物志·征献》，清康熙三十六年刊本，第14页。

陵张相国邸中，一夕集唐成诗百首，相国命子允修辈咸师事之。"① 这里所谓"集唐成诗百首"，是指选唐人诗句作集句诗百首之意。② 刘芳节在"一夕"之内，作百首集唐诗，因此令张居正折服，张遂令其诸子拜刘芳节为师，此乃刘芳节与张居正交往的开始。万历五年（1577），张居正次子张嗣修进士及第，高中一甲第二名即榜眼。万历八年（1580），张居正长子张敬修、第三子张懋修高中庚辰科进士，且张懋修被明神宗钦点为状元。③ 张居正三子先后中进士，不能说与刘芳节的指导没有任何关系。

除了指导张居正诸子外，在张居正文集的刊行上，刘芳节亦助力良多。万历末，刘芳节与好友徐从善、雷思霈、鲁可前等支持张居正之子张懋修、张嗣修和张简修等人整理《张太岳先生文集》，并于四十年（1612）刊行。④ 所刻《新刻张太岳先生诗文集》四十七卷中收录了刘芳节《与徐从善知己》书信一封，收在《太岳先生文集评》之下。⑤ 在此文中，刘芳节对张居正评价称："数日读太岳集，真是手舞足蹈而不能已。千古奇人，千古奇书，何迟我十年读也？然非迟十年读，又恐不能读若此之快也。"⑥ 将张居正评价为"千古奇人"，将《张太岳先生文集》评为"千古奇书"。又说："高皇帝为生民以来未有之神圣，开天而作君；太岳先生为生民以来未有之异人，中天而作相。"⑦

刘芳节对张居正的过度评价，直接影响了他 1613 年参加会试的命运。《张太岳先生文集》刊刻于 1612 年。翌年癸丑，刘芳节参加会试，按照袁中道的说法："癸丑试卷已入彀，将登榜矣，而策中称誉江陵相公太过，其词殊激，竟掷去。"⑧ 其对张居正的过高吹捧，引起主考官不满，导致其最终落榜。

---

① （清）丁宿章：《湖北诗征传略》卷三十五，清光绪七年孝感丁氏泾北草堂刻本，第 18 页。
② 刘芳节曾将其所作集句诗结集成册，请自己的好友袁中道为之作序。此序收录在袁中道《珂雪斋集》中，序文中称："今年复出闺情集句七十首示予。"提到其所作集句诗为七十首。关于刘芳节创作集句诗的数量，下文将详考。
③ 冯明：《张居正与宜昌》，《三峡文化研究》2017 年第 1 期。
④ 冯明：《张居正与宜昌》，《三峡文化研究》2017 年第 1 期。
⑤ （明）张居正：《张太岳集》，上海古籍出版社，1984，第 13 页。
⑥ （明）张居正：《张太岳集》，上海古籍出版社，1984，第 13 页。
⑦ （明）张居正：《张太岳集》，上海古籍出版社，1984，第 13 页。
⑧ （清）袁中道：《珂雪斋集》下，钱伯城点校，上海古籍出版社，2007，第 1346~1347 页。

（二）刘芳节与袁中道

袁中道与刘芳节为"髫年交"，曾在其为刘芳节集句诗所作序中回忆二人订交的契机："吾友刘玄度，少时即与予作忘形友。应试入郡，则同寓君章宅畔。每月夜，坐大堨上，谭或至达旦。自是十数年，一遇玄度于稠人之中，甫一戟手，即隐隐有谭势。拉至空处，风雨波流，娓娓数百车，遂无一字重者。盖予退而心服玄度之慧也。"① 因参加科考，袁中道与刘芳节一同寓居在晋代荆州别驾罗含（292～372）故宅边。② 在这段时间，刘芳节与袁中道二人"每月夜，坐大堨上，谭或至达旦"。自此订交后，二人相交直至万历四十三年刘芳节病逝。在与刘芳节有交游关系的诸人中，袁中道与之最为交善，相交时间最长，堪称平生之友。

袁中道《游居柿录》中多次记载了其与刘芳节交游的情景。二人经常一起饮酒、鉴赏书画。如《游居柿录》中记载朱奉常邀请袁中道与刘芳节在园中饮酒、夜话、品鉴董其昌与黄慎轩③书法的情景。

> 朱奉常上愚，邀宜都刘玄度饮村园，园中有修渠，达于塘，可泛。塘上有亭，夜话。是日移行李入护国寺，僧省有方丈，谒自来佛，门额为"自来古佛堂"，王百谷隶书。百谷隶书道古，大胜其真草。内有"自来古佛"二额，一为董思白书，一为黄慎轩书。董字得大字如小字法，而差局促；黄字舒放，而戈法稍狞。皆非二公得意笔也。④

---

① （明）袁宗道、袁宏道、袁中道：《三袁随笔》，四川文艺出版社，1996，第336页。

② 《钱注杜诗》载："《晋书·罗含传》：'罗含……转州别驾，以廨舍喧扰，于城西池小洲上立茅屋，伐木为材，织苇为席而居，布衣蔬食，宴如也。'……《渚宫记》云：安成王在镇，以罗含故宅借录事刘朗之。尝见一丈夫，衣冠甚伟，被衿而立。朗之惊问，忽然失之。未及还，朗之以罪见黜。人谓君章有神。罗君章宅，在江陵城西三里。庾信亦尝居之。"此注为《杜甫集校注》征引，参见（唐）杜甫著，谢思炜校注《杜甫集校注》第六册，上海古籍出版社，2015，第2595～2596页。

③ 黄辉（1558～?），字平倩，亦字昭素，号慎轩，南充（今南充市）人。年十五乡试第一，万历十七年进士，选翰林院庶吉士。其诗、书，与董、陶齐名。参见《巴蜀历代文化名人辞典》编委会编著《巴蜀历代文化名人辞典·古代卷》，四川人民出版社，2018，第256页。

④ （明）袁中道：《珂雪斋集》下，钱伯城点校，上海古籍出版社，2007，第1327页。

又如袁中道曾在朱奉常的园中送别须日华后①，前往仲宣楼畔徐园②，与徐氏一同欣赏张居正的尺牍、黄平倩的诗卷和中郎《习家池》韵诗，以及陈白阳③的花卉图一卷。当此之际，刘芳节持来仇十洲《瀛洲图》及《汉宫春晓》，与袁中道、徐氏一同品鉴、欣赏。毕，袁中道与刘芳节纵谈一夜。袁中道《游居柿录》载：

> 归饮于仲宣楼畔徐园。灯下，徐出张江陵一牍，并黄平倩诗一卷，有意无意之笔，妙处不可言喻。其诗云："黄杨丹柏冷霜斑，乳水香芽沁客颜。纵有孤台非习氏，但堪双屐是侬山。自投饼饵邀鱼戏，不掩柴荆付虎关。举似庞公应拊掌，至今天地几人闲。"此和中郎《习家池》韵诗也。字字有韵，清绝奇绝。陈白阳花卉一卷。又刘玄度持仇十洲《瀛洲图》及《汉宫春晓》来阅。夜与玄度等纵谭，一夜不得眠。④

由以上袁中道的记载，可见二人关系的不一般。刘芳节将自己所作集句诗结集成册，请袁中道为之作序（《刘玄度集句诗序》）。此序收录在袁中道《珂雪斋集》中。全文如下：

---

① 朱奉常，即朱上愚。朱光祚，字上愚，江陵人。须日华，袁中道与刘芳节共同的友人。

② 徐园，又名徐冏卿园，园在苏州，首任主人乃徐泰时（1540~1598，字冏卿）。徐泰时，明万历八年进士，官至太仆寺少卿。万历二十一年（1593）罢官，归苏后"一切不问户外，益治园圃"，所建之东园，今之苏州留园。袁宏道（1568~1610）《袁中郎游记·园亭纪略》一文在记载当时苏州地区城市园林时，就提到了徐园。文曰："近日城中，唯葑门内徐参议园最盛，画壁攒青，飞流界练，水行石中，人穿洞底，巧逾生成，幻若鬼工，千溪万壑，游者几迷出入，殆与王元美小祇园争胜。祇园轩豁爽垲，一花一石，俱有林下风味。徐园微伤巧丽耳。王文恪园在阊胥两门之间，旁枕夏驾湖，水石亦美，稍有倾圮处，葺之则佳。徐冏卿园在阊门外下塘，宏丽轩举，前楼后厅，皆可醉客。"（明）袁宏道著，钱伯城笺校《袁宏道集笺校》卷四《锦帆集之二——游记、杂著》，上海古籍出版社，1981，第180页。

③ 陈淳（1484~1544），字道复，以字行，别字复甫，号白阳山人，长洲（今江苏苏州）人。少从文璧游，以书画擅名，诸生，绝意仕进，教授自给。参见赵传仁、鲍延毅、葛增福主编《中国书名释义大辞典》，山东友谊出版社，2007，第573页。

④ （明）袁中道：《珂雪斋集》下，钱伯城点校，上海古籍出版社，2007，第1328~1329页。

子瞻与介甫同游蒋山，介甫指案上砚，共集句。子瞻即朗吟曰："巧匠凿山骨。"介甫不能续，乃曰："且趁天色，穷览蒋山之胜，不须作此冷淡生活。"时同游二客背语曰："荆公困人伎俩，今日顿尽。"予谓子瞻亦机锋偶触，令齿牙间得利耳。使有所以应之而复角，吾亦不能保其后如何也。集句政自难。一咄嗟之顷，而倒腹笥，以冀一遇，要令宫商合调，如出一手，即子瞻犹难之，况介甫乎？

吾友刘玄度，少时即与予作忘形友。应试入郡，则同寓君章宅畔。每月夜，坐大墀上，谭或至达旦。自是十数年，一遇玄度于稠人之中，甫一戟手，即隐隐有谭势。拉至空处，风雨波流，娓娓数百车，遂无一字重者。盖予退而心服玄度之慧也。凡慧则流，流极而趣生焉。天下之趣，未有不自慧生也。山之玲珑而多态，水之涟漪而多姿，花之生动而多致，此皆天地间一种慧黠之气所成，故倍为人所珍玩。至于人，别有一种俊爽机颖之类，同耳目而异心灵，故随其口所出，手所挥，莫不洒洒然而成趣，其可宝为何如者。

予与玄度交二十余年，初聆其谭，久之读其文如其谭，久之读其诗如其文。又久之，而观其滑稽慢戏之词，溢于诗文之余者，其天趣正尔横生。今年复出《闺情集句》七十首示予。予曰：此苏子瞻、王介甫所难者也。予与玄度交二十余年，而知玄度不尽乎！①

序文中回忆了与刘芳节相识的最初契机。袁中道对刘芳节的才华十分钦佩，对刘芳节的这部集句诗集（《闺情集句》）给予了高度评价，认为"此苏子瞻、王介甫所难者也"。

万历四十三年，听闻好友刘芳节突然病逝的消息后，袁中道不胜震惊。《游居柿录》中详细记载了刘芳节的生平、去世的经过，面对好友的突然离世，袁中道掩饰不住悲痛。云：

晨起入郡，崔受之偕。晚渡江，将至岸，忽有一人大呼曰："刘玄

---

① （明）袁宗道、袁宏道、袁中道：《三袁随笔》，四川文艺出版社，1996，第336页。

度逝矣!"予惊问故,其人曰:"玄度至沙市鬻妾,忽病,数日遂不起。"予大骇。会两舟相遇,去急,亦不暇问其人谁也。予洒泪登岸,至寓即走唁之。旅舍荒凉,寂然一棺,予哭之不异兄弟也。玄度名芳节,别号恒沙,大有才藻,善谭论。与予为髫年交,举丁酉乡试第二。癸丑试卷已入彀,将登榜矣,而策中称誉江陵相公太过,其词殊激,竟掷去。其人旁通百家言,楚中异才也。无子,晚娶雷何思太史妹,甚悍;家有数妾,皆不得御。以无子故,至沙头买妾,欲以八月十八日纳妾,而十七日逝矣。病之前数日,屡招其居停主人云:"袁三先生到否?幸为我觅之。"其人遍觅不得,去予到期仅两日耳,竟不及一言而别,惜哉!将至宜都,料理其嗣续及遗文,时方未遑也。①

在刘芳节病之前数日,屡招其居停主人,问好友袁中道是否到来。临死之前对好友多次念叨,足见其情深。这大概是令袁中道最为动容的细节,因此文中特意记载了此事。而当袁中道到来之后,刘芳节已经去世,竟不及一言,未能见上最后一面。为了回馈友人的深情,袁中道在文中说,自己将前往友人的故乡宜都,为之处理后事,并收集友人生前的遗文。《湖北诗征传略》中提到刘芳节有《云在堂集》。因此集不传,其是否为袁中道收集刘芳节遗文编辑而成,不可得知。

（三）刘芳节与宋懋澄

宋懋澄（1570~1622），明代文学家、藏书家。字幼清,号雅源,一作稚源或自源,松江华亭（今上海松江）人,著有文言短篇小说集《九籥集》,集中收录《负情侬传》,后来被冯梦龙改编为拟话本《杜十娘怒沉百宝箱》。宋懋澄《九籥集》是值得重视的明代文言短篇小说集。

宋懋澄亦与刘芳节交善。其《九籥后集·楚游》（下）之《江楚杂诗》中收录了其写给刘芳节的七律四篇,总题曰《武昌寄和刘玄度》,各诗如下。

---

① （明）袁中道:《珂雪斋集》下,钱伯城点校,上海古籍出版社,2007,第1346~1347页。

其一

二十年来鬖欲霜，及门今日始升堂。芙蓉露泣疑龙夜，青桂秋凝美兔香。

才子挂帆神欲助，酒人烧烛兴偏狂。逢君谩说延津事，夜夜光芒在斗傍。（时云居师已殁）

其二

孤蓬出没半云霞，梦管偏宜住百花。五夜校书烦太乙，微词非玉愧东家。

西山为雨君休问，南浦行云我欲赊。喜见龙沙高百雉，只应天上再宣麻。（玄度居百花洲南）

其三

吴楚离居各一方，漫乘秋水白云乡。凝眸天路多疑似，屈指仙期尚渺茫。

鸡翅欲飞鸣渐远，彭郎新娶夜初长。散花洲上频回首，落月多应照屋梁。（鸡翅山属武昌府）

其四

池上将雏有凤凰，高飞鸿鹄附翱翔。铅藏筑里声悲壮，玉许城连价未偿。

枫叶霜侵酣五夜，榜人风便梦三湘。相逢空有匡庐约，无奈康郎一水长。

从《武昌寄和刘玄度》这一题目来看，先应有刘芳节的原作。刘芳节有《云在堂集》，以此集不传，集中是否收录原唱，不可得知。《九籥集》中对于这四首和诗，除了前三首各篇末有小字注外，没有其他任何对创作背景进行说明的文字，只能通过对诗歌文本的细读来揣测其创作背景与动机。

细细揣摩诗意，笔者认为此诗当作于刘芳节应举之前，诗作的主要目的在于鼓励刘芳节应举，祝愿其蟾宫折桂、金榜题名。试作如下分析。

其一中首联"二十年来鬖欲霜，及门今日始升堂"，站在刘芳节的立场言说，为准备今日的科考，已经寒窗苦读二十载了，直到今日才等来锋芒一试的机会。"青桂秋凝羡兔香"句中隐喻蟾宫折桂典故；"才子挂帆神欲助"中将刘芳节誉为才子，化用李白"直挂云帆济沧海"诗句，寄寓长风破浪、旗开得胜的美好祝愿。

其二颔联"五夜校书烦太乙，微词非玉愧东家"中出句用刘向"校书天禄阁，太乙燃藜"典故，对句中"微词非玉"用"宋人燕石"典故，典出《后汉书·应劭传》，[①] 批评不识货者；"愧东家"中的"东家"指孔子，典出《文选·陈琳〈为曹洪与魏文帝书〉》张诜注，[②] 指人浅陋无知，轻视贤人才士。站在参加科考的刘芳节的立场，批评科考阅卷考官不识人才。尾联"喜见龙沙高百雉，只应天上再宣麻"中"宣麻"指代朝廷宣布任免官员的告令。唐代凡任免将相，号令征伐，皆用白麻、黄麻纸写诏书，在朝廷宣告。《唐会要·翰林院》载："中书以黄白二麻，为纶命重轻之辨。"以"宣麻"为吉言，喻指刘芳节此次科考一举夺魁，获朝廷任命。

其三中"鸡翅欲飞鸣渐远"以鸡鸣声远的意象，象征刘芳节在科考中亦能先声夺人、一鸣惊人。"散花洲上频回首"中的"散花洲"位于今湖北黄石市东。《舆地纪胜》卷三十三《兴国军》中对于这一地名的来历有如下介绍：散花洲"在大冶县大江中流之南。世传周瑜败曹操于赤壁，吴王迎之；至此酾酒散花以劳军士，故谓之吴王散花洲"。可见此洲得名于赤壁之战中周瑜战败曹操的丰功伟绩。以"散花洲"这一地名中蕴含的战事成功的深意，激励刘芳节此次科考亦能一举夺魁，取得成功。

其四首联"池上将雏有凤凰，高飞鸿鹄附翱翔"中以池上凤凰与高飞鸿鹄的意象，象征刘芳节此次科考顺利、前程远大。颔联"铅藏筑里声悲壮，玉许城连价未偿"中以"铅藏筑里"与"玉许城连"两个意象暗指刘

---

① 《后汉书·应劭传》："昔郑人以干鼠为璞，鬻之于周；宋愚夫亦宝燕石，缇缊十重。夫睹之者掩口卢胡而笑，斯文之族，无乃类旃。"唐李贤注引《阙子》曰："宋之愚人得燕石梧台之东，归而藏之，以为大宝。周客闻而观之，主人父斋七日，端冕之衣，衅之以特牲，革匮十重，缇巾十袭。客见之，俯而掩口卢胡而笑曰：'此燕石也，与瓦甓不殊。'主人父怒曰：'商贾之言，竖匠之心。'藏之愈固，守之弥谨。"

② 《文选·陈琳〈为曹洪与魏文帝书〉》张诜注："鲁人不识孔子圣人，乃云：'我东家丘者，吾知之矣。'言轻孔丘也。"后以此典指人浅陋无知，轻视贤人才士。

芳节此番科考将要一试锋芒。

从以上分析来看，宋懋澄这四首唱和诗当作于刘芳节应举之前，四首诗中不少诗句蕴含着激励刘氏蟾宫折桂、金榜题名的美好祝愿。虽然刘芳节的原唱之作不传，但从宋懋澄的和诗来看，刘芳节原诗当述及自己将要参加科考之事。

（四）刘芳节与钟惺

钟惺（1574～1624），字伯敬，号退谷，湖广竟陵（今湖北天门）人。万历三十八年（1610）进士，授行人，历官南京工部主事、礼部主事、福建提学佥事等职。与同里谭元春评选《唐诗归》《古诗归》，以此得大名。有《隐秀轩集》。①

钟惺《隐秀轩集》中收录其所赠刘芳节诗一首，题曰《赠刘玄度孝廉为雷太史同年好友》，诗作如下：

> 精神堪警俗，耳目不知喧。
>
> 就此机锋里，窥君静慧根。
>
> 敏皆从好学，中岂厌多言？
>
> 益见交非泛，吾师卓识存。②

诗题中的"雷太史"指雷思霈（生卒年不详），是《隐秀轩集》作者钟惺的老师。《湖北诗征传略》中载其小传云："雷思霈，字何思，万历进士，官翰林，有《百衲阁》《岁星堂》等集。思霈博极群书，为文不涉草，缅缅数千言，操觚立就。行草书入神品。城东隅邕阁，其著书处也，时啸咏其中，与公安三袁以诗歌相往还。著述甚富，钟惺、邹之麟皆出其门。"③清梁维枢（1587～1662）所撰《玉剑尊闻》卷二亦载："雷思霈，字何思，

---

① 张毅、陈翔编著《明代著名诗人书画评论汇编》（下册），南开大学出版社，2016，第 1003 页。
② （明）钟惺：《隐秀轩集》，李先耕、崔重庆标校，上海古籍出版社，1992，第 109～110 页。
③ （清）丁宿章：《湖北诗征传略》卷三十八，清光绪七年孝感丁氏泾北草堂刻本，第 6~7 页。

夷陵州人，登进士，官检讨。"① 钱谦益《列朝诗集》载其小传云：

> 思需，字何思，夷陵州人，万历辛丑进士……何思好学问，通禅理，讲经世出世之法，其宗指在江陵内江之间。己酉出典闽试，所撰《程策》颇见大意，惜其未试而殁……《何思集》，其门生钟惺所论次。②

钟惺上述诗作，从内容上来看，当是对刘芳节诗作的论诗诗。在钟惺看来，刘芳节的诗歌"精神堪警俗"，其诗歌有清静、简洁、机锋充满的美学特征。末联引用自己的老师雷思需对刘芳节的评价，也透露出雷思需与刘芳节的诗歌交游关系。

（五）刘芳节与谭元春

谭元春（1586~1637），字友夏，号鹄湾，又号蓑翁，竟陵（今湖北天门）人。天启七年（1627）举乡试第一。崇祯时会试下第，十年再试，殁于旅店。有《谭友夏合集》。③

谭元春《岳归堂合集》中收录有关涉刘芳节诗作一首，题曰《喜刘玄度至》，诗云：

> 洞事三游续，秋声一笑连。谈言闻夜夜，诵读想年年。
> 眉睫相关处，波澜莫二焉。忽因江月好，不别即回船。④

首联中的"洞事三游续"关涉宜昌三游洞。唐代诗人白居易、白行简、元稹三人曾于唐元和十四年（819）一同游览此洞，被称为"前三游"；到宋代，苏洵、苏轼、苏辙父子三人也于北宋嘉祐元年（1056）一同来游过

---

① （清）梁维枢：《玉剑尊闻》卷二，清顺治刻本，第5页。
② （清）钱谦益：《列朝诗集》，《丁集》第十二，清顺治九年（1652）毛氏汲古阁刻本。
③ 参见夏咸淳、陈如江主编《历代小品文观止》，陕西人民教育出版社，2019，第381页。
④ 《谭元春集》（上），陈杏珍点校，湖北教育出版社，2017，第130页。

此洞，被称为"后三游"。

由诗题看，此诗作于刘芳节到来之时。首句中说"洞事三游续"，刘芳节的到来令谭元春联想到三游洞之游，可据此推测谭元春与刘芳节以及另外一人，曾一起游览过三游洞。刘芳节为宜都人，其对三游洞应该是十分熟悉的。结合这一点来看，刘芳节邀约谭元春游三游洞也是很有可能的。谭元春有《泛江寻三游洞降观于峡》一诗，《岳归堂合集》与《谭友夏合集》中皆有收录。诗作如下：

> 峡意雾边动，寒江隘相束。石旁攀青草，参差踏水木。
> 地灵不肯凡，崩剥为洞屋。何年空其中，覆帱人寒燠。
> 潜洞自成碧，倾听声如告。有壑因有径，径穷心魂肃。
> 下岩立壑底，秋气苍然绿。夹壁迟日月，前路问出谷。
> 洞不离于耳，江忽然在目。舟人守月光，顺流亦交勖。①

诗中描述了三游洞中的景观及其自己的游览体验。此诗是否作于其与刘芳节一起游览三游洞之时，待考。

三　刘芳节《闺情集句》考述

袁中道在为刘芳节《闺情集句》所作的序中称："今年复出《闺情集句》七十首示予。"② 提到其所作集句诗的篇数是七十首。《湖北诗征传略》中载："尝客江陵张相国邸中，一夕集唐成诗百首，相国命子允修辈咸师事之。"称刘芳节在寓居张居正宅中时，曾以唐诗为取材来源作集句诗百首。又云："《闺情集句》最工，袁小修曾为之序。"这里的袁小修即袁中道，提到袁中道为之作序事。上文中在考察刘芳节与袁中道交游时，全文引用之序即此。钱谦益《列朝诗集》中载录了刘芳节的四首集句诗，在诗歌正文之

---

① 《谭元春集》（上），陈杏珍点校，湖北教育出版社，2017，第44页。
② （明）袁中道：《珂雪斋近集》，上海书店，1982，第40页。

前有小序，云："芳节，字圣达，宜都人。举万历丁酉乡荐。公车时常从袁小修及余游。有闺情集句三十二首，小修序之。"① 说自己见到的刘芳节的集句诗是三十二首。后世同样载录刘芳节这四首集句诗的诗歌选本与诗歌总集也多据钱谦益的《列朝诗集》。如《御定四朝诗》中著录刘芳节四首集句诗时称"《闺情集句》三十二首，录四首"，即言从三十二首中仅录其中四首。又，《明史》中著录称："刘芳节《闺情集句》一卷。"提及卷数，不提及篇数。

从以上的列举来看，关于刘芳节创作的集句诗的数量，有三十二首、七十首及一百首三种说法。钱谦益说："时常从袁小修及余游。有闺情集句三十二首，小修序之。"这句话表明，刘芳节与袁中道（袁小修）、钱谦益皆有交游关系。因此袁中道与钱谦益关于刘芳节创作集句诗的数量的说法，较之清人所编《湖北诗征传略》中的一百首的说法，可信度更高。而且，《湖北诗征传略》中说刘芳节的一百首集句诗创作于"一夕"（"一夕集唐成诗百首"），刘芳节再怎么"博学洽闻"（《湖北诗征传略》），一个晚上创作出一百首集句诗也绝非易事。基于此，笔者认为《湖北诗征传略》中所谓一百首的说法不可信。那么袁中道的七十首之说与钱谦益的三十二首之说，何者更确呢？

袁中道言："今年复出《闺情集句》七十首示予"，说明袁中道见到过刘芳节《闺情集句》诗册的实物。袁中道在《刘玄度集句诗序》中还说："予与玄度交二十余年，初聆其谭，久之读其文如其谭，久之读其诗如其文。又久之，而观其滑稽慢戏之词，溢于诗文之余者，其天趣正尔横生。"② 可见，袁中道应该是阅读过这部诗集的。基于以上的原因，笔者认为，对于刘芳节《闺情集句》这部诗集收录诗作的数量，袁中道的七十首之说，较之钱谦益的三十二首之说更可信。

"闺情集句"是以"闺情"为主题、以集句为方法创作的集句诗。在刘芳节之前，明代朱元璋第十六子、庆靖王朱㮵（1378～1438）创作过《集句

---

① （清）钱谦益：《列朝诗集小传》，上海古籍出版社，1959，第786页。
② （明）袁宗道、袁宏道、袁中道：《三袁随笔》，四川文艺出版社，1996，第336页。

闺情》一卷（著录于朱栴编《宁夏志》中），也是一部以闺情为题材的集句诗集。朱栴与刘芳节的这两部集句诗集，是目前所知仅有的两部以闺情为题材的集句诗集。对于刘芳节为何要以集句方式创作闺情题材诗集，由于此书全本不传，只能存疑。以下对现仅存的刘芳节四首闺情集句诗逐一考察，以窥其一斑。

这四首集句诗最早著录于钱谦益的《列朝诗集》。此后，《御定四朝诗》亦收录了这四首集句诗。今人台湾学者裴普贤的《集句诗研究续集》中即据此收录了刘芳节的这四首集句诗。① 《湖北诗征传略》中仅著录了四诗中的其一、其二，另外还著录了一首刘芳节的自作七言律诗，题曰《同徐上舍陪雷太史宿紫盖寺》。

另外，朱彝尊（1629～1709）《静志居诗话》从四诗中抽出其中三联作了收录，清人梁章钜（1775～1849）《巧对录》照录了朱彝尊《静志居诗话》的著录情况，亦仅收其中三联："长疑好事皆虚事，莫遣佳期竟后期。"（出其一）"素奈忽开西子面，芙蓉不及美人妆。"（出其二）"徒劳掩泪伤红粉，但惜流尘暗洞房。"（出其三）以下对这四首集句诗作逐一考察。

其一
绿惨双蛾不自持（步非烟），晓庭和露折残枝（郑谷）。
长疑好事皆虚事（李山甫），莫遣佳期竟后期（李商隐）。
旧曲听来犹有恨（蒋蕴），柔肠结尽转相思（梁意娘）。
遥知更有难忘处（张仲容），射雉春风得意时（施宜生）。

清人廖元度（1640～1707）选编《楚风补校注》中著录了这四首集句诗。对于其一各句的出处，仅注明了首联与颈联的出处，其他诗句出处未注。② 经研究，其中第一句出自步非烟《答赵子》；第二句出自郑谷《十日

---

① 裴普贤：《集句诗研究续集》，台湾学生书局，1979，第60～61页。
② （清）廖元度选编《楚风补校注》（下册），湖北人民出版社，1998，第240页。

菊》，原作"晓庭还绕折残枝"，《闺情集句》中将"还绕"作"和露"；第三句出自李山甫《寓怀》；第四句出自李商隐《一片》；第八句出自施宜生《含笑花》。至于第五句，关涉明代忠臣铁铉（1366～1402）。明陆人龙的《型世言》第一回"烈士不背君，贞女不辱父"以及《三刻拍案惊奇》第一回"烈士不背君，贞女不辱父"中所叙即铁铉故事。铁铉有二女，铁氏二女有《二女诗》传世。其中，长女所作诗被称为《长女诗》，次女所作诗为《次女诗》。《长女诗》中有"旧曲听来犹有恨，故园归去已无家"的诗句。除《型世言》《三刻拍案惊奇》外，《长女诗》还见载于以下文献：《石仓历代诗选·明诗初集》八十四、《辍耕述》卷三、《尧山堂外纪》卷七十八国朝、《古今说海》、《明朝小史》卷四《永乐纪》、《青泥莲花记》卷六、《诗女史》卷十三、《建文朝野汇编》卷十八、《震泽纪闻》卷上、《诗谭》卷八、《奉天刑赏录》等。以上文献中皆将此诗作者记为"铁氏女"。刘芳节《闺情集句》中记此句诗作者为"蒋蕴"，乃误注。至于第六句（柔肠结尽转相思）与第七句（遥知更有难忘处），尚未见有文下著录，似为佚句。

　　其二
　　纤纤初月上鸦黄（卢照邻），不把双眉斗画长（秦韬玉）。
　　素奈忽开西子面（王建），芙蓉不及美人妆（王昌龄）。
　　对题锦字添新恨（曹唐），闲对幽花识旧香（苏子瞻）。
　　欲说春心无所似（李贺），池边顾步两鸳鸯（刘庭芝）。

　　清人廖元度选编《楚风补校注》中注明了上诗中第一、第二、第四、第五、第七、第八句的出句，未注明第二、第三、第六句的出处。经查，第一句出自卢照邻《长安古意》；第二句出自秦韬玉《贫女》；第三句出自王建的《故梁国公主池亭》，原作"素奈花开西子面"，刘芳节《闺情集句》中将"花开"作"忽开"；第四句出自王昌龄《西宫秋怨》；第五句出自曹唐《织女怀牵牛》，原作"封题锦字凝新恨"，刘芳节将"封"作"对"，概因形近致误，将"凝"作"添"字；第七句出自李贺《石城晓》；第八句出自刘希夷《公子行》。至于第六句出处，清人廖元度未能注出，笔者亦未能查到，似为佚句。

其三
擘破云鬟金凤凰（曹唐），梦回余念属潇湘（苏辙）
徒劳掩袂伤铅粉（乔知之），但惜流尘暗洞房（李商隐）。
两脸酒晕红杏妒（李洞），一丛高髻绿云光（王涯）。
妆成只是薰香坐（王维），欲卷珠帘春恨长（王昌龄）。

清人廖元度选编《楚风补校注》中注明了上诗第一、第三、第四、第五、第六、第八句的出处，未能注出第二、第七句的出处。经查，第一句出自曹唐《玉女杜兰香下嫁于张硕》；第二句出自苏辙《堂成不施丹腊唯纸窗水屏萧然如野人之居偶作》；第三句出自乔知之《绿珠篇》；第四句出自李商隐《昨夜》；第五句出自李洞《赠庞炼师》；第六句出自王涯《宫词三十首》其七；第七句出自王维《洛阳女儿行》其七；第八句出自王昌龄《西宫春怨》。

其四
旧事凄凉不可听（窦叔向），含红怨绿影亭亭（杜衍）
琴声断续愁兼恨（秦观），杯酒流连醉复醒（高适）
新睡起来思旧梦（王涯），夜香烧罢掩重扃（苏轼）。
绿窗璧月移花影（康里），银烛秋光冷画屏（杜牧）。

清人廖元度选编《楚风补校注》中仅注明了上诗第五、第八句的出处。经查，第一句出自窦叔向《夏夜宿表兄话旧》；第二句出自宋代诗人杜衍的《莲》；第三句出自秦观《淮海集》；第五句出自唐诗人王涯的《宫词三十首》；第六句出自苏轼《四时词四首》；第八句出自杜牧《秋夕》。其中第四句与第七句出处不详，似为佚句。

以下对刘芳节四首集句诗中，出处明确的各句的作者及其年代列表分析（见表1）。

表1　刘芳节四首集句诗中有明确出处的句子统计

单位：人

	各诗句作者及其年代	统计	唐代诗人统计
其一	（唐）步非烟、（唐）郑谷、（唐）李山甫、（唐）李商隐、（明）铁氏女、（宋）施宜生	唐诗4句 宋诗1句 明诗1句	初唐：0 盛唐：0 中唐：0 晚唐：4
其二	（唐）卢照邻、（唐）秦韬玉、（唐）王建、（唐）王昌龄、（唐）曹唐、（唐）李贺、（唐）刘希夷	唐诗7句	初唐：2（卢照邻、刘希夷） 盛唐：1（王昌龄） 中唐：3（王建、曹唐、李贺） 晚唐：1（秦韬玉）
其三	（唐）曹唐、（宋）苏辙、（唐）乔知之、（唐）李商隐、（唐）李洞、（唐）王涯、（唐）王维、（唐）王昌龄	唐诗7句 宋诗1句	初唐：1（乔知之） 盛唐：2（王维、王昌龄） 中唐：2（曹唐、王涯） 晚唐：2（李商隐、李洞）
其四	（唐）窦叔向、（宋）秦观、（宋）杜衍、（唐）王涯、（宋）苏轼、（唐）杜牧	唐诗3句 宋诗3句	初唐：0 盛唐：1（窦叔向） 中唐：1（王涯） 晚唐：1（杜牧）
总计		唐诗21句 宋诗5句 明诗1句	初唐：3 盛唐：4 中唐：6 晚唐：8

虽然以上统计并非据《闺情集句》全书做出的，统计的只是这部集句诗诗集中仅存的四首。但从抽样调查的角度来看，应该说仍可反映一些事实：第一，《闺情集句》的取材诗歌来源，当以唐诗为主，次采以宋诗，或许有少量的当代诗（明诗）。第二，关于选用诗句的作者，唐代诗人中初唐、盛唐、中唐、晚唐诗人人数分别为3人、4人、6人、8人。可见，唐代诗人中，中晚唐诗人居多。

四　结论

以上对明代宜都诗人刘芳节的生平、交游及其集句诗集《闺情集句》作了考察，兹对考察结论作如下总结。

刘芳节（？～1615），明代宜都著名诗人，字玄度，一字圣达，号恒沙。万历丁酉年举人。癸丑应试，本"已入彀，将登榜"，但因对张居正称誉太过，终被置入副榜，与进士失之交臂。先娶其同年雷思霈的胞妹为妻，因壮年无子，赴沙市买妾，不久后因病去世。

刘芳节与张居正、公安派的代表人物袁中道，竟陵派的钟惺、谭元春，以及宋懋澄、雷思霈等人交游甚厚。刘芳节因集句诗创作表现出杰出才能，为张居正折服，遂令诸子拜其为师。刘芳节曾协助张居正诸子刊行张居正文集。文集中收录了《与徐从善知己》一文，文中将张居正誉为"千古奇人"，将张居正文集誉为"千古奇书"。

诸人中，刘芳节与袁中道关系最为亲密，袁中道说自己与刘芳节为"髫年交"。袁中道十分欣赏刘芳节，称他"旁通百家言，楚中异才也"。袁中道《游居柿录》中多次记载了其与刘芳节一同饮酒、鉴赏书画等交游事实。刘芳节作《闺情集句》七十首，袁中道为之作序，序中对刘芳节集句诗评价甚高。刘芳节因病去世后，袁中道或为之收集过遗稿。

刘芳节亦与《九籥集》作者宋懋澄交游甚厚，《九籥集》中收录宋懋澄赠刘芳节四首诗作。通过对诗意的细致分析，笔者认为宋懋澄赠刘芳节的这四首诗当作于刘芳节应举之前。诗中流露出预祝对方金榜题名、蟾宫折桂的美好祝愿。

刘芳节还与竟陵派诗人钟惺、谭元春多有交游。刘芳节与谭元春曾有三游洞之游，谭元春《泛江寻三游洞降观于峡》或因此次三游洞之游而作。

刘芳节著有《云在堂集》《闺情集句》。闺情题材的集句诗集，目前所见只有明代庆靖王朱栴的《集句闺情》百首与刘芳节的《闺情集句》七十首两种，具有独特的价值。可惜的是《云在堂集》不传，《闺情集句》所录七十首作品亦多不见录。幸有钱谦益在《列朝诗集》从中选录了其中四首。这四首集句诗后为《御定四朝诗》及清人廖元度选编《楚风补校注》转录，另外朱彝尊的《静志居诗话》中著录了其中三联，此三联后又为梁章钜《巧对录》收录。通过对这四首集句诗的分析，我们发现，所选用之诗句大多出自唐诗，少量宋诗。唐诗中又以中唐与晚唐为主，折射出明后期唐诗传播的一些特点。

《三峡文化研究》 第 16 辑
第 086~099 页

从《成氏祠堂碑刻》看晚清民国时期武陵山地区移民家族的变迁

——武陵寻碑记（二）[*]

郭　峰　申　莉　陈　静^{**}

摘　要： 成氏祠堂位于湖北省恩施市老城区，是武陵山地区保留至今少有的典型祠堂建筑。尤其难得的是，祠堂保留有道光十四年（1834）、道光二十三年（1843）、咸丰二年（1852）三通关于成君贤家族的碑刻，完整地展现了其移民到武陵山地区并发展壮大、不断繁衍的过程。成君贤家族是改土归流后武陵山地区移民社会的一个完整而珍贵的缩影，为研究改土归流后武陵山地区社会变迁、多民族交流交往交融提供了宝贵的个案。

关键词： 成氏祠堂碑刻　武陵山地区　移民社会

成氏祠堂位于湖北省恩施市老城区，是武陵山地区保留至今少有的典型祠堂建筑。尤其难得的是祠堂保留了道光十四年、道光二十三年、咸丰

* 基金项目：国家社会科学基金青年项目"土家族道教史研究"（项目编号：17CZJ018）。感谢谭静怡教授、祝方林副研究馆员、周晓萌、綦冀在田野调查上的帮助。

** 郭峰（1987~），男，土家族，湖北咸丰人，博士，湖北民族大学武陵山少数民族经济社会发展研究基地研究员、《湖北民族大学学报》（哲学社会科学版）编辑部编辑，硕士研究生导师，主要研究武陵山少数民族地区历史与文化；申莉（1980~），女，土家族，博士，湖北民族大学民族学与社会学学院讲师，主要研究少数民族文化；陈静（1992~），女，土家族，湖北民族大学研究生处助教，主要研究少数民族文献。

二年三通关于成君贤家族的碑刻，向我们完整地展现了其移民到武陵山地区并发展壮大、不断繁衍的过程。本文在田野调查的基础上结合地方文献，首先对碑刻全文进行了仔细校对，保证碑刻内容的完整与准确；其次对碑刻全文进行深入分析，完整再现了成君贤家族的成长过程。由此可见，成君贤家族是改土归流后武陵山地区移民社会的一个完整而珍贵的缩影，为我们研究改土归流后武陵山地区社会变迁、多民族交流交往交融提供了宝贵的个案。

一　《成氏祠堂碑刻》基本情况

成氏祠堂位于湖北省恩施土家族苗族自治州恩施市六角亭街道办事处中山路26号，该建筑及碑刻在《鄂西古建筑文化研究》《恩施自治州碑刻大观》《施州古城》《乌江流域民族地区历代碑刻选辑》等中均有收录。① 《鄂西古建筑文化研究》载："（成氏祠堂）坐北朝南，原规模较大，现仅存正屋。面阔三间14.53米，进深一间5.2米，檐高4.8米，单檐硬山灰瓦顶，穿斗式构架，前壁设槅扇槛墙。"② 今天成氏祠堂规模虽然大幅度缩水，但现在仍为恩施市古城遗址的重要组成部分。

碑刻一共有三通，依次镶嵌于正屋正面左墙内，阴刻，碑文朝外。碑刻表面原来被石膏粉所覆盖，疑祠堂被人居住后所为，后被人清理，但是保留了大量石膏粉的污渍，影响碑文的识读，同时因武陵地区天气潮湿，三通碑面下部靠近地面部分均被严重侵蚀，字迹已无法辨识。为方便研究和讲述，

---

① 朱世学：《鄂西古建筑文化研究》，新华出版社，2004，第57~60页。王晓宁编著《恩施自治州碑刻大观》，新华出版社，2004，第57~60页。邓辉：《施州古城》，湖北人民出版社，2011，第183~185页。彭福荣、李良品、傅小彪主编《乌江流域民族地区历代碑刻选辑》，重庆出版社，2007，第426~429页。《鄂西古建筑文化研究》只简单介绍了建筑和碑刻的大致情况；《恩施自治州碑刻大观》和《施州古城》收录了20世纪90年代文物普查时期抄录的碑文，较为珍贵，可惜有错讹之处，需要补充；《乌江流域民族地区历代碑刻选辑》全文收录了王晓宁编著的《恩施自治州碑刻大观》中碑刻的内容。

② 朱世学：《鄂西古建筑文化研究》，新华出版社，2004，第140页。

图 1　三通碑刻

注：拍摄者周晓萌、綦冀，摄于 2021 年 3 月 13 日。

笔者将三通碑刻从右到左（面对碑刻）分别命名为"成氏祠堂碑刻 1""成氏祠堂碑刻 2""成氏祠堂碑刻 3"。

"成氏祠堂碑刻 1"为单面长方形，石灰岩，单碑高 150 厘米、宽 71 厘米，单碑碑面高 119 厘米、宽 47 厘米，刻于道光十四年。"成氏祠堂碑刻 2"为单面长方形，石灰岩，单碑高 168 厘米、宽 77 厘米，单碑碑面高 145 厘米、宽 60 厘米，刻于道光二十三年。"成氏祠堂碑刻 3"为单面长方形，石灰岩，因为镶嵌墙内，部分被墙体遮挡，碑大小不知，单碑碑面高 167 厘米、宽 161 厘米，刻于咸丰二年。①

三通碑刻均为祠堂主人成君贤所立，主要讲述了其继承祖业，发家致富后购买房屋改建祠堂，并在立祠堂之际分配家产给六房子嗣，后又不断调和子嗣之间矛盾，再次分配家产的过程。

①《鄂西古建筑文化研究》中记录为咸丰三年（1853），应该为误。参见朱世学《鄂西古建筑文化研究》，新华出版社，2004，第 140 页。

二 《成氏祠堂碑刻》碑文考释

该碑刻在《鄂西古建筑文化研究》《恩施自治州碑刻大观》《施州古城》《乌江流域民族地区历代碑刻选辑》中均有提及。《鄂西古建筑文化研究》中仅仅是简单介绍建筑和碑刻大致情况；《乌江流域民族地区历代碑刻选辑》中全文收录的是王晓宁编著的《恩施自治州碑刻大观》中的碑刻内容，并未做校对工作；《恩施自治州碑刻大观》和《施州古城》抄录了20世纪80年代至90年代文物普查工作时碑刻保存较好情况下的碑文，最为原始，也最为珍贵，可惜有错讹之处，需要结合碑刻实际情况进行补充。结合已有资料情况，本文主要以我们在碑刻现场抄录的碑文结合《恩施自治州碑刻大观》的录文进行整理。三通碑刻碑文整理如下。

成氏祠堂碑刻1

布启□□

盖闻报本追远，谁无春露秋霜之心；尽孝敦伦，畴无水源木本之意①。则如事死如生，事亡如存②，诚出于天性之所③不容己者也。以予④系出西江，籍入北楚。虽不敢忘家声丕怀⑤，亦未尝非创业⑥维艰⑦。忆念⑧桑榆晚景，韶华如流，几⑨杖余年浮生若⑩梦。幸叨昊天眷顾⑪，

①　碑面风化，"意"字根据《恩施自治州碑刻大观》补。
②　碑面风化，"则如事死如生，事亡如存"等字根据《恩施自治州碑刻大观》补。
③　碑面风化，"所"字根据《恩施自治州碑刻大观》补。
④　碑面风化，"予"字根据《恩施自治州碑刻大观》补。
⑤　碑面风化，"虽不敢忘家声丕怀"等字根据《恩施自治州碑刻大观》补。
⑥　碑面风化，"尝非创业"等字根据《恩施自治州碑刻大观》补。
⑦　碑面风化，"艰"字根据《恩施自治州碑刻大观》补。
⑧　碑面风化，"念"字根据《恩施自治州碑刻大观》补。
⑨　碑面风化，"几"字根据《恩施自治州碑刻大观》补。
⑩　"若"处《恩施自治州碑刻大观》作"苦"，应为抄写错误，笔者根据碑刻改。
⑪　碑面风化，"顾"字根据《恩施自治州碑刻大观》补。

前人①默相廪余陈粟，漫云②称心，人庆鑫斯，聊曰如愿。第恐族大而莫辨其本支之亲；代远而难清其③同宗之派④，是以□衰⑤龄之秋，而预为百年烟祀之计也。除田地房屋银钱六子均分外⑥，所⑦有得潘姓屋宇，建造成⑧氏祠堂，每年取稞钱拾陆千文。又有城北所置王姓水田一坊⑨，地名椿树漕，每年取各稞租石⑩。以及城内柿子坝得买陈姓菜园一坊，每年取钱稞捌千文。予夫⑪妇生为⑫养膳，殁作祭扫，余资⑬生息，以供历年祠内香灯之需，以备每岁春秋祭⑭祀之费。凡我子孙同尔兄弟，不得有私以利⑮己，不得假公以售人。庶几先灵罔怨，而宗祧有光矣。窃念待后维艰难，而⑯前创后述始能报其功⑰劳，守先不易，必子继⑱孙承，遂足扬其休美。殷殷苦衷，谆谆遗训，惟异我裔世守勿替，谨序⑲。

立祠主人：成君贤。室人：赵、刘氏。男：明哲（邑庠生）⑳、发

---

① 碑面风化，"前人"等字根据《恩施自治州碑刻大观》补。
② 碑面风化，"廪余陈粟，漫云"等字根据《恩施自治州碑刻大观》补。
③ 碑面风化，"清其"等字根据《恩施自治州碑刻大观》补。
④ 碑面风化，"派"字根据《恩施自治州碑刻大观》补。
⑤ 碑面风化，"是以□衰"等字根据《恩施自治州碑刻大观》补。
⑥ 碑面风化，"外"字根据《恩施自治州碑刻大观》补。
⑦ 碑面风化，"所"字根据《恩施自治州碑刻大观》补。
⑧ 碑面风化，"得潘姓屋宇，建造成"等字根据《恩施自治州碑刻大观》补。
⑨ "一坊"处《恩施自治州碑刻大观》作"乙份"，应为抄写错误，笔者根据碑刻改。"坊"此处通"份"，后不一一注释。
⑩ 碑面风化，"漕，每年取各稞租石"等字根据《恩施自治州碑刻大观》补。
⑪ 碑面风化，"夫"字根据《恩施自治州碑刻大观》补。
⑫ 碑面风化，"为"字根据《恩施自治州碑刻大观》补。
⑬ 碑面风化，"膳，殁作祭扫，余资"等字根据《恩施自治州碑刻大观》补。
⑭ 碑面风化，"祭"字根据《恩施自治州碑刻大观》补。
⑮ 碑面风化，"兄弟，不得有私以利"等字根据《恩施自治州碑刻大观》补。
⑯ 碑面风化，"艰难，而"等字根据《恩施自治州碑刻大观》补。
⑰ 碑面风化，"创后述始能报其功"等字根据《恩施自治州碑刻大观》补。
⑱ 碑面风化，"继"字根据《恩施自治州碑刻大观》补。
⑲ 碑面风化，"异我裔世守勿替，谨序"等字根据《恩施自治州碑刻大观》补。
⑳ "邑庠生"处《恩施自治州碑刻大观》无，应为漏抄，笔者根据碑刻补。

（国学生）①、松、典、德、灿。②

　　大清道光拾肆年岁次甲午桂月中浣吉旦。③

成氏祠堂碑刻2

　　未曾题叙先流泪，再刊衷肠晰忧疑。前已四次分拨留有积存，图计尔后□，今见余积④各怀觊觎⑤，不体节俭之苦乃疑厚⑥□之私。独不反躬自问，尔等各子，其子亦皆如我之父其子耶？兹特扫尽余积，平心派匀，凭神坫门⑦受分，但后日□□长□□⑧齐公捐公办者，不无拟议。是收⑨除分之外，只留贰千：除尔母灵⑩预存叁百千文；还葬母祭⑪情叁百千文；愿济贫苦施费首⑫足伍百千文；自备回首葬斋⑬，除服三次，费用玖百千文。遗嘱尔等，葬父不许吊收祭请，不余不疑，不疑不争，不争不忧，我⑭得瞑目于将来矣。最可虑者，嘱托尔等：六房强弱日

---

① "国学生"处《恩施自治州碑刻大观》无，应为漏抄，笔者根据碑刻补。

② "男：明"处《恩施自治州碑刻大观》并未断句，原碑刻为上下两排，不断句容易引起歧义。笔者根据碑刻原文改，大意为：成君贤有两个夫人，分别是赵氏和刘氏；共有六个儿子，分别是成明哲、成明发、成明松、成明典、成明德、成明灿。不识碑文原文格式者容易曲解，在此特别说明。

③ 抄录、校对、断句：綦冀、郭峰；时间：2021年3月13～25日。

④ 碑面风化，"积"字根据《恩施自治州碑刻大观》补。

⑤ 碑面风化，"怀觊觎"等字根据《恩施自治州碑刻大观》补。

⑥ 碑面风化，"体节俭之苦乃疑厚"等字根据《恩施自治州碑刻大观》补。

⑦ "坫门"处《恩施自治州碑刻大观》作"拈兰"，应为误。"坫"本义为古代设于堂中供祭祀、宴会时放礼器和酒具的土台。

⑧ 碑面风化，"受分，但后日□□长□□"等字根据《恩施自治州碑刻大观》补。

⑨ "收"处《恩施自治州碑刻大观》作"以"，应为误，笔者根据碑刻改。

⑩ 碑面风化，"母灵"等字根据《恩施自治州碑刻大观》补。

⑪ 碑面风化，"母祭"等字根据《恩施自治州碑刻大观》补。

⑫ 碑面风化，"叁百千文，愿济贫苦施费首"等字根据《恩施自治州碑刻大观》补。

⑬ "斋"处《恩施自治州碑刻大观》作"齐"，存疑。

⑭ 碑面风化，"疑，不疑不争，不争不忧，我"等字根据《恩施自治州碑刻大观》补。

见，总要善体我心，互相怜悯辅持而安分者，世世荣昌；切毋觊觎欺①凌，大负吾愿，不孝之最者也。至于祠堂，又至②东乡地名小木龙，谭姓水田陆地山③场树④木基址房屋，价钱柒佰捌拾柒仟⑤柒百文，每年稞谷叁拾硕；北乡地名椿树漕，方姓水田陆地壹块，价钱壹百五拾贰千肆百文，每年稞谷柒硕；并前至王⑥姓之业，每年稞谷捌硕，数项⑦俱要积留生发，不许支用。倘积聚⑧繁多，更置田产，至各房子孙于功名显达者⑨，抽用钱壹佰⑩千文，无非鼓励子孙之上进云，尔切嘱！切嘱！每年收稞谷稞钱开仓发谷，工资钱贰千文。以后再置产业，工资照前，六房公共商义生发⑪。

苦忧人成君贤。⑫

道光贰拾叁年孟冬月上浣日。⑬

成氏祠堂碑刻3

古语云：祖宗虽远，祭祀不可不诚⑭。味斯言矣，□非教人推原木

---

① 碑面风化，"等：六房强弱日见，总要善体我心，互相怜悯辅持而安分者，世世荣昌；切毋觊觎欺"等字根据《恩施自治州碑刻大观》补。
② 碑面风化，"至"字根据《恩施自治州碑刻大观》补。
③ 碑面风化，"山"字根据《恩施自治州碑刻大观》补。
④ 碑面风化，"树"字根据《恩施自治州碑刻大观》补。
⑤ 碑面风化，"址房屋，价钱柒佰捌拾柒仟"等字根据《恩施自治州碑刻大观》补。
⑥ 碑面风化，"肆百文，每年稞谷柒硕；并前至王"等字根据《恩施自治州碑刻大观》补。
⑦ 碑面风化，"项"字根据《恩施自治州碑刻大观》补。
⑧ 碑面风化，"聚"字根据《恩施自治州碑刻大观》补。
⑨ 碑面风化，"于功名显达者"等字根据《恩施自治州碑刻大观》补。
⑩ 碑面风化，"钱壹佰"等字根据《恩施自治州碑刻大观》补。
⑪ 碑面风化，"发"字根据《恩施自治州碑刻大观》补。
⑫ 《恩施自治州碑刻大观》中该句后还另起一段有"大堰每年稞谷修堰修沟，有余存入祠堂"一句，查原碑，该句下半部分风化严重，无法知晓，但上部无此句。再加上此句在此行文不符合格式，太过突兀，故此句存疑。
⑬ 抄录、校对、断句：周晓萌、郭峰。时间：2021 年 3 月 13～25 日。
⑭ 碑面风化，"诚"字根据《恩施自治州碑刻大观》补。

本水源之私致①祭祀湮没耳。贤祖,江西人也,耕农,世尚②淡泊素安③,嗟瓠④架于桑,□寄洋踪。沐雨栉风,久添故乡之梦;披星戴月,暂卜夜郎之居⑤。虽有木而经纪实⑥,因借殖柰⑦获福,方始而享寿竟终。贤,少继祖志,复为求谋⑧第⑨,财从义取日月多,而富由天命,两大之栽培,何厚祖德不可不□⑩,而世债尤不可□楚⑪。贤祖曰,所借等债,贤将获利倾囊为之一楚,楚后,喜家计之不缺,嗣孙少可慰怀⑫,供六子之诗书,青云得路;完众孙之婚配,丹桂留根。且贤年违八十至一堂之上⑬,兹景色亦足以娱晚年。因思劳心劳力,前之人既创业之维艰,立法立言,后之人⑭宜守成之罔替。是以将田亩等项凭亲族分给六子,使各安居外,自为建祠而立章程⑮。序别卑尊。讵⑯云光彼先泽;礼宗奉祀,实愿启我后人。凡有善承善志者⑰,当朝夕⑱祭祀之,勿缺勿负。推原木本水源之初心耳,其有供祀规条⑲开列于左:

---

① 碑面风化,"私致"等字根据《恩施自治州碑刻大观》补。
② 碑面风化,"尚"字根据《恩施自治州碑刻大观》补。
③ 碑面风化,"素安"等字根据《恩施自治州碑刻大观》补。
④ 碑面风化,"瓠"字根据《恩施自治州碑刻大观》补。
⑤ 碑面风化,"暂卜夜郎之居"等字根据《恩施自治州碑刻大观》补。
⑥ 碑面风化,"实"字根据《恩施自治州碑刻大观》补。
⑦ 一种类似花红的果子。
⑧ 碑面风化,"谋"字根据《恩施自治州碑刻大观》补。
⑨ "苐",读［dì］同"第";读［tí］同"荑"。
⑩ 碑面风化,"何厚祖德不可不□"等字根据《恩施自治州碑刻大观》补。《恩施自治州碑刻大观》缺"固"字,笔者根据碑刻补。
⑪ 碑面风化,"楚"字根据《恩施自治州碑刻大观》补。根据上下文,"楚"疑为"楚","楚"为"楚"的俗字,后不一一注释。
⑫ 碑面风化,"一楚,楚后,喜家计之不缺,嗣孙少可慰怀"等字根据《恩施自治州碑刻大观》补。
⑬ 碑面风化,"且贤年违八十至一堂之上"等字根据《恩施自治州碑刻大观》补,"违"字疑为"达"。
⑭ 碑面风化,"立法立言,后之人"等字根据《恩施自治州碑刻大观》补。
⑮ 碑面风化,"使各安居外,自为建祠而立章程"等字根据《恩施自治州碑刻大观》补。
⑯ 文言副词。难道;岂。表示反问。
⑰ 碑面风化,"实愿启我后人,凡有善承善志者"等字根据《恩施自治州碑刻大观》补。
⑱ 碑面风化,"朝夕"等字根据《恩施自治州碑刻大观》补。
⑲ 碑面风化,"其有供祀规条"等字根据《恩施自治州碑刻大观》补。

一、① 置买谭天经东乡小木龙地方田土一份，价银②柒佰贰拾千文，收租贰拾玖硕③。

一、置买方启发北乡正坛④地方田土一份，价银壹佰两，收租肆硕⑤。

一、置买方启栋北乡马路口地方田土一份，价银肆佰⑥肆拾两，收租玖硕⑦。

一、置买王正都、位⑧北乡椿树坛地方田土一份，价银贰佰⑨肆拾两，收租壹硕。

一、三、四两子同分北乡马路口地方方荣道、义⑩田业一份，即契三子执掌之。立收荣义一股⑪，立据拨分四子。后四子负久难⑫楚，予将养膳银□□金子，四子将分方荣义田业并连方启栋其⑬地厂坝归入祠，为还予□□□收租叁硕，纳粮柒斗贰升伍合。不意四子物故，四媳将受分契而抵借外欠千余金⑭。予用养膳银代还赎约归存祠内，收租壹拾捌年⑮，还予养膳，收补后，契仍给四媳母子执掌⑯收租，五房子孙不得拦阻，而媳母子拾捌年食用，祠供给。以上各房⑰田业归入祠内，历年收

---

① "一"处《恩施自治州碑刻大观》作"——"，笔者根据碑刻改。后不一一注释。
② "银"处《恩施自治州碑刻大观》作"钱"，笔者根据碑刻改。
③ 碑面风化，"柒佰贰拾千文，收租贰拾玖硕"等字根据《恩施自治州碑刻大观》补。
④ 碑面风化，"坛"字根据《恩施自治州碑刻大观》补。
⑤ 碑面风化，"壹佰两，收租肆硕"等字根据《恩施自治州碑刻大观》补。
⑥ "佰"处《恩施自治州碑刻大观》作"千"，笔者根据碑刻改。
⑦ 碑面风化，"收租玖硕"等字根据《恩施自治州碑刻大观》补。
⑧ 此处为二人：王正都、王正位。
⑨ "佰"处《恩施自治州碑刻大观》作"千"，笔者根据碑刻改。
⑩ 碑面风化，"方荣道、义"等字根据《恩施自治州碑刻大观》补。"方荣道、义"处为二人：方荣道、方荣义。
⑪ 碑面风化，"即契三子执掌之。立收荣义一股"等字根据《恩施自治州碑刻大观》补。
⑫ 碑面风化，"四子负久难"等字根据《恩施自治州碑刻大观》补。
⑬ 碑面风化，"启栋其"等字根据《恩施自治州碑刻大观》补。
⑭ 碑面风化，"千余金"等字根据《恩施自治州碑刻大观》补。
⑮ "年"处《恩施自治州碑刻大观》无，笔者根据碑刻补。
⑯ 碑面风化，"掌"字根据《恩施自治州碑刻大观》补。
⑰ 碑面风化，"各房"等字根据《恩施自治州碑刻大观》补。

租壹佰壹拾贰硕供粮贰硕柒斗伍合①，除完赋外，下余具贮祠内②，以作春秋祭祀燃点长灯之需，余谷留归祠内生息，切勿荡费③。注④房子孙公派妥人，轮流经理，倘有觊觎侵亏，无论尊卑，禀究治不许入祠⑤。至破堰滥札垃菱角堰等处之水均后灌放祠田，遂加清理，以杜混争⑥。

一、用价银染拾两置买北乡李文仁地名外坝之业，予捐入郡城赤帝宫火神座⑦下，以作永远⑧香灯之资，祠内每年给僧人辛劳钱捌佰文，以垂久远。

一、春秋祭祀在于清明中元节内，经理之人备办香帛酒醴，集齐族众⑨，尊崇礼制，扫松焚袱。至于长至令节，祠内置备肴馔，奠尊饮福，切勿草率，以昭虔⑩诚⑪。

一、住居祠内者，每年认稞钱拾贰仟文，俾免争踞⑫。

咸丰贰年岁次壬子桂月毂旦，成君贤建立。⑬

三 《成氏祠堂碑刻》内容考证

同一个主人公、同一个家族的三通碑刻，相互连贯，向我们完整地

① 碑面风化，"供粮贰硕柒斗伍合"等字根据《恩施自治州碑刻大观》补。
② 碑面风化，"除完赋外，下余具贮祠内"等字根据《恩施自治州碑刻大观》补。
③ 碑面风化，"余谷留归祠内生息，切勿荡费"等字根据《恩施自治州碑刻大观》补。
④ 碑面风化，"注"字根据《恩施自治州碑刻大观》补。
⑤ 碑面风化，"房子孙公派妥人，轮流经理，倘有觊觎侵亏，无论尊卑，禀究治不许入祠"等字根据《恩施自治州碑刻大观》补。
⑥ 碑面风化，"至破堰滥札垃菱角堰等处之水均后灌放祠田，遂加清理，以杜混争"等字根据《恩施自治州碑刻大观》补。
⑦ "座"处《恩施自治州碑刻大观》作"卒"，笔者根据碑刻改。
⑧ "远"处《恩施自治州碑刻大观》作"久"，笔者根据碑刻改。
⑨ 碑面风化，"众"字根据《恩施自治州碑刻大观》补。
⑩ "虔"处《恩施自治州碑刻大观》作"处"，笔者根据碑刻改。
⑪ 碑面风化，"至于长至令节，祠内置备肴馔，奠尊饮福，切勿草率，以昭虔诚"等字根据《恩施自治州碑刻大观》补。
⑫ 碑面风化，"俾免争踞"等字根据《恩施自治州碑刻大观》补。
⑬ 抄录、校对、断句：陈静、周晓萌、郭峰。时间：2021 年 3 月 13～28 日。

展现了成君贤家族从江西移民到施南，开枝散叶，逐步形成一个大家族的过程。

（一）成君贤及其家族

成君贤，从咸丰二年碑刻中自称"年违八十"可知其为乾隆三十五年（1770）左右出生之人。碑刻中又说"贤祖，江西人也……披星戴月，暂卜夜郎之居"，"夜郎"应该代指施南，施南有"古夜郎腹地"之说，后又说"贤，少继祖志"，可知"贤祖"的"祖"应该为其父。所以成君贤的父辈从江西移民到施南，大致时间应该是雍正十三年（1735）施南地区因为改土归流而放宽移民政策，大量招揽移民的时期。

成君贤的父辈移民到施南后，先"耕农"，后"借殖奈"发家致富。父亲去世后，成君贤"少继祖志"，更进一步，积累了大量的财富，之后一方面大量置办房产和地产，用来收租；另一方面也放利收取利息。经过成家父子两代的努力，成家已经成为在施南拥有众多资产的地方大户。其资产遍布施南各地，包括房产、地产、商业股份等，其中地产占绝大多数，每年的地租收益相当可观，除了供一般开销之外，还有剩余可以生利息。

成君贤娶了两个妻子，分别是赵氏和刘氏；共有六个儿子，分别是成明哲、成明发、成明松、成明典、成明德、成明灿。改土归流后施南地区科举开始兴起，但是供养得起的家庭屈指可数。碑刻中说成君贤极力支持子孙谋求功名，"供六子之诗书，青云得路"，其中至少有两个儿子取得一定功名，成明哲是邑庠生、成明发是国学生。同时在咸丰二年碑刻中还说其"完众孙之婚配，丹桂留根"，可见六房均已成家并有后代，且在成君贤的组织下，孙辈也已经结婚。可见，这至少是一个三代同堂的传统大家庭，在成君贤的带领下，奋发有为、欢聚一堂、其乐融融的画面跃然纸上。

（二）成君贤的"苦忧"

但是大家族也有其复杂且难以调和的矛盾，所以道光二十三年碑刻中成君贤说自己是"苦忧人"。成君贤所苦所忧主要有以下三个方面。

一是成氏祠堂的庙产问题。祖先崇拜是中国普通百姓的一种重要民间信仰，尤其是在以儒为宗的中国传统社会，祖先崇拜是凝结整个家族的核心力量之一。祠堂作为祖先崇拜的主要标志之一，也是凝结宗族的物理空间。成君贤明显看到了宗祠的重要作用，希望借用宗祠而"辨其本支之亲""清其同宗之派"，依靠宗祠的力量维护家族的传承。于是用所得的"潘姓屋宇，建造成氏祠堂"，并大量购置房产和地产用于收租来作为祠堂的费用之资。除此之外，成君贤把"田地房屋银钱六子均分"，让六子分家，并希望六房对待祠产"不得有私以利己，不得假公以售人"。但是成君贤的六房子孙并未完全遵照其安排，丰厚的祠产最终还是引来了六房的争夺。从道光十四年到道光二十三年不到十年的时间里，就已经"四次分拨（祠堂）留有积存"了。到了道光二十三年的时候，成君贤明显十分恼火，认为六房子孙"见余积各怀觊觎"，但是面对六子，成君贤还是做出让步，"扫尽余积，平心派匀"。到了咸丰二年的时候更是再次"将田亩等项凭亲族分给六子"，并希望六房"各安居外，自为建祠而立章程"。

二是成君贤夫妇的养老问题。六子分家和成氏祠堂的建立是同时进行的，当时成君贤的目的很明确，就是让成氏祠堂成为自己的养老之资，所以道光十四年碑刻中就说成氏祠堂的祠产为"予（成君贤）夫妇生为养膳，殁作祭扫，余资生息，以供历年祠内香灯之需，以备每岁春秋祭祀之费"。这也可以理解成君贤为什么留下这么丰厚的祠产，既是作为祠堂的香油钱，更重要的是作为自己的养老金。但是随着六房对祠产的争夺，成君贤也在担心自己的养老问题，甚至认为六房子孙不孝，反问六房："尔等各子，其子亦皆如我之父其子耶？"咸丰二年，成君贤八十岁左右，从碑刻可见，这种担心其实是没有必要的，他此时依然还在用自己手中的祠产支援六房子孙的发展。同时也不得不佩服成君贤的商业头脑和能力，在多次分家之后，其还可以利用剩下的祠产再置办田产和房产，让祠产不断增值。

三是六房子孙的发展问题。六房子孙各立门户后独立发展，虽然道光十四年分家的时候成君贤对六房做了"均分"，一碗水端平，但是随着时间的发展，各房之间有了明显的区别，到了道光二十三年的时候"六房强弱日见"，成君贤对于这种现象非常担忧，叮嘱六房子孙"善体我心，互相怜悯辅持而安分者，世世荣昌；切毋觊觎欺凌，大负吾愿"。既然写入祠堂碑刻，可见六房之间的矛盾已经很深了。作为一家之主，成君贤分家后还在努力维持整个家族的繁荣。但其还是未能阻止差距的拉大，为此成君贤明显扶持较弱的四房。咸丰二年碑刻记载：因为四子的突然离世，"四媳将受分契而抵借外欠千余金"，成君贤破例用祠堂的养膳银代四媳还了欠款，后将"赎约归存祠内，收租壹拾捌年，还予养膳，收补后，契仍给四媳母子执掌收租"，而且四房"母子拾捌年食用，祠供给"，并且警告其余"五房子孙不得拦阻"。这样安排既是照顾四媳母子的基本生活，又是担心四媳再度抵押房产而走向末路，更为重要的是平衡其他五房，防止六房之间的争斗。

四　从《成氏祠堂碑刻》看武陵山地区移民家族的变迁

从道光十四年到道光二十三年，再到咸丰二年，近二十年的时间里，同一个主人公、同一个家族的三通碑刻，向我们完整地展现了一个家族移民到施南，发展壮大、不断繁衍的过程。这其中有一个不变、一个变。

不变的是成君贤家族的发展之路。成君贤家族是改土归流后移民家族的典型，江西省也是武陵山地区近代移民的一大来源地，他们从江西省过来，落户到施南，靠勤劳发家，然后不断购置封建社会最大的资本——土地，并不断靠土地的租金增值家产。另外还有一个值得注意的是，成君贤家族早期购买的土地多在施南州城附近，越往后离州城越远，同时未见他们自己开垦的记录，多是购买其他人的熟地。可见到了道光晚年，施南地区的土地已经被开发得差不多了，人地矛盾开始出现，这也可以解释为什么土地的租金越来越高。虽然我们无法了解咸丰二年后成氏家族的发展情况，但是从留下的成氏祠堂可见，该家族至少维持到民国年间。在武陵山地区近代最大的一股移民潮的浪潮里，无数个"成君贤家族"出现，家谱和地方志中的记载比比皆是，成为本地区家族化的一个个缩影。他们抓住了移民后土地开发的浪潮，同时也重塑了武陵山地区的基层社会。

变的是成君贤的心路历程。成君贤在道光十四年的安排中信心满满，认为自己对家产和祠堂的处理非常完美，要求"子继孙承，遂足扬其休美。殷殷苦衷，谆谆遗训，惟冀我裔世守勿替"。但是到道光二十三年的时候变成了"未曾题叙先流泪，再刊衷肠晰忧疑"，主要原因是六房分家后自己失去了对六房子孙的绝对控制，六房子孙开始不听自己的安排，出现了相互争夺庙产的现象，这让成君贤烦恼不已。到了咸丰二年的时候，成君贤明显和六房子孙有不合之处，不但详细地规定六房轮流值守宗祠，还规定了守祠人的工资和六房应尽的义务。同时开始寻求宗教的慰藉，专门从自己宗祠的祠产中拿出一块地捐给火神庙，供火神庙"香灯之资"，同时"祠内每年给僧人辛劳钱捌佰文"。这些钱物肯定不是白给的，是有一定缘由的，所谓"垂老抱佛脚"，已经八十左右的成君贤不再依赖家族反而开始寻求宗教的安慰。

《三峡文化研究》第 16 辑
第 100~118 页

三峡库区三国人物传说及信仰习俗

陈卫星　刘美玲[*]

摘　要：民间信仰与传说联系紧密，传说是民间信仰的表现形态之一，民间信仰加深了传说的可信度与传奇性。三峡库区是诸多三国历史事件的发生地，千百年来，流传着许多三国人物的相关传说，刘备、关羽、张飞、甘宁、诸葛亮等三国人物的传说故事，是其重要代表。传说描述了人物"由人到神"的形象转变，形成了民间信仰。人们赋予三国人物各种民间信仰功能，使他们成为解救人间疾苦、庇佑信众的"保护神"，并进行祭祀，祈求神灵庇佑、寻求心理安慰。三国人物传说与三国人物信仰相互作用，构成了三峡库区极具活力的民俗文化。

关键词：三峡库区　三国人物　民间信仰

信仰习俗一般包括信仰对象、信仰方式、信仰的文化空间等。乌丙安认为民间信仰是一种在民间广泛而普遍存在的日常信仰现象，包括鬼神信仰、动植物信仰、图腾信仰、祖先崇拜等多种信仰。民间传说主要是以口头讲述的方式来传播发生在生活中各式各样的事件，是民众口头创作的，描述历史人物、事件，解释某个地方风物习俗的口头性叙事方式。[①] 民间信仰与传说联系紧密，传说是民间信仰的表现形态之一，民间信仰加深了传说的可信度

---

* 陈卫星（1975~），男，博士，重庆三峡学院公共管理学院教授，硕士研究生导师，主要研究中国传统文化与古代文学；刘美玲（1993~），女，重庆忠县人，重庆三峡学院公共管理学院硕士研究生，主要研究民俗文化与民间文学。

① 参见钟敬文主编《民俗学概论》（第二版），高等教育出版社，2010，第 188 页。

与传奇性。三峡库区是诸多三国历史事件的发生地，许多三国历史人物曾在这块土地上留下脚印，因此，千百年来，三峡库区流传着许多三国人物的相关传说，也形成了民间三国人物信仰习俗。深入考察这一民俗文化现象，对于了解三峡库区文化以及深层文化结构，具有重要的意义。

一 刘备传说故事及其神仙化

刘备，字玄德，幽州涿郡人，三国时期蜀汉开国皇帝，他待人宽厚，爱民如子，受到许多人的尊敬。后因为关羽报仇，发动对吴国的战争，结果兵败夷陵，最终于章武三年（223）病逝于白帝城，谥号昭烈皇帝，成都武侯祠内有昭烈庙为之纪念。三峡库区关于刘备的传说故事，主要有"刘备墓的传说""许尤点灯"等。

（一）刘备墓的传说

奉节县古称夔州府，传说夔州府有三道门，一道中门，两道侧门。过去来了达官贵人，都兴开中门迎接，但夔州府有条不成文的规定，无论来多大的官，都不能开中门迎接，只能从侧门进，因此，夔州府的中门一年四季都是紧关着的。为什么呢？因为不管官多大，都没有刘皇叔的官大，所以夔州府的中门开不得。新上任的府台大人许尤，是个贪官，上任那天，夔州府热闹非凡。也就是那天发生了奇怪的事情，原本晴朗的天气突然变得乌云密布，狂风大作，将他吓得从轿子里摔了出来，身体直发抖，口吐白沫。有人说他是发了羊角疯，也有人说他得了母猪疯。据他自己醒后说是张飞一掌将他从轿子里打出来的，他仿佛看见刘备高坐中堂，诸葛亮摇着鹅毛扇，关公提着青龙偃月刀，守在门口要杀他。

许尤上任后，到处搜刮民脂民膏。一天，他在后堂清点他搜刮来的元宝，忽然手一滑，元宝掉进砖头缝里了，他心想，这么小的缝，元宝怎么能掉进去呢？便拆开砖头，向下望去，底下空落落的，只有一块乌黑发亮的圆形石板，许尤心想，底下是刘皇叔的墓，那墓中的宝物肯定不少，便独自一人提着灯笼下去了。许尤走着走着只觉一阵阴风袭来，再往前走，看见好大一个墓室，墓室中央有一盏万年灯，闪着绿茵茵的光，灯柱下的石碑上还刻有："许尤许尤，无冤无仇，无故开墓，罚你上油。"许尤吓得屁滚尿流。许尤受了这场惊吓后一病不起，一天白帝庙的和尚给他送来一个单方，他打开一看，只见上面写有一个"油"字，许尤一看，心里明白了大半。此后，他将搜刮来的所有钱财都用来买油给孔明灯上油，直到将老婆梳头用的头油添进孔明灯里才算是添满了。之后，石碑上之前的字不见了，却显出"奉公守节"四字，传说奉节县的县名就是由此而来的。[1]

另一种讲法则是许尤是个清官，主动去给刘备墓里的万年灯上油，因万年灯长明不灭，能保佑奉节一方风调雨顺，国泰民安。

（二）许尤点灯

许尤点灯这个故事是我十三岁的时候听甘丹亭老师讲的。他说奉节堰塘边有一副长磨盘，磨盘底下有一个墓道。许尤是夔州府的府官，他还没到夔府来上任的时候，就听人讲刘备的棺材在夔府大堂底下，棺材是用铁绳吊起的。有一天他带着差人去找，找了两三天才把磨子处找到。许尤不许其他人进地道，他独自一人进去，到处都是黑洞洞的，走到前面有一道闸门，开了半天也开不开。后来无意中一脚踩着了暗道机关，闸门就自动开了。进去一看，一盏万年灯眨呀眨的要燃不燃的。果然有两副棺材用铁绳悬空吊起，棺材是朱红漆的，红彤彤的。说那盏灯叫孔明灯。灯下有块碑，上面写着："许尤许尤，无冤无仇，无故开门，罚你上油。"许尤对着碑磕了几个头，心里想转去，过后一定想办

---

[1] 参见中国民间文学集成万县地区卷编辑委员会编《中国民间故事集成·四川省万县地区卷》中册，1988，第142~146页。

法来上油。他回来后把这件事给夫人讲了，夫人听了很感动，说到：
"我们一向都很敬重诸葛亮先生，他老人家要我们上油，我们一定想法
把油上满，好让他老人家保佑我们这一方风调雨顺、国泰民安。"后来
他们把做三年官的钱都买了油去上了，但灯还是没上满。许尤是个清
官，老百姓爱戴他，留他再做一任官，又做了三年官。上了三年油还没
上满。夫人就点起香蜡纸烛，祷告虚空往过神灵："我们在夔州府上任
已经是六年了，所有的钱都买油上完了，愿苍天保佑，现还有一盒盒儿
梳头油叫老爷拿去上。"许尤真的拿起这盒梳头油去。奇怪得很，一倒
下去灯就满了。以后就把墓门封了，传说是用糯米、龙骨石、石灰
封的。①

　　两则故事讲的都是许尤无故开墓，被罚上油的情节。无论是到处搜刮民
脂民膏的贪官许尤，还是清官许尤，都因为无故开墓被罚上油。许尤将所有
的钱财都用来买油，直至最后将老婆的梳头油倒下去才算满。当地人说，这
是刘备在显灵，为了警示后人，让他们不要去打扰他。

　　在民间信仰中，有很大一批是中国历史上的名人，他们在经济、军事、
文化、政治等方面做出了巨大贡献，民众为了牢记他们的功德，或是敬佩其
刚正不阿、爱民如子等的品性，便为他们修庙建祠，将他们奉为神灵，让他
们享受人们的供奉，这逐渐成为民间信仰的一部分。刘备信仰便是其中一
种，他虽然已经死去，但人们仍将其供奉，在老百姓心中，他成了有求必
应、无所不能的神。

二　关羽传说故事及关羽信仰

　　关羽，字云长，他追随刘备复兴汉室，起兵于汉末，一生颠沛流离。关
公威名自宋代已为世人知晓，至今仍受民众尊敬，在民众心中享有极高的地

---

① 参见中国民间文学集成万县地区卷编辑委员会编《中国民间故事集成·四川省万县地区
　卷》中册，1988，第147~148页。

位。明初，人们就神化了关公骑马助成祖杀虏的灵验事迹，后关羽被敕封为关圣帝君，在百姓心中，关帝的灵威高于民间诸神。

与关羽有关的传说故事全国各地都有流传，笔者根据流传在三峡库区一带的关公传说进行整理分析，将其分为"关羽成神""关羽磨刀""关羽显灵"三个故事类型。

（一）关羽成神

三国时期，关羽曾坐镇荆州，其骄傲自满的性子，破坏了"联吴抗曹"的战略。在他率兵攻打襄阳时，因中东吴吕蒙之计，丢失荆州，败走麦城，被吴军俘获遇害。

传说，关羽死后，阴魂不散，荡荡悠悠，飘到荆州当阳的玉泉山。山上有一名法号普净的老僧，原是汜水关镇国寺的长老，云游到此，遂结草为庐。这天夜里夜黑风高，三更之后，只闻空中有人大呼"还我头来"，普净仰面一看，只见空中一人，骑赤兔马，手提青龙刀，左一白面将军，右一黑脸满脸胡须之人相随。普净一眼认出关羽，便以手中佛尘召曰："云长安在？"关羽即刻下马落于座前。普净曰："今将军为吕蒙所害，大呼还我头来，然则颜良、文丑等六将之人头，将向何人索取？"

一席话将关羽问得哑口无言，遂恍然大悟，皈依佛门，普净收他为"半个佛"，谓之"护法神"，坐镇寺院山门。①

此则传说解释了在三峡库区关羽是如何由人转为神的，以及其为何会存在于大大小小的寺庙中，为信众所供奉。

（二）关羽磨刀

全国各地都流传着"关羽磨刀"的传说故事，关羽磨刀是代表风调雨

---

① 参见中国民间文学集成万县地区卷编辑委员会编《中国民间故事集成·四川省万县地区卷》上册，1988，第129~130页。

顺的吉兆，在三峡库区一带也流传着一则"关羽磨刀"的传说，这则传说
与当地自然地理环境结合紧密。其大致情节如下。

> 云阳县内，有一条磨刀溪。相传三国时期，镇守荆州的关羽前往成
> 都为兄长刘备庆贺寿辰。返回时乘船顺水而下，船到云阳，关羽见地形
> 险要，便命船工停船等候，自己带随从沿溪探访，边欣赏美景，边了解
> 山口关隘。走了许久，关羽一行人见溪水清澈，便下马歇息，关羽独自
> 提着青龙偃月刀在溪边一光滑石板上哗哗地磨起刀来，磨着磨着便睡着
> 了，梦里吴国的陆逊骑马持枪径直向他杀来，他忙拿起青龙偃月刀抵
> 挡，忽然，陆逊一行人连马带人变成了一堆石头，关羽一怒之下将石头
> 砍成两瓣。
>
> 一觉醒来，关羽还沉浸于梦中的事，此时，儿子关平带着一白发老
> 人来到面前，老人拜见了关羽，自称是前面村庄的庄主，村民们对关羽
> 十分敬仰，想要邀请他到村里做客。关羽向老人问及当地地形，并讲述
> 了刚刚梦中之事。老人听后大吃一惊，并把刚刚过溪沟时听到巨响，见
> 到一大石突然破裂的事告诉关羽。大家都惊叹不已。这件事很快在方圆
> 百里内传开了，人们把关羽磨刀的那条小溪叫作磨刀溪，将裂口的大石
> 称为破石口，代代相传。①

此则传说解释了三峡库区关羽磨刀诞产生的缘由，且具有风物传说的特
点。关羽磨刀的故事在其他地区也有流传，故事情节大体相同，都是讲述关
公磨刀诞的起源，因为关公诞是关公信仰的集中体现。当地民众称每年农历
五月十三左右都会降雨，有时为阵雨，有时会持续降雨好几天，他们认为这
是关公在召唤雨水，因为磨刀时需要水。传说中人们把关羽磨刀时所在的小
溪称为"磨刀溪"，可见民众对雨水的渴望之高，因为雨水充足是农业生产
获得丰收的前提条件。

---

① 参见中国民间文学集成万县地区卷编辑委员会编《中国民间故事集成·四川省万县地区
卷》上册，1988，第125~126页。

（三）关羽显灵

在湖北境内有一七曜山区，与万州相邻。七曜山内有一小溪，名为磨刀溪，小溪旁有一古树——水杉树。每当夜深人静时，水杉树下，磨刀溪旁，就会传来哗哗的磨刀声和马嘶声。每年农历五月二十三，磨刀溪里一块名叫"青龙脊背"的大青石上，会滴出银灰色的石浆。当地人都说，是关云长在磨刀呢。

相传三国时期，蜀帝刘备与东吴孙权大战，关羽率兵途经此地，将他的赤兔马拴在水杉树下。关羽死后，阴魂不散，飘荡至此，水杉树敬佩他生前神武，便将他的英灵附在树上。东吴孙权听后，便派将军吕蒙前来，将水杉树团团围住，要求它交出关羽的灵魂，但水杉树不肯。吕蒙便带队意图将水杉树砍掉，但任凭吕蒙采取何种手段，都不能伤到水杉树分毫。东吴大军无计可施，只好停下。一天夜里，吕蒙一部下夜里梦见关羽手提青龙偃月刀，脚蹬赤兔马，从水杉树下杀奔过来，将其吓得大叫。吕蒙及其部下听后吓得心惊胆战，这时，他们听见从磨刀溪的水杉树下传来磨刀声和马嘶声，他们料定这是关云长显圣，便连夜逃回东吴。

关羽为了报答水杉树，不分春夏秋冬、白日黑夜，始终守候着这棵古树。如今，虽已过千年，这棵古树仍枝繁叶茂。百姓为了祭奠关羽，便在水杉树旁修建了关庙，祈求关二爷庇佑民众。人们有大大小小的事总会到关庙祭拜，且关二爷都会显灵，让他们梦想成真，他不仅是水杉树的守护神，也是他们的守护神。①

民间信仰中，神秘和灵验是其核心。② 在民间流传的关羽神化故事中，关羽已经成了神。故事中，百姓为了祭奠关羽，在水杉树旁修建关庙，祈求

---

① 参见中国民间文学集成万县地区卷编辑委员会编《中国民间故事集成·四川省万县地区卷》上册，1988，第 126~127 页。
② 钟敬文主编《民俗学概论》（第二版），高等教育出版社，2010，第 145 页。

关二爷庇佑，将关羽奉作消灾降福的地方保护神。人们有大大小小的事总会到关庙祭拜，且关二爷都会显灵，让他们梦想成真。

风物传说中蕴含着浓厚的人文色彩，是民众对民俗知识的解释。关羽磨刀与关羽显灵两则传说，解释了磨刀诞的起源，讲述人在讲述其起源时，将七曜山、磨刀溪等风物附会上，表达了他们对乡土的热爱之情。民众通过关羽磨刀的传说，又将关公与求雨联系起来，关公成为农业的保护神，人们认为关羽磨刀就必定会下雨，因此，只要天干，人们便会为了求雨而找关公。这都显示了关羽的"灵验"。同治《重修涪州志》中也有关帝显灵的记载：

> 崇祯十七年六月初八日，流贼张献忠拥数十万众，溯川江而上，至于涪。涪人走，贼尽毁城内外官民舍。涪赭，凡庙之毁不待言，即铜铁之神像，亦无不毁裂熔溃。独关庙虽毁而二法身巍然。两座若未尝有变也者，二法身前后相去约五七尺许，前者高过人，后者高丈余。火大作，砖瓦厚重，零星注下如雨。而二法身者，皆土木也，无寸毫毁。近而瞻之，冠履俨然，须眉如故，金屑不剥，至左右诸侍将，则又皆毁。金刀四十余筋（斤），亦色毁卷蚀，正殿上中梁，坠于二法身之间，独完不毁，其余栋、柱、橡、楹、宸、案，皆毁。余时为贼所执，虽被创在火烟中，亦得不死。贼去火熄，遥望二法身，金光露处，于瓦砾焦烙之上，三昼夜火气犹蒸人。①

笔者在田野调查过程中，问及关公是否灵验，讲述人都说灵验。人们之所以对"关公显灵"深信不疑是因为既有可靠的历史事件和人物，又有口口相传的传说故事为支撑。可靠的历史事件与关羽骁勇善战、具有神力的人物形象通过传奇、精彩的故事展现给大众，给广大信众创造了想象的空间。只要一发生灵异事件，他们就相信是关公显灵。

观察上述与关公有关的传说故事，可见在民众心中，关公已是造福地方百姓的保护神。同时，这些传说也为关公信仰提供了一定的心理基础。传说

---

① 林移刚：《清代四川民间信仰地理研究》，博士学位论文，西南大学，2013，第136页。

故事将三峡库区的历史文化与当地自然环境相结合，如云阳磨刀溪、七曜山等，这些实际存在的事物与具体的时间为关公显灵的传说增加了可信度。

三　张飞传说故事及张飞显灵

张飞，字翼德，河北涿郡人。蜀将张飞忠心耿耿地追随刘备，为蜀汉江山的建立立下了汗马功劳，他疾恶如仇、勇武过人的形象为世人所敬仰。然而，他死于四川阆中，且身在阆中，头在云阳。"张三爷显灵"的传说故事主要流传于重庆市云阳县，故事中的张飞神通广大，是神灵的化身，既能保佑世人平安，也能趋避灾害。据笔者田野调查收集到的材料，现将主要传说故事整理如下。

（一）助风阁的故事

有一年，四川遂宁府有个张秀才在京城里中了状元。皇帝赐他回家祭祖。

张状元在回家的路上，坐着官船进了夔门以后，船老板进舱去向他说道："启禀状元公，前面不远就是云阳县，那里有个张王庙，张王菩萨常常保佑行人平安。凡是过往船只上的行客，不论官家或是百姓都要去朝拜他。大人是不是也……"话没说完，张状元就不耐烦地打断他的话："什么？你叫我去拜张飞吗？自古文不拜武，尔等休得胡言乱语！"老板挨了顿头子①，只好退了出来。

张状元的船走了两天两夜后，就到了云阳县下面的铜锣渡口。拉纤的人赶紧走进舱向张状元报告："启禀大人，岸边就是张王庙，过往船只都要去朝拜张王爷，您也应该……"话还没说完，张状元怒气冲冲地呵斥道："我乃堂堂状元，那张飞算得了什么？"拉纤的讨了个没趣，也只得退了出来。

这一天，阵阵下风从江的上头刮下来，官船逆风而上。推桡的放下

---

① 方言，挨批评。

风帆拼命推桡，拉纤的双手扒着沙滩拼命拉纤，好不容易才从铜锣渡口把官船拉到离县城三十里的三坝溪，天就黑得伸手不见五指了。拉纤的拴好了缆索，推桡的收好了桡片，就在这前不挨村，后不着店的地方湾艄。

第二天大清早，下风还是不停地刮。推桡的起身开始驾桡，拉纤的下船准备解缆，一看，全都惊奇得像些木鸡。原来官船又回到铜锣渡口来了。张状元顿时火冒三丈，骂他们没把缆索拴牢。拉纤的只得狠命拉纤，推桡的又狠命推桡。他们拼死拼活地又干了一天，好不容易才又拉拢三坝溪，又是天黑尽了。他们把船拴了又拴，弄得十分牢固后才敢歇息。可是到第二天天亮的时候，大家起来一看，官船不知怎么又回到了铜锣渡口。一连三天，天天如此。这时，张状元才相信是张王菩萨显了圣。

张状元无可奈何，只得置办了三牲祭品和香蜡纸烛，毕恭毕敬地从铜锣渡口下船，步行到张王庙朝拜了张飞神像。

说也奇怪，第二天一早，不用纤夫拉纤，也不用艄公推桡，一路顺风，把官船吹得飞跑，很快就到了三十里上头的三坝溪。船工们都感激张王爷的帮助，张状元这才暗暗佩服张飞。

打从这时候起，上下船只从这里经过，张王爷都要助顺风三十里。老百姓为了感激张王爷的恩德，有钱出钱，有力出力，在张王庙的旁边修了一座楼，取名"助风阁"。张状元晓得了这事，也十分感动。当他第二次路过张王庙的时候，才诚心诚意地到张王庙里行跪拜之礼。并在助风阁立了一块石碑，题了一首诗："铜锣渡口蜀江东，多谢先生赐顺风。愧我轻舟无一物，扬帆载石镇空硐（崆峒）。"

这首诗还在助风阁的墙壁上留着呢。①

此则材料中提到张飞发挥神力，助过往船只顺利通行。材料中，张秀才不听众人的话，不到张王庙祭拜张飞，便得不到张飞的庇佑，一直在铜锣渡

---

① 参见中国民间文学集成万县地区卷编辑委员会编《中国民间故事集成·四川省万县地区卷》上册，1988年，第137~139页。

口打转。直至张秀才带着祭品与香烛纸钱到张王庙祭拜张飞后，他们才得以顺利通行，一路顺风顺水地到达目的地。此类传说，把带有厚重神灵色彩的张飞信仰推向了广大民众，人们笃信张飞具有某种神力，将他的传奇故事在民间传播，其信仰逐渐呈现大众化的特点。张飞忠义神武的通俗形象深入人心，外加民间传说、民间祭祀活动的推动，使民众对其神仙化的力量更加深信不疑。

（二）张三爷显灵的故事

村民们之所以信奉张飞，是因为据说张飞庙还没搬迁时，曾有窃贼在村民居住地附近偷窃，接连数日，邻里乡亲都或多或少损失了财物，乡亲们叫苦连天，于是便三五人结队到张飞庙祈福消灾，他们带上纸钱、鞭炮、香烛，一边烧着纸钱，一边鞠躬，嘴里祈求道"张三爷啊，近日来，我们损失了诸多钱财，劳烦张三爷显显灵，惩罚惩罚他们"。祭拜完毕，村民们便回家去了。奇怪的是，过了好多天，村里竟然真的没有再出现偷盗的事情了，还有传言说盗贼偷盗完后，在返回的途中，船翻了，盗贼落水后，见到张飞的神像出现在他的正前方，表情严肃地告诉他以后不许再偷盗，否则便会让他人财两空，盗贼听后，吓得直哆嗦，直言"不敢了，不敢了"。之后，村民们便带上更多的纸钱、鞭炮、香烛到张飞庙还愿，感谢张三爷的帮助。

从此之后，民众只要一有什么事，或者外出务工前等都会到张飞庙祭拜，以求平安。①

由此可见人们对张飞的信仰，相信张飞确能显灵。张飞追随刘备，终其一生，"毕力尽死，以抗群丑"就是用来形容张飞的忠义的，他的忠节仁义成为祭祀的主要形象特征。张飞勇武过人的形象根植于民间信仰中，成为人

---

① 故事采集于 2019 年 8 月 26 日下午两点左右。讲述人李某，56 岁，云阳磐石镇人，平时在云阳县城务工。

们心目中平乱驱害、无所不能的神。上文两则传说故事就列举了张飞显灵的事件。此外，民国《长寿县志》中对张飞显灵的故事也有所描述："流贼张献忠过此江，江水沸溢，舟不能进。贼诣庙拜祷，誓不妄杀一人。舟进，全蜀尽遭屠毒，而邑中得无恙者，皆侯之赐也。"[1] 人们将民众免受张献忠的屠杀归功于张飞显灵，由此可见民众将张飞这一人物形象神化了。

张飞，生前英勇，死后被追谥为"桓侯"，是官方祭奠和民众祭祀的对象。他的神化是在官方和民间两种力量共同作用下完成的，官方敕封使张飞信仰得以合法化，民间对张飞的祭祀则趋向于功利性。其也从保家卫国的单一性神灵逐渐扩展为为民除害、为百姓趋避灾邪的全能之神，成为古代巴渝的地方守护神、峡江地区最受人景仰的神灵。民众通过传说故事将张飞这一人物形象神化，将张飞显灵展现得淋漓尽致，人们更加坚信祭拜张飞能够祈福消灾，实现心中的美好愿望。

四　猛将甘宁与天降"甘霖"

甘宁，字兴霸，东汉末三国初孙吴名将，巴郡临江[2]人，祖籍荆州南阳。少时好游侠，初附刘表，后归孙权。曾从周瑜破曹操于乌林，攻曹仁于南郡；从吕蒙拒关羽，随鲁肃镇益阳。以功任西陵太守，拜折冲将军。甘宁勇猛好杀，性格开朗豪爽，轻财敬士有谋略，能厚养健儿。曹操进军濡须，甘宁率百万健儿夜袭曹营，创造"百人闯曹营"的惊人战例。建安十二年（207），吴军攻合肥失利，宁奋力死战，保孙权脱险，为孙权所重。甘宁去世时，孙权十分痛苦。今万州区甘宁镇贯丰村有甘宁墓（应为衣冠冢）。[3]历史上关于甘宁之死，有两种解释，一种如《三国志》中所载，为病死，另一种则主要流传于民间。

---

① 林移刚：《清代四川民间信仰地理研究》，博士学位论文，西南大学，2013，第 140 页。

② 在今重庆市万州区甘宁镇。

③ 重庆市万州区地方志编纂委员会编纂《重庆市万州区志》（下），西南师范大学出版社，2013，第 2198 页。

相传三国时期，刘备为报东吴杀关羽之仇，带兵攻打东吴，即夷陵之战。此时，甘宁正在养病，听闻蜀军将至，便带病杀敌。与甘宁对战的是番王沙摩柯，甘宁病弱不及强敌，便率军撤离，准备歇息后再战，但沙摩柯步步紧逼，甘宁被其毒箭射中，后亡于河中。尸体顺水漂流，沙摩柯的士兵见状，纷纷下河打捞尸体。此时，天空中突然出现一大群乌鸦，铺天盖地飞向河中，将那些士兵啄得遍体鳞伤，乌鸦们将甘宁的尸体团团围住，使士兵不敢向前。甘宁的尸体顺水漂流了三天三夜，最后一老石匠碰巧路过此地，便将他抬上岸，拔掉身上的毒箭，将其安葬。①

据当地人讲述，听闻甘宁尸体有乌鸦守护，便知是甘宁显圣，由惊奇转为崇拜。某年天旱，久不降雨，人们向甘宁祈福，不久之后天降大雨。目前，甘宁墓共有四处，分别位于湖北阳新富池、四川通江甘谷、南京直渎山、重庆万州甘宁镇。《重庆市万州区志》中记载，万州甘宁镇的甘宁墓为衣冠冢。②

五　诸葛亮的"神算"

诸葛亮，字孔明，号卧龙。三国时期蜀汉丞相。后积劳成疾，于建兴十二年（234）病逝于五丈原，是中国传统文化中"忠"与"智"的代表。关于诸葛亮的传说故事，有"诸葛亮为何料事如神""孔明得扇""诸葛亮排八阵图"等。现将三峡库区流传的主要传说故事整理如下。

（一）诸葛亮为何料事如神

传说诸葛亮小时候，家里很富裕，是开酒坊的，他从小聪明好学，

---

① 故事采集于2019年9月10日，讲述人张某，74岁，重庆市万州区甘宁镇沙塝村人。
② 重庆市万州区地方志编纂委员会编纂《重庆市万州区志》（下），西南师范大学出版社，2013，第2198页。

时常帮爹娘卖酒。店里每天都有一个老头儿来光顾，每次只打一斤酒，他很穷，又爱喝酒，因此欠了店里许多酒钱。诸葛亮心想，虽然老头儿家很穷，但也不能让他两手空空回家，便每天偷偷给老头儿打酒。诸葛亮又觉得这个老头儿很奇怪，他从没说过他家住哪儿，于是诸葛亮便想要弄明白。

一天，诸葛亮找了一节竹子，将竹子的每个节都打通，往里面灌满石灰。给老头儿打酒时，诸葛亮顺手将其赠予他当拐棍。待老头儿走后，诸葛亮跟着石灰的印记走，走着走着，忽然发现石灰印记没了。抬头一看，只见一只嘴里含着一颗闪闪发亮的珠子的大老虎正在打瞌睡。正当诸葛亮疑惑时，老虎说道："你对我这么好，我也不晓得怎么报答你，我送你一颗宝珠吧，你把它吞下去，以后就什么事情都晓得了，你可以前知五百年，后知五百年。"老虎说完，就把嘴里的珠子吐出来，诸葛亮捡起宝珠便吞了下去。从那以后，诸葛亮便料事如神，别人心里怎么想的，他都能计算得准准确确的。[①]

民间传说中，诸葛亮的人物形象往往是"上知天文，下知地理""前知五百年，后知五百年"。民间故事中对诸葛亮料事如神的赞美使他成为家喻户晓的人物，诸葛亮的神化在民间传说、地理命名、生活俗语中都有体现。此则传说解释了诸葛亮的神机妙算是从何得来的，人们根据自己的心中所想来理解诸葛亮的"神力"，认为他的聪明才智是由神灵所赋予的。传说中的诸葛亮因吃了宝珠而变聪明，民众确信这种"神力"是可以传递的，便通过祭拜诸葛亮，祈求获得同等"神力"。

（二）孔明得扇

相传，孔明开始是在一家酒坊帮人干活，他酿酒的技术比别人要

---

① 参见中国民间文学集成万县地区卷编辑委员会编《中国民间故事集成·四川省万县地区卷》上册，1988，第99~100页。

好，老板对他十分重用。有一天，店里来了个八十多岁的老头儿，精神很好，手拄拐棍，到店里喝酒，就这样一回生二回熟，每天他一来，诸葛亮便给他打一小碗酒喝。有天晚上，土地爷变成人来对孔明说："你晓得不，每天来店里喝酒的这个老头儿，他有一些宝物，很有用场。"孔明听后，便问道："啷个才能得到呢？"土地爷说："那也容易，你明日多办些酒菜，劝他多喝两碗酒，等他醉了，将他的拐棍拿走，里面灌进石灰，这样他醒来回家时你便沿着石灰的印记跟着去找。"孔明听过后暗暗记在心上。第二天，老头果真一如既往前来，孔明按照之前的计划，将其灌醉，待他醒后，跟随印记前往。走着走着忽然地上没了印记，他抬头一看，只见一老鹰在树上，他大叫一声，老鹰便摔了下来，孔明一看，老鹰的羽毛又长又好看，适合做凉扇，他满心欢喜地扯下羽毛拿回家了，并做成了扇子。老鹰清醒后，掐指一算，知道是土地爷搞的鬼，便告诉孔明，岔路口土地爷神像下有许多银子，让他去取，孔明听后，抱着试试的心态去瞧了瞧，发现果真藏有银子，他将所有的银子都拿走了，从此以后，这土地爷就不灵了。而孔明逐渐变得会算了，现在谁不知道，孔明是个神机妙算之人。[1]

上述与诸葛亮有关的传说解释了诸葛亮神机妙算的原因。此外，与诸葛亮相关的传说还有八阵图的传说。

（三）诸葛亮排八阵图

刘备为了恢复汉室江山，统一天下，带着人马，一路往西蜀进发。在途中诸葛孔明对刘备说："主公，你看那河下……"刘备顺着孔明的指的方向朝河下望去，只见十七八位美女正在洗衣服。孔明对刘备说：

---

[1]　参见中国民间文学集成万县地区卷编辑委员会编《中国民间故事集成·四川省万县地区卷》上册，1988，第 101~103 页。

"河下洗衣人中后面那一个（系指陆逊的母亲）已经身怀有孕，如果你现在不把她杀掉，以后就是你的后患之忧。"刘备听后说："昔日在南阳卧龙接先生下山，先生曾经对我说过，天时不如地利，地利不如人和。我刘备要恢复汉室江山，只有靠人和。今日我岂能杀一个身怀有孕的妇女，叫天下人耻笑于我，此事万万做不得。"孔明见刘备不肯杀这妇人，但又考虑到是主公的后患，于是就在白帝城边的火焰山①下摆了八阵图。

十九年过后，刘备遭到陆逊火烧连营八百里，兵败白帝城下，陆逊在后面穷追不舍。一日，追至火焰山下，这里地势险要，又见天时不早，陆逊下令宿营，打发密探前面探听军情。密探报："将军，前面离此不远杀声连天，像伏有百万雄兵。"陆逊听后心中犹豫，刘备兵败他手中，还剩多少人马他心里是有数的。他不信密探的报告，次日早上天刚蒙蒙亮，陆逊全身披挂，单枪匹马前往八阵图打探虚实。他走到阵前，只见前面一派茫茫白雾，杀声连天，陆逊不管三七二十一，冲入了阵中。不进则罢，进去就走不脱了。陆逊他怎么能识此阵呢？此阵是十九年前他还未出生时就摆起了的。这八阵图很厉害，共有八门，还有八八六十四种变化，这八门有休、生、伤、杜、景、死、惊、开。有三道门为生门，五道门为死门。阵中还有三十九天罡星，七十二地煞星，二十八宿之类人物，围得陆逊水泄不通。陆逊在阵中杀得精疲力尽，看看就要糟了，正在这时，只听见前面有人在喊他，陆逊昏昏沉沉睁眼一看，见是一位白发苍苍的老者。陆逊连声叫道："老伯搭救我！"老者说道："不要慌，快把手伸过来，牵着我的拐杖跟我走就行了。"陆逊跟随老者昏昏沉沉，弯弯拐拐，拐拐弯弯不知走了多久，才走出八阵图。

出阵后，老者问陆逊："将军从东吴兴兵而来，你识得此阵否？"陆逊摇头说："不识此阵。"老者说："连此阵都不识，为何还带兵？你

---

① 火焰山：又名"赤甲山"和"桃子山"。此山在白帝城东，面临长江，刀砍斧削，土石略呈红色，如人祖背，故名"赤甲山"。又因山形酷似一个硕大的蟠桃，故名"桃子山"。红日在峡口腾跃而出，山的色彩尤如燃烧的火焰，故当地人又称其为"火焰山"。

多大了。"陆逊答："今年十八岁。"老者说："难怪你不识此阵，你今年才十八，此阵已摆了整整十九年了。你知此阵是谁人所摆吗？"陆逊说："不知道。"老者说："此阵名为八阵图，是我女婿诸葛孔明所摆。"随后老者向他讲了刘备入川时孔明摆八阵图的来龙去脉，并说："孔明要我在此等候于你，凭天意，看你是从生门进阵还是从死门进阵。为了搭救于你，我已在此等候十九年了。你就有天大本事，出了这旱八阵，前面还有水八阵，水八阵过去还有观武阵……我劝你还是早早退兵的好。"陆逊听了黄承彦的话，想到世上还有这种能人，在我未出生的时候就摆起八阵图来等我，要不是今天老伯搭救于我，我恐怕早死了。算了算了，我陆逊甘愿隐姓埋名进入深山老林，从此脱离红尘。①

白帝城西，长江北岸有一块沙洲石碛，相传是三国时期诸葛亮排八阵图的地方。《奉节县志》载："武侯率师由水道过白帝，总观形势，知夔门为全蜀咽喉，特设八阵图于鱼腹浦沙碛上，以御不虞，千古莫测。"另有旱八阵，在白帝城东北七公里（今白帝乡八阵村），地势险要，扼川鄂陆路咽喉。杜甫《八阵图》诗云"功盖三分国，名成八阵图。江流石不转，遗恨失吞吴"，足可见八阵图之影响力。

诸葛亮的神化在魏晋时期已经完成，朝廷仰其忠，士人崇其智，民间敬其清。② 统治者的敕封使诸葛亮超越了平凡，成为"古往今来第一贤人"，但诸葛亮的神化主要是在文人士大夫与广大民众中完成的。文人志士从不同角度不遗余力地对诸葛亮进行赞美，使其成为"两汉以来无双士，三代而后第一人"的士人及人臣典范，宋代开始形成地方官员祭拜武侯祠的习俗，加之民间传说将诸葛亮形象的神化，最终使其成为智慧绝伦、神机妙算、可呼风唤雨的神人。

① 参见中国民间文学集成万县地区卷编辑委员会编《中国民间故事集成·四川省万县地区卷》上册，1988，第101~105页。
② 林移刚：《清代四川民间信仰地理研究》，博士学位论文，西南大学，2013，第144页。

六　三国人物传说与其信仰习俗形成

从目前收集到的资料来看，三国人物传说主要涉及史事、地方风物、风俗等，这些传说带有浓厚的地方色彩。口耳相传的民间传说以及民间信仰，使三国人物逐渐神化，如位于重庆云阳县的张飞庙具有的祭祀功能就是张飞人物神化的具体表现；人们对关羽的祭拜以及关庙的修建也体现了关羽人物形象的神化。三峡库区的人们通常称关羽为"关二爷"，称张飞为"张三爷"。民众对"关二爷显灵""张三爷显灵"深信不疑。

在人们的日常生活中，总是特定或不特定地展现出许多民俗行为，这些民俗行为在人们生活中有的已养成特定的行为习惯，进而逐渐形成一套完整的仪式仪规，由此便形成了信仰。① 信仰的产生与民间传说密不可分，传说描述了人物"由人到神"的形象转变，正是基于此，才有了民间信仰。

通过传说，人们对自己的居住地有了更进一步的认识，对当地文化有了更深入的理解。基于传说与人们日常生活中的某些行为习惯，人们逐渐有了自己的信仰及与信仰有关的祭祀活动，甚至会修建庙宇，在庙宇中围绕信仰对象展开各种祭祀活动，形成具有地域性的祭祀圈。

人们结合三国人物的形象将其神圣化，塑造成有求必应、造福百姓的救世主形象。这个神圣化的过程也为形成三国人物信仰提供了文化和心理上的支持。因此，三峡库区的三国人物传说结合当地特有的文化资源，形成了具有地域特色的信仰崇拜。民众通过传说，赋予三国人物各种民间信仰功能，使他们成为解救人间疾苦、庇佑信众的"保护神"。三国人物传说及其信仰对地方文化及民众心理形成都产生了巨大影响。人们在生活中遇到各种非正常事件，或是希望满足自身某种需求时便会想到所信仰的"保护神"，并进行祭祀，祈求神灵庇佑、寻求心理安慰。民众的祭祀目的符合现实生活所需，具有功利性。

三峡地区三国人物信仰的形成与其传说及相关祭祀活动联系紧密。传说

① 吴涛、柳春鸣、王玉、张谦毅编著《巴渝文物古迹》，重庆出版社，2004，第45页。

塑造了三国人物"显灵""庇佑信众"的形象，由此才有了三国人物信仰。祭祀三国人物的活动和仪式仪规是三国人物信仰的行为表现，神圣化的祭祀仪式让民众对三国人物产生景仰之情，把他们当作生活中的保护神，对其产生依赖。三国人物传说塑造的三国人物神仙化形象以及祭祀仪式增强了民众对三国人物信仰的心理认同，促进了三国人物信仰的产生，并在一定地域内进行传承。

三国人物的传说流传范围甚广。因为有了与三国人物有关的传说，逐渐出现了供奉三国人物的庙宇。在三峡库区，不仅有张飞庙、白帝城，还有数不清的关帝庙，此外，三峡库区许多其他佛寺、道观中同时祭祀着关公，并形成了一系列的祭祀活动与仪式仪规，在三峡库区形成了一个个以三国人物为中心的祭祀圈。三国人物的功能逐渐由地方保护神细化为某些行业的保护神，成为民间信仰的对象。与之相关的三国人物显灵的故事增强了民众对三国人物的信仰和崇拜，促使其修建更多的庙宇。

三峡库区的三国人物传说有一定的地域性，促进了三峡库区三国人物信仰习俗的发展，影响着三峡库区一带民众的社会生活。当地民众相信三峡库区发生灵异事件时，是与之相关的三国人物在显灵，这使民众更加确信他们能庇佑百姓。林继富认为"民间传说发展到民间信仰，也就是从口头叙事到行为模式，从表层言语到深层民俗心理的演化"①，三国人物凭借传说和信仰成为三峡库区的神灵。虽然无法辨析三国人物传说与三国人物信仰的先后顺序，但是三国人物传说对三国人物信仰起着重要的铺垫作用。与三国人物相关的显灵类型的传说，是三国人物信仰在三峡库区确立发展的关键一步。后来人们又以传说的方式，把带有浓厚神灵色彩的三国人物信仰推向了大众，使得三国人物信仰呈现大众化的特点。三国人物传说与三国人物信仰相互作用，构成了三峡库区极具活力的民俗文化。

---

① 林继富：《神圣的叙事——民间传说与民间信仰互动研究》，《华中师范大学学报》（人文社会科学版）2003 年第 6 期，第 11~17 页。

《三峡文化研究》第 16 辑
第 119~135 页

音乐文化事象的反向特质研究

——以土家族哭嫁歌、跳丧鼓、傩戏为例*

王传历**

摘　要：土家族是我国为数不多的非边疆集中居住的少数民族，它的音乐文化事象中呈现诸多反向特质。从哭嫁歌以哭骨肉分离为主来看，土家姑娘在婚礼上不笑而哭，实为在儒家思想支配下对孝文化的宣扬，她们是在以"哭"示"孝"。从跳丧鼓中以情歌为主的丧歌和大量模仿动物的舞姿来看，土家人在葬礼上不悲而乐，实为民众"生"的愿望得到实现，整场歌舞活动其实就是一场传达生殖崇拜的仪式。从傩戏中粗俗的唱词和原始形态的面具法器来看，土家人看似以丑为美的审美情趣，实为对以污冲邪和以丑制丑的傩巫信仰的虔诚。哭嫁歌、跳丧鼓和傩戏是土家族歌、舞、戏的代表，它们共同构成了土家族音乐的土色土香。

关键词：土家族　哭嫁歌　跳丧鼓　傩戏　反向特质

20 世纪末，周耘曾在《试论音乐美的异相——兼及土家族音乐的审美取向》一文中指出，"在土家族的民间音乐中，存在大量音乐美的异相的现

---

* 基金项目：2021 年度湖北省高校人文社科重点研究基地巴楚艺术发展研究中心开放基金项目"土家族音乐文化事象的'反向'特质研究"（项目编号：2021KF07）；2021 年度湖北省教育厅科学技术研究项目"鄂西土家族民俗音乐的审美特征研究"（项目编号：B2021426）。

** 王传历（1985~），男，河南信阳人，三峡大学巴楚艺术发展研究中心讲师，三峡大学科技学院讲师，福建师范大学音乐学院 2022 级博士在读研究生，主要研究中国传统音乐。

象"。他重点提及的有"哭嫁歌"和"跳丧鼓"，说的是土家族人在婚礼上不笑而哭和在葬礼上不悲而乐，与其他民族的婚丧文化形成了巨大的反差。除此之外，还有"打溜子""摆手歌舞""傩戏""毛古斯食驰"等，也都以极力渲染异态之美（美的异相）为重要特征。最后，他总结道："创造和追求音乐的异态美存在于任何一个民族的音乐艺术实践活动中，但大多数民族的音乐里，这种音乐美的异态仅仅只是作为音乐美的常态（或称源本的音乐美）的补充、陪衬和反证。象土家族这样成为本民族音乐最重要的审美追求，几乎以'异'代'常'，却是十分罕见。"遗憾的是作者通篇只用了五分之一的版面来介绍土家族音乐的异态美，因为他自己也在文中写道"要弄清这个复杂的问题……非本文的主旨"。① 本文拟在其基础上，挑选"哭嫁歌""跳丧鼓""傩戏"作为土家族歌、舞、戏的代表，试图揭示土家族音乐文化事象中不笑而哭、不悲而乐和以丑为美的反向特质的形成原因和深层含义。

一 "不笑而哭"的歌——哭嫁歌

哭嫁，顾名思义，就是新娘要哭着嫁出去。它是我国诸多少数民族的一项古老习俗，在部分地区的汉族中也通用。对于土家人来说，哭嫁在过去是青年婚姻的重要组成部分。现在虽然在生活中已不常见，但依然是许多土家老人的一项回忆。况且现在这项习俗在很多少数民族地区的景点中，都被作为重点旅游项目来推介。因此，研究哭嫁习俗"不笑而哭"现象背后的原因，在今天依然有着重要的意义。根据笔者的田野调查，土家人认为哭嫁主要表达的是对骨肉离别的眷念。由此笔者认为哭嫁是在儒家思想支配下的一种孝文化的缩影，土家姑娘们是在以"哭"示"孝"。在哭得越凶即越孝的基调下，形成了一种以真哭为辅、假哭为主的婚嫁习俗。

---

① 周耘：《试论音乐美的异相——兼及土家族音乐的审美取向》，《黄钟》（武汉音乐学院学报）1993年第1~2期。

（一）哭嫁歌的题材

笔者对湖北五峰土家族自治县展开田野调查时，曾就"哭嫁主要哭的是什么"这个问题多次向当地人请教，他们大多数还是认为"姑娘（儿）一下子嫁那么远，肯定有太多（怪）舍不得的，所以她们肯定要哭嘛"。"哭嫁主要是哭离别"这一点在田世高的《土家族音乐概论》里也得到了佐证。[①] 从笔者对这本书中所列举的土家族哭嫁歌、陪十姊妹和十弟兄歌的统计来看，土家族哭嫁歌中表达离别之情的歌曲高居榜首，其次才是对美满婚姻向往的歌曲，最后还有一些富含伦理教化的歌曲，甚至还有一些蕴含抱怨之情的歌等（见表1）。

表 1　哭嫁歌

单位：首

题材	数量	代表作
离别之情	18	《打嫁妆》《哭哥哥》《哭姊妹》《哭吃离娘饭》《哭爹娘》《哭嫁衣》《哭穿鞋》《哭搭盖头》《六杯酒》《娑亲歌》《哭弟妹》《哭哥嫂》《哭梳头》《十哭歌》《新娘歌》《樱桃歌》《五更歌》《下席歌》
伦理教化	4	《教女歌》《赞花歌》《好吃歌》《酒歌》
时令瓜果	3	《十二月》《十月花》《解花歌》
婚姻向往	6	《团团圆》《吹吹打打到婆家》《看人家》《绣歌》《解字歌》《圆台歌》
抱怨之情	4	《哭媒人》《欺凌歌》《苦歌》《媒人哭》
其他	3	《开台歌》《十姐织卡普》《自悔歌》

（二）土家婚礼上人们不笑而哭的原因

好端端的婚礼，土家姑娘们为什么不笑而哭？这也是笔者在田野调查中一直询问的一个问题，大多数人的回答都是"那找不到[②]，老一辈人就是这么个传统"。还有一部分人认为："姑娘出嫁前会不会哭唱，被土家族人民

①　田世高：《土家族音乐概论》，中央民族大学出版社，2002，第111~165页。

②　"找不到"是土家语，就是不知道的意思。

当作权衡土家姑娘是否聪明灵巧或呆痴笨拙的标准。如果在哭嫁时哭得不哀伤凄凉、悲天动人，便会被土家人民耻笑羞辱。"① 这种解释等于人为地把哭嫁歌和土家姑娘的品质捆绑在一起，虽然可以说得通，但是不够有力。

笔者倒是觉得，可以把土家姑娘们为惜别亲人故土而哭解释为孝顺。受儒家文化影响，忠孝一直被中国人视为做人的根本。土家姑娘们在婚礼上哭，实质上是要传达一种孝文化。哭是对亲情的不舍，是对父母养育之恩的亏欠。所以哭得越厉害，代表孩子越孝顺。在这种社会评价机制的要挟下，没有一个父母敢于怠慢。于是就有了一代代父母强迫和教导女儿哭，一批批十一二岁的待嫁姑娘们被迫和不由自主地在耳濡目染中去学习哭嫁。有些女孩子在婚礼当天不哭，家长拧得她痛，也要哭出来。② 因为不哭就是没有教养，笑就是不孝。

从表 1 中可以发现，哭嫁歌中也有一些向往爱情的歌曲。但为什么非要哭着唱出来？完全可以解释为是在迎合孝文化背后的"哭"。在"哭"的基调下，幸福也要哭着唱出来。还有那些表达抱怨之情的歌曲其实就是骂媒，有人把这种现象解释为正话反说。③ 至于为什么要正话反说？显然也是在迎合"哭"的文化。

（三）哭嫁是一种以真哭为辅、假哭为主的婚嫁习俗

根据当地老人的陈述，笔者把哭嫁习俗总结为哭的环节多、哭的时间长、哭的范围广、哭的内容多。第一，哭的环节多。在土家族婚俗文化中，整个流程有骂媒、哭嫁、陪十姊妹、陪十兄弟等诸多环节。第二，哭的时间长。土家"姑娘出嫁前半个月，有的甚至一个月之前便开始哭嫁。每到天黑，姑娘姊妹或亲邻少妇妪便群聚于姑娘家中，痛哭号啕、边哭边唱，直至深夜才散去，第二晚又是如此，连续半个月，至一个月的时间"④。第三，哭的范围广。婚礼前后，新娘要用哭来向所有到访的客人打招呼。没有哭到

---

① 田世高：《土家族音乐概论》，中央民族大学出版社，2002，第 111 页。
② 田世高：《土家族音乐概论》，中央民族大学出版社，2002，第 111 页。
③ 陈宇京：《三峡传统民歌文化研究》，中国社会科学出版社，2010，第 62 页。
④ 田世高：《土家族音乐概论》，中央民族大学出版社，2002，第 111 页。

的话，客人就会觉得受到了冷落，就算给了礼金，也会在背后指指点点。第四，哭的内容多。从表1中可以发现，在婚礼过程中，土家新娘们哭完父母哭近亲，哭完近亲哭远亲，哭完远亲哭来宾，哭完来宾哭媒婆，哭完媒婆哭劳动……

基于以上几点，可以思考：土家族的姑娘们在婚礼过程中是真哭还是假哭呢？首先，上文已经提及，土家姑娘们从十一二岁就必须要学习哭唱，显然这是一项需要长期练习才能习得的技能。既然需要学习，就说明哭唱中存在假哭的成分。其次，从哭的内容来看，涉及离别之情、抱怨之情和伦理教化等内容时是真哭，而涉及婚姻向往、时令瓜果等内容时显然就是假哭了。最后，从哭的时间和哭的范围来看，婚礼前后三天以及对待至亲的哭是真哭，而其余的显然都是假哭。此外，结合土家习俗规定新娘要哭少至半月、多则整月来看，其实哭嫁就是一种以真哭为辅、假哭为主的婚嫁习俗。

婚礼不仅是一个人的成人礼，而且能够跟相爱的人终成眷属，喜极而泣并不稀奇。当然，女子嫁出去又意味着别离，伤心而哭也是人之常情。但为何在土家族婚礼上，哭形成了一种文化呢？本质区别在于土家姑娘们的哭是一种如泣如歌，所以人们才把这种调调称为哭嫁歌。刘红在论证哭嫁歌的哭声、哭状与离别情愁浓淡的关系时指出："越接近结婚当日，离别情愁越浓，而离别情愁越浓，哭声的歌唱性和音乐性就越弱。反之，哭声的音乐性越强，片刻间感伤情绪就越趋于平淡。两者成反比。"[①] 所以笔者想说的是，正是因为"假哭"才让哭嫁歌成名，让土家族的婚俗仪式在众多民族中脱颖而出。

（四）笑不出来的"不哭"者

当然，即便哭嫁盛行，土家姑娘里也有不哭的个案。刘红在湖北恩施的采风过程中就碰到了三位，她们有的因为出身不好不能哭，有的崇尚自由恋爱不屑哭，有的认为哭嫁是"迷信"不愿哭。[②] 总体而言，她们是土

---

① 刘红：《认受、认同：三个没有哭着嫁出去的"新姑娘"——鄂西哭嫁婚俗再观察述析并及"哭嫁歌"之音乐属性探讨》，《中国音乐学》2018年第2期。

② 刘红：《认受、认同：三个没有哭着嫁出去的"新姑娘"——鄂西哭嫁婚俗再观察述析并及"哭嫁歌"之音乐属性探讨》，《中国音乐学》2018年第2期。

家哭嫁风俗中的特例。但结合上面的哭嫁习俗可以得出，她们虽然是那个时代的不哭者，却没能笑得出来。拂去历史镜子上的尘埃，依然可以看到，哭嫁才是那个时代的主题。而她们的这次被"发掘"，显然也是刘红的"无心插柳柳成荫"。至少在当时，她们这个群体是被视为另类的，她们的父母也会觉得"不光彩"，或许她们曾经还被村民们误解为"不孝"的人。

另外，可以说我们在今天的田野调查中接触到的哭嫁歌都是一种错位的表演，因为没有婚礼的背景，这种哭就是一种完完全全意义上的假哭。但回到过去，我们来看哭嫁，它也只是一种以真哭为辅、假哭为主的婚嫁习俗罢了。土家姑娘们在让情感得到了最原始的释放之后，又何尝不是一种训练有素的"表演"呢？对于局外人而言，是如泣如诉的哭嫁歌。对于土家姑娘们而言，只是展示她们到了年龄必须要学会的本领而已，说直白一点，其实就是假哭。当然，无论是真哭还是假哭，都以哭的形式呈现。甚至我们现在去关注不哭这个小群体当年背后发生了什么，依然是把目光集聚到了哭的本质上面。"哭得越大声，婚礼越隆重"，这条看似"反向的定律"被一代代土家人接受、认同和传承。

二 "不悲而乐"的舞——跳丧鼓

"跳丧鼓"是土家人在葬礼上为祭奠亡人而举办的一种仪式活动。嘉庆《巴东县志》记载："旧俗，殁之日，其家置酒食，邀亲友，鸣金伐鼓，歌舞达旦，或一夕或三五夕。"这段史料详细地介绍了古代鄂西土家族人去世后的场景。在土家山寨里，谁家老人去世，其后人便会把亲友邀到家中，打锣敲鼓，手舞足蹈至天明。有时候更长，要跳三五天。时至今日，这种风俗在部分土家山寨中依然延续着。① 本节通过对丧歌和丧舞的分析发现，土家人在葬礼上高歌爱情，并且模仿动物舞之蹈之。因此，土家人在葬礼上不悲

---

① 2020 年 7 月 31 日，笔者随爱人前往五峰县长乐坪镇大竹园村给过世的一个亲戚随礼，在葬礼上还见到了跳丧鼓。在逝者土葬的前夜，由专门的跳丧队带领大家跳一整夜。

而乐，实为民众"生"的愿望得到实现，整个歌舞活动就是一场传达生殖崇拜的仪式。

（一）"跳丧鼓"的题材

"跳丧鼓"是歌、舞、乐一体的艺术。"一听丧鼓响，脚板就发痒"，这是说其中有清澈嘹亮的丧歌。此外，"跳丧鼓"中还有雄浑豪迈的舞蹈，它是一种融听觉和视觉于一体的民间艺术。

《隋书·地理志》是目前能找到的最早记录"跳丧鼓"起源的历史文献，其中说到"其歌词说平生之乐事，以至终卒，大抵亦犹今之挽歌也"。为了搞清楚土家人在葬礼上都唱些什么"乐事"，笔者询问了多位当地老人，得到的回答是"主要是唱些老人生前的功绩，还有一些演义小说等"。另外，笔者还翻阅了一些书籍和论文，总算弄清了原来"平生之乐事"主要说的是爱情，其次是亲情和友情。

首先，笔者把田世高先生《土家族音乐概论》列举的土家族风俗性丧鼓歌也做了一个统计。① 从表 2 可以发现，爱情题材的歌曲比其他题材歌曲的总和都多。为了迎合"孝"文化背后的"哭"文化，情歌在婚礼上受到了挤压，但在葬礼上却得到了释放。然后是亲情和友情，笔者猜测这可能就是那些被采访的老人所描述的"生前的功绩"。当然，葬礼上表达悲伤情绪的歌也有，但只在涉及亲情时才有，并且只占很少一部分。

表 2　丧鼓歌

单位：首

题材	数量	代表作
爱情	12	《摇丧》、《吆姑姐筛锣》、《四合一》套曲 4 首、《不带姐来不带郎》、《哑儿合》、《散优子祸》、《正月二十一》、《唱在一随在一》、《三个妹儿》
亲情	3	《热闹一晚歇》《思妻歌》《一心想看我的娘》
友情	1	《请出二位玩友来》
其他	4	《螃蟹歌》《吆里儿火》《唢呐腔》《哪位歌师傅来接言》

---

① 田世高：《土家族音乐概论》，中央民族大学出版社，2002，第 165~190 页。

其次，一些论文也证明了土家族丧歌是以歌颂爱情为主的。陈琼等的《恩施巴东地区跳丧鼓音乐艺术特色探究》一文中共列举了 11 首跳丧鼓曲目，其中 6 首表达了对爱情的执着。① 陈湘锋等的《土家族跳丧中的"丑歌子"现象》一文指出当地人把这些情歌称为"丑歌子"，并且还列出了除情歌之外更"丑"的两类歌曲——风流歌和荤歌。"风流歌指正式婚姻之外的私情之歌，荤歌指直接表现性意识、性行为的歌曲"②，而这后两类歌曲基本上都在丧礼的下半夜大肆上演。或许这也是笔者在田野调查中通过采访没能问出跳丧歌里有大量情歌的真实原因。

此外，"跳丧鼓"是一种以舞为主、以唱为辅的祭祀仪式。熊晓辉把土家族跳丧舞的形式分为四类：第一，表现祭祀性的舞蹈，基本动作有"童子拜观音""猛虎下山""单滚柱""双滚柱"等；第二，表现民俗生活的舞蹈，基本动作有"水牛抵角""牛擦痒""两手种油麻""栽秧""美女梳头""美女晾衣""天女散花""巧女踢鸡""凤凰展翅""犀牛望月""猴子爬岩""古树盘根""狗咬月"等；第三，表现古代军事战争的舞蹈，基本动作有"怀弓抱月""猛虎下山""黄龙缠腰""鹭鸶伸腿""将军拔剑"等；第四，表现神话传说的舞蹈，主要动作有"观音坐莲""参禅打坐""挖心见佛""天地誓盟"等。③

（二）土家葬礼上人们不悲而乐的原因

土家人为何在人生另一大仪式上又反其道而行之呢？很多人认为这是因为"土家人对生死看得开"。但众所周知，土家族崇巫信鬼，豁达的生死观和巫术的盛行显然有点自相矛盾。也有人认为，土家人去世后，"用打丧鼓这种简便而又热闹的形式热闹一通宵，以慰亡灵。……借以给死者

① 陈琼、谢伟、杨容：《恩施巴东地区跳丧鼓音乐艺术特色探究》，《湖北民族学院学报》（哲学社会科学版）2013 年第 2 期。
② 陈湘锋、吴茜：《土家族跳丧中的"丑歌子"现象》，《湖北民族学院学报》（哲学社会科学版）2012 年第 2 期。
③ 熊晓辉：《土家族跳丧舞的表现形式与文化特征》，《湖北民族学院学报》（哲学社会科学版）2012 年第 2 期。

的家属、亲人们减轻悲痛，解降忧闷"①。但笔者认为，"怀念故人，告慰生者"只是跳丧鼓的表象功能，不足以解释土家人在葬礼上"不悲而乐"的深层原因。

笔者倒是认为，土家人在葬礼上歌唱爱情和模仿动物舞姿都指向了生殖崇拜，跳丧鼓有效地满足了土家民众对"生"的期望。此外，当地民众家中有高龄和久病不愈的老人的话，后人会为其举办"跳活丧"②，也说明跳丧鼓就是一场指向"生"的巫术仪式。它的盛行反映的恰恰是土家乡民不太豁达的生死观，这也正好与当地傩戏的兴盛相对应。当然对死的恐惧和对生的期待，也更符合一个自然人的基本心理状态。

在传统社会，对于任何一个社区和族群而言，死亡都是黯淡的。它不仅让生者承担劳动力减少带来的精神压力，更让生者感到莫名的恐慌。但是，越是在死亡面前，越能激发人们对活着的渴望。更何况千百年之前的土家民众呢？面对死亡，除了"生"，没有什么能够缓解他们悲伤的情绪和恐慌的心理。跳丧舞就是在这个时候挺身而出，担当了"死而复生"的大任。于是，土家人在葬礼上大唱情歌，表达对"新生命"的期待。"因为结婚对个人来说，是为了男欢女爱的需要；对种族而言，则是人类生命延续和繁衍发展的需要。"③ 而风流歌和荤歌，则更加直接地指向了生殖崇拜。

从上面罗列的舞蹈动作来看，有许多舞姿都是对自然界动物娴熟动作的模仿，它们象征着人们对"身体强健"的渴求。尤其是对虎的大量模仿，除了象征土家人对白虎——祖先图腾的崇拜，也象征了生殖崇拜。"在华夏民族的许多创世神话中，都讲到人出自葫芦，葫芦被看作孕育人类的子宫……虎从风从地从阴，形体与葫芦相似，类似人的怀孕母体，象征地母，自然被视为女性的象征，具有强盛的生殖力。"④ 此外，舞蹈中还有一些表

---

① 田世高：《土家族音乐概论》，中央民族大学出版社，2002，第166页。

② 周耘：《土家族"跳丧鼓"现状考察报告》，《交响》（西安音乐学院学报）2012年第1期。

③ 张道葵：《"哭嫁""跳丧"的美学意蕴及其嬗变》，《三峡文化研究丛刊》，武汉出版社，2001，第194页。

④ 吴乃华：《民间虎俗与生殖崇拜》，《江西教育学院学报》（社会科学版）2003年第4期。

现男女爱慕、相思、离别的舞姿，如"十爱""探郎""绣香袋"等，[①] 其实又集中到了婚嫁这个主题上，不得不说也是在表达生殖崇拜。最后，一些与神话相关的舞姿，如"童子拜观音""观音坐莲"等也暗示了人类的繁衍意识。

（三）"跳丧鼓"的跳"丧"路

从 1986 年首次参加全国少数民族运动会，到 1995 年参加中国民俗文化节，再到 2005 年的长阳土家文化周，直至最后成功申报为国家级非物质文化遗产，一代代勤劳智慧的土家人前赴后继，致力于"跳丧鼓"的推广和保护。在其走向全国的过程中，"丧"字无疑是最大的障碍。也可以说，"跳丧鼓"的推广之旅就是一条跳"丧"路。一方面，"不悲而乐"的跳丧鼓隐藏了"悲"，"由带有歌曲、舞蹈性质的民俗活动，舞台化民俗表演，向民间舞蹈表演艺术转变"[②]，成为国家级非物质文化遗产；另一方面，"不悲而乐"的跳丧鼓经改编直接去掉了"悲"，形成了后来的巴山舞等民间体育舞蹈。

2004 年 7 月，湖北省长阳土家族自治县以"跳丧舞"为名申报国家首届非物质文化遗产保护项目。他们深知，没有国家级的平台作展示，"跳丧鼓"走不出大山。甚至在现行的社会大环境下，在大山中都难以为继。只是在 2006 年 6 月国务院公布的名录中，"跳丧舞"却被换成了"撒叶儿嗬"。"撒叶儿嗬"这个专用名词是如何来的呢？20 世纪八九十年代，一些研究清江流域土家族传统文化的学者根据"打丧鼓"文辞首句均有"撒叶儿嗬"或"打丧鼓"过程中占文辞极大比例的"撒叶儿嗬"衬词，将其命名为"撒叶儿嗬"。[③] 一个更名道出了土家人在推广和保护"跳丧鼓"过程

---

① 熊晓辉：《土家族跳丧舞的表现形式与文化特征》，《湖北民族学院学报》（哲学社会科学版）2012 年第 2 期。

② 柏贵喜、张晨：《艺术场视角下土家族撒尔嗬重构研究》，《中南民族大学学报》（人文社会科学版）2017 年第 3 期。

③ 徐华、陈宇京：《鄂西乐舞文化事象"打丧鼓"之生命观的艺术文化学刍议》，《湖北民族学院学报》（哲学社会科学版）2016 年第 2 期。

中的艰辛，这似乎也是土家人不得不承担的代价。首先，只有接受官方的审核进入主流平台才有机会"生存"和"发展"下去。其次，它也关系到自身的合法性。"跳丧鼓"用于土家人的葬礼，这让它跟土家族的傩巫有着千丝万缕的联系。而民间信仰的"合法化"还有很长的路要走。[①] 所以土家人在一次次"谈判"中，终究还是选择了妥协，"丧"字从台前走到幕后隐藏了起来。

在土家人被迫接受隐藏"丧"字以传承"跳丧鼓"之时，还有一帮土家人主动出击，推动"跳丧鼓"转型为无丧之舞。20世纪70年代，以覃发池为代表的土家族民间艺术家，以"跳丧鼓"原有歌、舞、鼓、乐为根基，继承保留了其鲜明的节奏以及粗犷、古朴、豪放的风格，成功地改编出了一种新型的民间舞蹈——巴山舞。在土家族，流传着一句古话"女人跳丧，家破人亡"，改编后的巴山舞首先打破了这条女人、儿童禁止上场的禁忌。这代表着巴山舞正式跳出"丧"圈，由祭祀性舞蹈变为群众自娱性、健身性舞蹈，脱胎换骨为无丧之舞。目前，巴山舞不仅成为三峡乃至湖北地区广场舞的主角，还成为这个区域学校的一项重要体育教学活动。笔者所在的大学，每年都有新生巴山舞大赛。天南海北的学生，来到宜昌，都要学习巴山舞。

三 "以丑为美"的戏——傩戏

土家族傩戏，有"中国戏剧活化石"之称。[②] 它是土家人在长期的山区生活中摸索创作的以驱疾赶鬼、祈福禳灾为主要目的，以祭仪形式出现的一种戏剧艺术，又称地戏、傩堂戏、傩愿戏、还傩愿。《施南府志》记载："初春，祭灶祈年，合村酿饮，岁终还愿酬神，各具羊豕祭于家，皆以巫师将事。"[③] 傩戏通常在年末表演，其表演形式融法事和戏剧于一体，

---

① 王传历：《民间信仰"合法化"与乡村音乐文化振兴》，《歌海》2019年第3期。
② 崔在辉：《"中国戏剧活化石"——恩施傩戏》，《湖北文史》2003年第1期。
③ （清）《施南府志》卷十《典礼·风俗》，转引自袁艳梅主编《古傩史料·湖北方志卷》，中央民族大学出版社，2003，第60页。

可谓祭中有戏，戏中有祭。本节以傩戏的音乐和道具为对象，阐释民众在欣赏傩戏的过程中如何实现"以丑为美"的升华。

（一）以俗代雅的审美风格

土家傩戏的唱词里存在大量指涉两性文化的"低俗"内容，从儒家正统思想对其进行观照，显然是有悖于我国传统文化的伦理观念的。但这些唱词之所以伴随着傩戏传承了这么久，似乎又有其合理性。当它们被放入仪式的环境中，又形成了一种肃穆的感觉，其背后反映的就是土家傩戏以俗代雅的审美风格。

1. 傩戏的题材

在傩戏的表演形式中，法事被称为"正八出"，戏剧被称为"斜八出"。演出时，正八出是要演完的，可斜八出视情况而定。唯一的例外是《姜女下池》，它出自斜八出之一的《反五关》，这一折戏却是场场必须要演的。[①] 1955 年，这折戏还被恩施州选送参加湖北省戏剧会演，并获了奖。它的剧情是什么呢？

> 范郎在池边一树上唱："六月日头似火烧，晒得天干地皮焦，农夫心里如汤煮，公子王孙把扇摇。"此时，姜女下池洗澡，水面照见树上有人，便唱："你是人来你说话，你是鬼来放豪光。"范郎接唱："早知娘子下池塘，不该树上把身藏。"美女唱："树上哥哥听我说，只有猴子树上坐。哥哥若还有胆量，请你下树谈家长……"[②]

仔细分析这段唱词，前半段似乎是在表达对旧社会的不满和对农夫的体

---

① 至于为何非要演这一折戏，刘继兵在其《武陵傩戏与〈孟姜女〉》中有较为详细的考证，他认为："由于汉《孟》故事的影响，以及各种内外因条件，武陵傩坛迅速地将《孟》故事改造成本地的傩戏，使之长期伴随还傩愿的民俗活动。到后来实际上使《孟》戏成为傩戏中必演之戏，姜女也随之成了概念化的司傩之神，成为人们酬神的对象，也必然产生了'姜女不到愿不了'的傩谣。"参见向国平、赵平国、陈鹤城《鹤峰傩愿戏》，国际文化出版公司，2001，第 421~432 页。转引自张金梅等编著《恩施傩戏志》，武汉大学出版社，2017，第 152 页。

② 崔在辉：《"中国戏剧活化石"——恩施傩戏》，《湖北文史》2003 年第 1 期。

恤。但后面的场景却大相径庭，说是情歌，感觉又不是，甚至可以说内容有点不雅。这折戏场场必演，虽然不能证明它在民众中的受欢迎度，但却实实在在地反映了它在民众中的熟识度。换句话说，人们早已对这类唱词习以为常。但中国自古就有"男女授受不亲"的说法，人们也很少公开谈"性"这类话题。在土家族傩戏中，这样的唱词还有很多，甚至还有一些更为"露骨"的唱词。从杨亭博士学位论文《土家族审美文化研究》提及的《秦童》等戏目来看，唱词中不仅有对男女性器官的描述，还有对性行为的言说，以及对公媳乱伦的透漏。① 事实上，"傩戏中普遍存在表现、调侃性行为的舞蹈或小戏，贵池的傩戏、广西的师公舞、贵州彝族的傩戏'撮泰儿'、贵州湘西土家族的傩戏'毛古斯'等都有模拟性行为的傩舞"②。

2. "以俗代雅"现象的深层内涵

是土家人的审美出问题了吗？让我们先从傩戏的起源说法之一——"傩公傩婆说"说起。傩戏中有"洪荒年间涨大水，淹死万国九州人，万国九州都淹死，留我伏羲兄妹人"这样的唱词。意思是说在世上人都淹死之后，这对孪生兄妹在万物生灵的劝说下承担了繁衍人类的使命，后世把他们称为"傩公傩婆"。③ 但土家人在制作傩公傩婆的面具时，却将代表兄妹二人的面具涂成绯红色，原因就是土家人对这种兄妹成婚感到羞愧。④ 从土家人对傩公傩婆的艺术化处理可以看出土家人并非脱离于中国传统文化之外，他们依然把守着传统的伦理道德。在他们的内心深处，依然对爱情有美好的追求，对性这类话题有难以表达的羞涩。

那么在傩戏中，性话题为何又堂而皇之地在舞台上公演呢？笔者认为，有以下几种原因。一是驱邪功能使然。陆焱先借拉德克利夫·布朗的"仪式价值"理论指出，性行为在傩仪中是一种具有"仪式价值"的事物，所以它既是不洁的，需要避讳、禁忌的对象，又是神圣的。然后又提到"当

---

① 杨亭：《土家族审美文化研究》，博士学位论文，西南大学，2011，第66~67页。

② 陆焱：《论傩戏仪式与结构》，《中华文化论坛》2005年第1期。

③ 崔在辉：《"中国戏剧活化石"——恩施傩戏》，《湖北文史》2003年第1期。

④ 夏国康、田永红：《中国戏剧史上的活化石——傩堂戏》，《鄂西大学学报》（社会科学版）1988年第2期。

性行为公然在戏台上被表现时，它是神圣的，因而可以成为一种驱邪的力量"，"傩戏就是要借助这种神力达到驱邪的目的"。这跟我国古代"以脏冲邪""以秽冲邪"的观念是重合的。① 二是生殖崇拜。土家族人长期生活在条件恶劣的山区，人的生命在频发的自然灾害和瘟病面前显得异常脆弱。对新生儿降临和延续寿命的渴望使得他们在生活的各种宗教仪式中找寻生殖崇拜。傩戏作为傩巫的活动之一，自然也展示了这种生殖崇拜文化。三是世俗化倾向。傩戏作为一种民间宗教载体，在长期流传于世的过程中，也承担着和其他宗教竞争信徒的任务。因此，在保持傩巫神秘性和维持功能性的同时，它也必须要往民众的生活靠拢，两性文化从而成为话题之一。

我们今天通过研究土家族傩戏来分析其以俗代雅的审美风格，让笔者想起之前在《音乐周报》上看过的一篇文章，讲的是流行音乐被纳入教育部学科目录的路一拖再拖，主要原因还是在于社会对流行音乐的担忧，觉得其"俗"。② 但历史早已证明，并不是所有俗的东西都是坏的。比如，我们今天正在写的简体字和正在说的白话文，在当初才被提倡时，面对老祖宗传承上千年的繁体字和文言文，又何尝不是"俗"的东西。"俗"只是流行音乐的特性之一，流行音乐也有很多积极向上的歌曲。就像本文提及的傩戏中的"傩荤"现象一样，俗不俗不应该是由外界说了算的，置身其中的人才有发言权。放眼望去，流行音乐已经成为我们当今社会民众生活的主流，"据统计，在我国，至少有95%的人喜欢流行音乐特别是流行歌曲"③，这已经是既定事实。从这个角度而言，希望流行音乐能够早日取得其该有的学科地位。

（二）以丑为美的审美形态

"傩戏是由傩祭、傩舞发展起来的一种宗教与艺术相结合、娱神与娱人相结合的原始、拙朴、独特的戏曲样式"④，也就是说傩戏是在傩的基础上

① 陆焱：《论傩戏仪式与结构》，《中华文化论坛》2005年第1期。
② 张焱：《流行音乐进入教育部学科目录了吗》，《音乐周报》2019年12月4日，第A2版。
③ 罗洪：《流行歌曲应守护的四个基本审美观念》，《星海音乐学院学报》2019年第1期。
④ 庹修明：《傩戏·傩文化——原始文化的"活化石"》，中国华侨出版公司，1990，第55页。

发展而来的。尽管傩戏具备戏曲艺术的故事情节和音乐元素，但傩的大量特征在傩戏中都得到了保留，法器面具就是其中之一。在"傩"向"傩戏"艺术化处理的过程中，面具虽然置身其中，但原始形态的"丑"并没有被弱化。相应的，民众对丑陋的面具，出于宗教性和娱乐性的种种期待，一直保持着一份特殊的感情，其核心便是以丑为美的审美形态。

1. 傩戏面具的表现形式

叶朗指出："审美形态就是在特定的社会文化环境中产生的某一类审美意象的'大风格'。"[1] 土家族民众长期生活在闭塞的山区，在傩戏面具的设计上，形成了以粗线条的人物构图和相对夸张的人物造型为主的风格。有人把土家族傩戏面具分为三类：一是祈福纳祥类，面目特点为慈眉大眼、面带微笑，代表人物有济公、罗汉、财神、土地等；二是驱灾消难类，面目特点为怒目圆睁、神情凶煞，如旱魃、赵虎、二郎神等；三是娱乐观赏类，面目特点为斜眼歪嘴、风趣幽默，如歪嘴和尚、吴明宝、秦童等。[2]

"对土家族傩面具的佩戴者与傩戏的表演者而言，傩面具已被超越时空，实施了一种话语的转换与意义的生发，成为了来自不同于民众现实世界的另一个存在体中的神灵的象征，并且发挥人、鬼与神的各自功用。"[3] 所以把土家族的面具归结起来，就是幽默诙谐的"人"、狰狞恐怖的"鬼"与和蔼可亲的"神"。但他们无一不是在土家族人集体面貌之上经过高度抽象刻画而成的，渗透着土家人的心理特征。

2. "以丑为美"现象的深层内涵

土家人又何以对丑陋的傩戏面具情有独钟呢？有以下几种原因：一是人神沟通桥梁建设的需要。傩戏的核心是傩，祈福酬神是其延续傩的重要目的之一。面具作为傩戏的重要载体，创造性地为神灵在凡间找到了一个代言人，那就是傩法师。傩法师借助面具成为人神的中介，为民众摆脱现实苦难的心境找到了一个合理的出口，为信仰者开启了通往美好事物的大门。民众在一次次建立起对生活的希望的同时，对傩巫信仰更加忠诚。基于此，正是

---

① 叶朗：《美学原理》，北京大学出版社，2009，第320页。
② 李伊凡：《恩施傩戏面具符号表征与文化阐释》，《民族艺林》2019年第3期。
③ 杨亭：《土家族审美文化研究》，博士学位论文，西南大学，2011，第76页。

微小的面具实现了抚慰民众心灵的宏大使命。在此过程中，民众在对丑的面具的审美中实现了美的升华。二是以丑制丑的需要。"先民所处特定历史时代相对落后的物质生产水平，使得他们更倾向于将自然灾害、生活艰辛的根源归结于鬼神等因素。……故而，他们试图寻找到一种方式实现震慑恶鬼、驱逐恶鬼的目的。而最为直接有效的方式，就是借助一种超越恶鬼、又能为自己所掌控的力量。他们为此创建了面容狰狞、形态夸张的傩戏面具，让傩戏面具所代表的的力量为自己而战斗。"① 正是出于这样一种以丑制丑的心理需求，民众形成了一种"反向"审美情结。三是娱乐的需要。如果说狰狞恐怖的"鬼"与和蔼可亲的"神"由于具备实用功能，满足了民众的心理需求而上升到了功利美的境界，那么幽默诙谐的"人"则游走在人与神之间，拉近了人与神的关系。尽管他们在傩祭仪式中的作用有限，但他们却是傩戏世俗化的先驱力量。在维持傩戏与民众的关系上，正是他们的出现让充满宗教色彩的傩戏保留了那么一丝烟火之气，使得傩戏在神秘和庄严之外还有一丝亲和力。让民众在审丑的过程中，对美又有了一丝期待。

四　结语

本文阐述了土家族音乐文化事象的反向特质，并分析了其背后的原因。但总体而言，土家族音乐文化事象的反向特质不能一概而论，这正好符合马克思唯物辩证法中的对立统一规律。首先，土家人在婚礼上不笑而哭，这种哭不是我们直观理解的生理层面上的应激反应，而是一种为哭而哭。所以哭嫁并不是要用哭否定婚礼的喜庆，而只是一种以假哭为主、真哭为辅的婚嫁习俗，或者说哭的背后恰恰是一种人们还没意识到的中华传统美德——"孝"。其次，土家人在葬礼上不悲而乐，也并不是说每个土家人对生死都如圣人般"豁达"。恰恰是土家人发自内心地对"生"的渴望、对族群生命兴盛的期待，才有了跳丧鼓的盛行。亲人离世带来的悲伤，在跳丧鼓这种歌舞形式和其宣扬的"死而复生"的观念掩盖下，得到了短暂的舒解。另外，

---

① 张金梅等编著《恩施傩戏志》，武汉大学出版社，2017，第 112 页。

据当地老人讲，在葬礼上封棺的那一刻，亲人也会放声大哭。也许这一刻才真的叫生离死别，"最后一眼"还是让人们掩饰不了悲伤。最后，对于傩戏中的"傩羼"现象和面具，民众是带着宗教色彩的眼镜去欣赏的，所以得出的"美"是急近功利的。正如陆焱所说："傩戏从不取悦观众，它根本就不关心有没有观众。"① 所以很难讲傩戏的进行到底算不算对民众的审美剥夺抑或民众的审美扭曲。只是在酬神还愿的仪式背景中，观众也成为仪式中人，从而参与了这场审美活动而已。所以在现实生活中，依然没有人在公开场合谈性，也没有人把供品——傩面具当作艺术品收藏。其中还有一些土家族地区，人们在演完傩戏之后，基于"送神"的目的要把面具立马毁掉或埋起来。也就是说，土家人在基本审美层面和其他民族的同胞们并无多大区别，只是在特定的生活环境下，形成了一些带有土家民族特色的风俗而已。

---

① 陆焱：《论傩戏仪式与结构》，《中华文化论坛》2005年第1期。

《三峡文化研究》第 16 辑
第 136~144 页

土家语南部方言区民俗文化研究*

张伟权　　向远松**

摘　要：湘西泸溪县潭溪镇除了保留有土家语南部方言外，还有与土家语北部方言区不同的民俗文化，最突出的是跳香、六龙节、土地会和洗寨。这些文化都十分原始，体现了土家语南部方言区民俗文化的悠久性、古朴性，同时也显彰了土家语南部方言区的土家人为了生存融入自然及与灾难斗争的精神。

关键词：跳香　六龙节　土地会　洗寨

土家语南部方言分布面不大，仅涉及湘西泸溪县潭溪镇境内的几个村寨。不过这里还完整地保留着土家语南部方言，部分土家人还能流利地操用自己的语言进行交流，给人一种语言孤岛的感觉。目前操土家语南部方言的人数不足 700 人，属极濒危的范畴。土家语南部方言与土家语北部方言基础词汇的差异较大，二者不能相互通话，但二者有 6% 的同源词。语言的差异带来了二者文化的差异，也就是说二者文化也不尽相同。土家语北部方言区的传统文化有梯玛、摆手舞、茅谷斯、打镏子、咚咚喹等，而土家语南部方言区（以下简称"南方言区"）的传统文化有跳香（跳香舞）、六龙节、土地会、洗寨等。

土家语南北方言区的这些民间传统文化总的来说都属巫文化，只是含巫

---

* 基金项目：国家社会科学基金项目"土家语现状调查与保护研究"（项目编号：19bmz033）。

** 张伟权（1954~），男，湖南龙山县人，三峡大学民族学院教授，主要研究土家族文化；向远松（1964~），男，湖南泸溪县人，湖南省泸溪县潭溪小学教师。

成分多少的区别而已。土家语南部方言区民间传统文化分属不同的文化板块：跳香舞属农耕文化，其中也有巫的成分，跳香舞与土家语北部方言区的摆手舞类似，目的都是祈神纳福；六龙节属于娱乐文化，其应该是龙舟文化的泛化，目的是增强民族意识；土地会通过祭祀土地神，祈求土地神赐福于民，让人们过上自由自在平安祥和的生活。这些都彰显了人类历史文化落后的状态下民间朴素的世界观。洗寨活动中，红衣老司（巫师）扮演亦人亦神的角色，做巫术法事，使寨上的邪气荡然无存，让人们"折财免灾"远离邪气的困扰。正如詹姆斯·乔治·弗雷泽所说："巫术体现了人类更早历史时期更为原始的思维状态，全人类各种族都曾经历了或正在经历着这一状态而走向宗教与科学。"① 在科技不发达的时代，世界各地的民族都有这些信巫术现象，人们通过巫术现象来满足心中的诉求。南方言区的土家族通过这些巫术文化的演示，形成了一种共识，即由此增强民族凝聚力，达到和谐安宁的目的。

南方言区的这些民俗文化，由于历史原因曾被强行制止，改革开放后，人们对这些文化进行重新审视，慢慢恢复起来，形成了南方言区一道亮丽的民俗文化风景线。

现将南方言区传统文化的调查情况做一番介绍。

一　跳香

南方言区有一种跳香舞，民间简称"跳香"。《泸溪县志》专门记载了跳香舞。跳香舞，又叫调香，是县内苗族、土家族群众在跳香节所跳的舞蹈，每年农历九月二十日开始，至十月二十日止，在各村轮流举行此项活动。跳香舞场设村中空坪，或设丰登殿、公安殿。跳香时先由巫师主跳，二人伴跳。1983 年，县文化馆整理的"跳香舞"收入《中国民族舞蹈集成》一书。② 至于跳香舞的功能和意义有资料进行了明确的记述："每年十月初一到十五日，各寨举行'跳

---

① 〔英〕詹姆斯·乔治·弗雷泽：《金枝》，徐育新、汪培基、张泽石译，大众文艺出版社，1998，第 38 页。

② 湖南省泸溪县志编纂委员会编《泸溪县志》，社会科学文献出版社，1993，第 431 页。

香舞'，一寨轮到跳一天，表示感谢五谷神赐给丰收果实。"①

本文所采集的跳香舞的内容以泸溪县潭溪镇婆罗寨的为蓝本，需要说明的是婆罗寨的跳香与文献资料上的记载稍有不同。该村跳香的场所在寨上的斋堂②里。婆罗寨的斋堂设在寨子西北方向的一株大栎木树下，是一栋用预制砖修建的约 20 平方米的小屋，里面供奉 7 尊菩萨，当地村民介绍说是玉皇大帝、杨五郎、杨六郎等，其他几个菩萨的名字说不清楚。农历九月二十八、二十九、三十由寨上的十个香头在斋堂做跳香准备：首先，请做法事的老司。老司做法事时穿的是红色衣服，所以又称"红衣老司"。请来老司后，老司先在斋堂画符，画好符后由寨上头人把符贴在每家每户的大门上，保家家户户吉祥平安。其次，准备跳香需要的一些物品及道具。再次，准备斋饭、香酒③。最后，把情况汇报给寨上头人，说一切准备就绪，跳香将在农历十月的初一、初二、初三如期举行。

婆罗寨的跳香分两个阶段：第一阶段在斋堂跳，时间是十月初一和初二；第二阶段在庙堂跳，时间是十月初三。

十月初一、初二跳香活动开始时，先由老司祭祀做法事，同时还带领村民在斋堂跳香。斋堂跳香的目的是祈求来年五谷丰登。跳香时有儿童参与，所以又叫"跳童卦子④"。跳的时候老司唱跳香歌"西洛海"⑤。"西洛海"的具体内容除了老司本人知道外，其他人都不知晓，因为老司秘不示人，只有老司的徒弟到了出师的时候，老司才教徒弟唱"西洛海"。进行跳香时，由于大家情绪高涨，跳香的动作幅度也很大，往往都跳得满头大汗。跳香过程中有的动作可以自由发挥，没有硬性规定，只要不出格均可，要以高兴快乐为原则。地方资料对跳香进行了具体描述：在表演中，跳香舞把独舞和群舞有机结合，使舞蹈节奏轮换变化，情绪颇有起伏，尤其是独舞者不停地旋转，转动可达数

---

① 《中国民族民间舞蹈集成》湖南省卷编辑部、湘西自治州编写组编《湖南民族民间舞蹈集成·湘西土家族苗族自治州资料卷》，1984，第 54 页。

② 斋堂：跳香活动中感谢五谷神及吃斋饭的场所。

③ 香酒：为跳香准备的专用酒，又叫"香米酒"，除此而外还有香糍粑、香豆腐等，这些食材只能为跳香所用，不能挪作他用。

④ 童卦子：跳香活动中的舞蹈动作的组成部分，有少年儿童参加，所以叫"童卦子"。

⑤ 西洛海：主持跳香活动的红衣老司唱的歌，具体内容外人弄不清楚。

十分钟，脚踏桐枯饼，直到把枯饼旋转穿方能终止。观众赞口不绝，为整个舞蹈的高潮。① 跳香人员没有人数和性别的限制，凡愿意跳的都可以参加；还有周边的民众不分民族和亲戚朋友，只要愿意都可以来参加跳香活动。十月初二跳香完毕，全寨人包括外面来的客人都集中在斋堂吃斋饭、喝香酒。

跳香后，老司和寨上头人要把农作物的种子分类别用小罐子装好（凡当地种植的农作物的种子都要装上），然后埋在斋堂后面的古树下，待来年春种时再把埋好的种子取出来，看哪几种种子没有霉变完好如初，全寨人这年就选种这些种子，种了这些种子，就一定会丰收，据当地村民反映，这种作法很灵验，一定不能违背。

斋堂的坪坝里还有一口地下灶，是专门用来煮食斋饭的，斋饭就是把稀饭、豆腐、猪血、野菜、蔬菜等都混杂在一起，要求是长根短菜。斋饭熟后，全寨人就围着锅台食用，并大碗喝酒取乐。

第一阶段在斋堂跳香完毕后，第二阶段（初三）就去庙堂②跳香，婆罗寨的庙堂位置与斋堂相邻，二者相距不到 30 米，地势比斋堂要高 10 多米，在半山的小平台上。原来庙堂旁边也有一株大栎木树，几年前已经倒伏。从庙堂门外的碑文可知，庙堂又叫"飞山庙"，也是用预制砖修成的，同斋堂规模不相上下。飞山庙里供奉 3 个菩萨，中间一个是杨再思，其余两个叫不出名字。笔者问当地村民，为什么庙堂里要供奉杨再思，得到的回答是，自古以来就是这么传的，详细情况就弄不清楚了。

庙堂跳香的目的是烧五瘟，与斋堂跳香跳五谷相匹配。跳的动作也是"跳童卦子"，老司也是唱的"西洛海"。跳香后就杀猪开荤，杀猪后由老司带领到庙堂烧五瘟，以保全寨的人健康长寿和六畜兴旺。一切程序做完后，大家就在庙堂开荤喝酒。

最后由老司当着大家的面讲一些奉承和祝福的话，接着寨上头人代表全寨表示感谢，至此整个跳香活动结束。跳香需花费 1 万多元，都是当地老百姓自发捐献筹措。

---

① 《中国民族民间舞蹈集成》湖南省卷编辑部、湘西自治州编写组编《湖南民族民间舞蹈集成》湘西土家族苗族自治州资料卷，第 227 页。

② 庙堂：又叫"飞山庙"，是纪念杨姓土家族祖先杨再思的场所。

二　六龙节

潭溪镇峒河沿岸的土家山寨，几百年来都有赛龙船的传统。潭溪镇的赛龙船分五龙节和六龙节。《泸溪县志》里对这一活动进行了介绍："每年农历五月的第一个辰日叫'五龙'，第二个辰日叫'六龙'，在这两个日子里，苗族、土家族群众都要聚会娱乐，'五龙'在潭溪举行，'六龙'在潭溪的且己举行。届时万人赴会，热闹异常，为全县最盛大的民族节日。"① 这段话的意思是，每年农历五月第一个辰日的五龙节在潭溪举行，参与者以当地苗族为主，第二个辰日在潭溪镇下且岐村举办六龙节，参与者以当地土家族为主。六龙节以前是自发邀约竞赛，现在由当地龙船委员会组织。当地人都非常看重龙船赛事，自主集资出工献料，请有名的船木匠来造龙船。

龙船竣工下水的那天，满寨杀猪宰羊，齐集河滩，举行龙船"走茅火"② 仪式。木匠师傅焚香烧纸，口里念念有词，庄重地给龙船钉上用五色丝拧成的两绺龙须，用斧头斩雄鸡制煞，给众人心仪的龙船"冠头"。一对对精挑细选的桡手分列两边，再由两个手脚快的后生在船头同时点燃用干竹捆成的火把，从船头跑到船尾，再换边飞跑到船头，顿时，锣鼓齐鸣，吼声四起，在鞭炮的烟雾中拖着龙船冲向河中。当地龙船一般有 20~24 对桡，要 40~80 名桡手，另有 5 名分别指头、舞旗、敲锣、打鼓和掌艄，大家听鼓下桡，伴吼号子协调一致。

龙船下水先要朝拜本寨的码头、庙堂、山嘴③，每冲向一个目标时都要鼓疾船快，到边时，指头人双手举桡俯首敬礼，舞旗的立即刷旗致意擂鼓住桡，艄公拨船改向，一直要逐个朝拜礼毕才泊船拢岸。这时，总会有船痴④守在船边，不许外人踩船。当地船分为红尾、白尾两大派，这一天同尾色的村寨，都会派代表带着鞭炮、烟酒、红布前来庆贺；本寨的出门人也要赶来

---

① 湖南省泸溪县志编纂委员会编《泸溪县志》，社会科学文献出版社，1993，第 431 页。
② 走茅火：为使龙船在竞赛过程中不出故障，造龙船师傅所进行的辟邪活动。
③ 山嘴：当地村寨的主要风水之要地。
④ 船痴：特别爱护龙船的人。

捐赠祝贺；因为这是村寨的喜事。

等到"六龙"节那天，全寨男子都会早早聚到龙船亭子，曳着长声齐力把龙船拖下水绷紧缆绳，挑选桡手划向龙场，沿途过寨都要擂鼓回绕一圈。凡是嫁有本寨姑娘姊妹的，都会在码头上摆张方桌，放上烟酒、肉食，鸣炮请船。船头派代表上岸喝口酒，夹点菜，封敬几句好话，拿起竹条上的红布绚在船尾，慷慨者还要赠送猪腿一晃一荡地挂在船尾。龙船再礼貌地绕行一周才离开。

船近龙场①，先是偃旗息鼓，悄声潜行，待溜近潭边，锣鼓骤鸣，每个桡手把预先含在口里的水朝天喷射，伴随着桡片挑起的水花，宛如条条真龙驾雾腾云而来，锣鼓伴奏着吆喝声，两岸人山人海的喝彩声，场面蔚为壮观。每只龙船都要"朝山"敬庙拜码头。领受亲家请酒，礼毕，才稍事休整。

比赛开始，一般都是红尾船对白尾船。以前都是自主邀约扭头比赛。前头人双方抓着对方船齐头并进再分开拼命划，看谁行先，到一定距离时，赢船的指头人双手把桡片举过头顶让岸上人看见"笑桡"② 为赢；旗手立即指挥鼓手擂鼓停桡；艄公把船撇开；锣手摇头晃脑打起气人的"外舞形"③，满船桡手兴奋吼着"龙船行得好"的号子，调皮地挑起水花，耀武扬威……因为彼此相隔近，往往容易产生纠葛和摩擦，甚至打斗。现在赛事都有组织地进行，争执相对少了。

完成赛程后，每只船又要照着来时的礼仪逐一行"辞潭礼"，主船要尾随客船相送，直至返回归程。把龙船拖进亭子摆放稳妥。

三　土地会

潭溪镇的土家山寨，还保留着举办土地会的传统习俗。土地会又叫"敬土地爷"，"土家族村村寨寨筑有土地祠，供奉土地神神像，每年正月十五前，聚族凑钱米，请土老司到土地祠敬土地神，祈求风调雨顺，五谷丰登"。

每年的正月十五或二月初二，由红衣老司举办土地会。

---

① 龙场：龙舟启程的地方。

② 笑桡：龙舟竞赛胜利者持桡的姿势。

③ 外舞形：龙舟竞赛胜利者向对方炫耀的动作。

会前一两天，由寨主头人邀约众人凑钱米积极筹备，筹备内容有：打只恶狗，杀只公鸡，蒸缸米酒，做豆腐，做糯米粑。

土地会的主持人由寨上公推的口齿伶俐、土话讲得最标准的一位成年男子担任。

当天吉时，全寨男、女、老、少聚集到土地祠前，把炒熟的狗肉、煮熟的豆腐和一只整鸡以及其他供品，敬供在土地祠前，每家还摆个碗，碗里放着摊派的铜钱。焚香烧纸鸣炮后，主持人用一口流利标准的土家话虔诚地作揖陈情。请求土地公公保佑全寨人畜吉祥平安。所辖地域五谷丰登，瘟疫灾星不得降临，虫蛇远走他乡，野猫和老鹰不得来拖鸡，强盗土匪不敢入寨，一切不好的都驱赶到别的地方去，让所有好的东西都留在本寨。每提一个请求，都要打一次筶子①，如果落地是一翻一覆的神筶，就表明土地老答应了。若是两翻的阳筶，就是礼数不周。抑或是两覆阴筶，就是有坏人作梗，必须自查自纠，乞求土地老恩准，老司边打筶边用土家语祈求："阿口婆偶，各记撮拿 Wo lie de！"（公公老人家送一副好筶子来吧！）直至得神筶才能继续下一个请求。仪式即将结束时用土家语请示土地公公，要是都满意，就送三副周全筶（一阴一阳一神），大家这才如释重负，心安理得地分享供品。

寨主头人捡拾起各家碗里的铜元，把吃过后就不会招灾的狗肉、豆腐汤逐个舀到碗里，有的当堂就吃，有的端回家里分吃。剩余的头、脚、杂碎、鸡、粉粑等供品就在土地堂前，喝着自制的米酒、讲着亲切的土家语、唱着惬意的土家语山歌，纵情豪饮，享受着土地神的庇佑……

四　洗寨

潭溪镇的土家山寨里如果出现了不吉利的现象，那就一定要延请红衣老司前来用巫术洗寨②，让寨子重焕生机。

巫师及其徒弟择吉日进寨，寨上头人已提前通知各家各户预备香蜡纸

---

① 筶子：巫师用来预测吉凶的道具卦子。
② 洗寨：巫师用巫术驱逐寨子上邪气的一种巫术活动。

草①、祭品（一坨熟肉）、粑粑、一小捆柴及一个小草人，敞开门等候，门边还摆着一个盛着米和铜钱的升子，以及一把香、一坨香蜡纸草。

老司们庄重威严地穿上红长衫，在寨中的一个紧要处摆上供品，烧纸燃香后，洒些朱砂雄黄和鸡血，点燃鞭炮，吹响牛角号，敲鼓击钹，师傅拿着亮晃晃的铜司刀和用竹鞭做成的驱邪鞭，口念咒语，然后喷三口法水，开始"洗寨"。

跟随头人引领，循着寨内通道，逐处逐户地"清洗"。每到一处老司认为有邪气藏匿的地方，就停下来怒目圆睁地一边挥舞着伴随有铜钱响声的司刀，一边厉声呵斥。激昂时，甩动驱邪鞭，奋力抽打邪气藏身躲影的石堤、水井或古树。进入哪一户人家，就在屋里比划着司刀大声驱邪，打筋斗扭法指（手结）做驱邪动作。并象征性地抽打柱头壁板，一刻不许停留，声色俱厉，气氛森然，主家就在旁边燃香、烧纸、奠酒，默默在心里祈福。"巫师一般从事他那历史悠久的光荣职业时，十分虔诚，并且自始至终都多少保留着对这种职业的信仰。"把邪气赶出门后，老司的徒弟们就把刀头、米、钱和煎豆腐带走，还把门外那一小捆柴和小草人，放进大竹篮里一并抬走。临走时，师傅把一张符贴在门框上，使邪气不敢再进门入内。这样把寨上每条路、每一块空地、每户人家都"清洗干净"后，就吹着牛角号，敲锣打鼓，舞刀挥鞭地抬着那个大竹篮里的柴和草人，来到河边卵石滩上，又重新烧纸燃香和奠酒，举行一场扫除邪气法事。事毕，老司当众奉敬好话，然后把一部分五供糖果、酒、刀头、粑粑、豆腐分给帮忙和围观的人群吃，另一部分钱和米作为老司的酬资由老司留下。那一大竹篮柴和草人（邪气的替身），被丢入河中，意味着折柴（财）免灾，与那些已被制伏的邪气一起随水漂走，寨上从此清吉平安，人畜旺盛。

五　结语

南方言区的这些民俗文化，有很多巫文化因子，尤以"土地会""洗寨"最为显著。这些表面看来有些迷信因素，但其实在科技不发达的时代，

---

①　纸草：当地土家族自制的一种草纸，专门用来祭祀。

巫术就会粉墨登场，巫术是人们愿望的寄托，也是一种人们解决问题的原始手段，人类学家曾对巫术有很高的评价："巫术是建立在联想之上而以人类的智慧为基础的一种能力。"① 其实站在人类学的角度来审视，巫术是符合人类发展进程的，人类学家对这些现象进行了正面的论述，人类在历史长河进程中，无论碰到哪种困难，都必须战胜和克服，因为人类要生存，社会要前进，巫术在人类历史长河中起了保驾护航的作用。

总而言之，这些南方言区民俗文化能深深地扎根于民间，还是有它独特的魅力的，就是科学昌明的今天，人们也对这些文化不离不弃，说明这些文化还有顽强的生命力，其是南方言区土家人的精神再现，同时又是南方言区土家人智慧的结晶。让南方言区的这些民俗文化很好地为现实社会服务是今天我们要思考的问题，当然，我们亦盼它走向世界。

---

① 〔英〕爱德华·泰勒：《原始文化》，连树声译，广西师范大学出版社，2005，第 78 页。

《三峡文化研究》第 16 辑
第 145~155 页

三峡文化与重庆文化强市建设[*]

刘　容^{**}

摘　要：本文从三峡文化的概念及内容简要分析入手，通过提炼分析三峡诗词文化、三峡文物古迹、三峡工程和三峡移民精神等能充分表现三峡文化特质的 3 个文化品牌，进而从文化遗产保护、教育普及及发展转化方面揭示上述文化品牌的价值及转化途径，在此基础上分析了三峡文化促进重庆文化强市建设的路径。

关键词：三峡文化　三峡文物古迹　文化强市建设

　　长江三峡西起重庆奉节白帝城，东至湖北宜昌南津关，全长 193 公里，包括瞿塘峡、巫峡、西陵峡。长江三峡素以自然地理和历史文化著称于世，雄奇神秘的大山大水曾吸引无数文人骚客留下壮美诗篇和游踪墨迹；三峡神话、民间传说等众多文化遗产又赋予三峡自然风光文化特色。重庆作为长江三峡重要历史文化名城，拥有丰富的历史文化资源。三峡工程蓄水之后，三峡库区重庆段约占三峡库区总面积的 85.6%，因此重庆是三峡库区的核心区域，三峡文化是重庆历史文化的代表之一。总结归纳三峡文化的源流及特色，有利于推动重庆文化强市建设。

---

　*　基金项目：2022 重庆社会科学规划文旅重点项目"长江国家文化公园重庆段文化资源整合提升研究"（2022WL02）。

　**　刘容（1975~），女，重庆人，博士，重庆社会科学院研究员，主要研究文化遗产与文化产业、文化创意城市。

一 三峡文化概述

三峡是长江的标志性河段，也是长江文明的代表。三峡文化是在三峡这一特定空间人与自然共同创造的文化。三峡文化独特的地理环境是自然造化的结晶，三峡形成于燕山运动和喜马拉雅造山运动，是天地山水共同孕育的自然遗产杰作。三峡文化是三峡地区人民创造的独特文化遗产。204 万年前的巫山人和 200 万年前的建始人，是三峡地区人类文明的滥觞。[①] 石器时代，三峡先民创造了巫教和巫文化，形成了人类童年时代的文化高峰。[②] 同时，三峡地区出现了制盐业，其是内陆地区最早的，促进了三峡文化的内聚力和文明的发展。[③] 青铜时代，三峡地区巴国和楚国相继建立，二者同源又互攻，最终巴国战败，楚国也亡于秦国。三峡历来是兵家必争之地，上演过无数战争大戏，三峡本身就是一部无字兵书。[④] 三峡同时也是人文荟萃之地，孕育了无数脍炙人口的著名诗篇，成为中华文明千古流传的经典。

王川平、李大刚认为三峡文化既是巴文化在空间上的延伸，又是其在时间上的延伸。[⑤] 他们概述了三峡文化与巴文化的源流和关系，巴文化是三峡文化的根脉，三峡文化是巴文化发展演变的结果。三峡文化的起源与其独特的文化积淀和地理环境紧密相连，是三峡地区人民与激流险滩、崇山峻岭等恶劣自然环境持续对抗、顽强奋斗的杰出创造。在当代，三峡文化随着三峡工程、三峡移民和三峡库区的不断发展更新，成为重庆和三峡地区社会发展的精神动力。

---

① 黄万波、方其仁等：《巫山猿人遗址》，海洋出版社，1991，第 157 页。
② 王川平、李大刚本卷主编《中国地域文化通览》（重庆卷），中华书局，2014，第 9 页。
③ 白九江：《重庆地区的新石器文化——以三峡地区为中心》，巴蜀书社，2010，第 313 页。
④ 王川平、李大刚本卷主编《中国地域文化通览》（重庆卷），中华书局，2014，第 10 页。
⑤ 王川平、李大刚本卷主编《中国地域文化通览》（重庆卷），中华书局，2014，第 8 页。

二　三峡文化品牌及品牌价值

（一）三峡诗词文化

巴渝地区丰富的自然景观和深厚的人文景观，使无数文人墨客慕名而来，他们或抒情，或写意，留下众多脍炙人口的诗词文章，为巴渝地区文学的繁荣做出了重要贡献。

历代歌咏三峡的诗作和诗人层出不穷，战国时期的屈原是重要代表。在唐代诗人中，对巴渝地区文学发展贡献最大的有杜甫、李白、王维、白居易、陈子昂和李商隐。

安史之乱时，杜甫由长安来到四川成都。五年后，他离蓉赴渝，准备经峡道出川，在渝州小住后，乘船到忠州，受到朋友热情款待。杜甫到夔州时，因患病而赁屋居住，结果一住就是三年。三年中，他饱览了夔州丰富的自然景观和人文景观，写下了许多优秀诗篇。

李白五岁随父入蜀，青年时代遍游巴山蜀水，曾到渝州。后由渝州东下三峡，写下大量名篇佳作，均成为后人千古传诵的佳句。

白居易曾任忠州刺史，任期内饱览巴渝风光，写下大量著名诗篇，将忠州山城美丽的风景及风土民俗描写得淋漓尽致。他与刘禹锡共同推动了三峡竹枝词的发展繁荣。

此外，王维《送李员外贤郎》、陈子昂《入东阳峡与李明府舟前后不相及》和《合州津口别弟至东阳峡步趁不及》、李商隐《夜雨寄北》等，均深受巴渝人民的喜爱，成为巴渝人民千古传诵的佳句。也曾有大批宋代诗人、词人来到巴渝地区，他们歌山水，颂人文，为巴渝地区留下了众多著名诗词，其中最著名的有苏轼、黄庭坚、陆游和范成大四人。

（二）三峡文物古迹

1.长江三峡文化遗产

长江三峡是世界自然与文化遗产，它由瞿塘峡、巫峡和西陵峡三段构成。雄奇险峻的瞿塘峡，是长江三峡的第一险峡。夔门雄关高耸屹立，形成一道狭窄的门户，向世人展示着"夔门天下雄"的气魄。三峡中最秀丽的是巫峡，巫峡秀峰，峰峰如画。巫山十二峰，出类拔萃，尤以神女峰名扬天下。西陵峡是长江三峡中最长的一个峡谷，以滩多水急著称。宏伟的三峡工程使这里高峡出平湖，风景更迷人。长江三峡还深藏着无数支流，在三峡第一大支流大宁河上，有龙门、巴雾峡、滴翠峡，被人们誉为"小三峡"。三峡库区水位升高后，从巫峡大宁河口溯江而上，可以深入马渡河，游览被人们称为"小小三峡"的三撑峡、秦王峡、长滩峡。然后经过大昌古镇，直达"巫郡桃源"巫溪县，欣赏到庙峡、剪刀峡、荆竹峡等峡谷风光。

2. 白鹤梁

"水下奇观白鹤梁"在涪陵城北1公里左右的长江下。涪陵白鹤梁古代水文石刻被誉为"长江水文石刻之冠"。它所记录资料的历史陆续性、数据系统性，都是国内外各大河流，包括古尼罗河流域在内，无法相比的，可以说是世界水文史上的奇迹。① 白鹤梁上保存了唐代至清代题刻160余段，从中我们可以获得唐代至今1200多年72个年份的水文资料，是名副其实的"世界第一古代水文站"，已定为国家重点文物保护单位，为三峡大坝的修建及通航提供了宝贵历史依据。

3. 丰都鬼城

丰都又被称为"鬼城"，具有丰富的神话传说资源及文化资源，加之明清时代小说的大肆渲染，丰都鬼城便超越时空名扬天下。② 世上本无鬼，却有鬼神文化。千百年来，丰都鬼城文化折射出人间社会的扭曲现状，反映了中国社会历史发展过程中一段长期存在的、形成系列的宗教、民俗、文学、艺术、哲学等丰富的内容。从特殊的鬼文化中，还可分析、辨认我国民族传统、民俗文化的某些深刻的、创造性的内涵，从历史遗迹中，了解古人思想心理，对应现实社会，肯定自我人生价值，有一定的积极意义。如今，每年四月，丰都都会举行鬼城庙会，吸引了五湖四海众多的游客参加。这独特的

① 徐光冀主编《永不逝落的文明：三峡文物抢救纪实》，山东画报出版社，2003，第148页。
② 王洪华主编《重庆市非物质文化遗产名录》（图典一），贵州人民出版社，2007，第290页。

文化形态，为长江三峡文化带增添了异彩。

4. 忠县石宝寨

忠县以东 45 公里处的长江北岸玉印山上，镶嵌着我国古建筑史上的一颗明珠——石宝寨。整个建筑木石相衔，寨楼没用一根铁钉，全采用穿斗式木结构，寨顶有石平坝 1200 余平方米，后有古刹天子殿，建于清康熙、乾隆年间。① 传说它是古代女娲补天时掉落在长江畔的一块彩石，所以称作"石宝"。美丽的石宝寨依山而建，傍岩奠基，层层叠叠而上，四周均是悬崖绝壁，犹如空中楼阁，被列为世界八大奇异建筑之一。三峡工程完工后，为保护石宝寨建筑遗产，专门修建了围堰大坝将江水阻拦在大坝外，石宝寨得以完整保留，倒映碧水之中。

5. 张飞庙

张桓侯祠（张飞庙），原址坐落在古城云阳对岸的飞凤山麓，相传唐代以前就有祠，宋代维修扩建，后经历代修葺。张飞庙不但风景秀丽，而且是"巴蜀一胜境，文藻一胜地"，古庙内金石书画为川东之冠。庙内现存石碑、摩岩石刻等 360 余处，木刻名家字画 217 幅。有"文章绝世，书法绝世，雕刻绝世"三绝之誉。② 长江三峡大坝建成后，张飞庙由于在淹没线之下，因此整体迁建，成为三峡库区难度最大的搬迁工程。

6. 白帝城

白帝城位于今重庆市奉节县境内，长江三峡之首瞿塘峡西口北侧的白帝山上，为公孙述所筑。公孙述在奉节筑城，称"子阳城"，城内有一井，常常升腾起白色的雾气，如白龙升空，他认为是预兆祥瑞，于是便自称白帝，改子阳城为白帝城。公孙述死后，邑人在白帝城遗址上建庙祭祀他，称"白帝庙"。白帝庙主体建筑明良殿改建于明嘉靖三十七年（1558）左右，其余部分在康熙年间陆续重建，有武侯祠、托孤堂、东西碑林、观心亭等，庙宇系木结构，小式做法，灰瓦屋面，封火墙，造型简洁古朴，具有川东地

---

① 四川省地方志编纂委员会编纂《四川省志·建筑志》，四川科学技术出版社，1996，第48页。
② 四川省地方志编纂委员会编纂《四川省志·建筑志》，四川科学技术出版社，1996，第25页。

方建筑特色。[①] 白帝城历史悠久，历代著名诗人都曾登临白帝城，留下大量诗篇，故白帝城又有"诗城"之美誉。如今三峡水位升至 175 米后，白帝城已四面环水，仅一桥与陆地相通。

7. 大宁河古栈道遗迹

大宁河古栈道是我国现存最长的古栈道遗址。大宁河古栈道修凿于秦汉时期，主要用于交通和导引盐泉修筑笕道。大宁河上游盐泉分布广，含盐份重，产盐量大。秦汉以后，巫溪县宁厂镇已开掘盐泉熬制食盐，其用竹筒引盐泉，经古栈道，至巫山熬制。从巫山龙门峡东口至巫溪县宁厂镇全长 138 公里的大宁河两岸，可以看见一排整齐延伸的石孔。这些石孔高悬于绝壁 150 米左右，每孔见方约 0.2 米，深约 0.5 米，底凿成弧形状，孔距 1.5 米到 2 米不等，有的地段有两排甚至三排平行小孔，上下之间距离 1.7 米左右。这些石孔就是承载千古之谜的大宁河古栈道遗迹。从龙门峡至大宁镇为大宁河古栈道的主干。分支古栈道可从巫溪县延伸到陕西省的镇坪县、湖北省的竹溪县及重庆东北角的城口县，总长有 400 多公里。

（三）三峡工程和三峡移民精神

三峡工程是一个举世瞩目的伟大工程。兴建三峡工程，是一个利在当代，泽被子孙的千秋伟业。长久以来，它一直是中华儿女魂牵梦萦的奋斗目标。三峡工程的兴建可以合理开发利用长江资源，根治水患，有利于南水北调、电力供应和提高川江航道通航能力。三峡工程是一项集防洪、发电、航运、供水等综合效益于一体的巨大工程。

三峡工程将产生百万移民，这是中外建库史上从未有过的世界级难题。在处理移民工作中，三峡库区坚持国务院制定的就近后靠、开发性移民方针，把移民工作作为三大战略任务来抓。三峡工程的建设激活了三峡库区的发展活力，一座座移民新城在库区拔地而起，一个个移民迁建企业实现了升级换代，一批批库区移民走出了大巴山，开始新的生活。

---

① 四川省地方志编纂委员会编纂《四川省志·建筑志》，四川科学技术出版社，1996，第 26 页。

三峡移民精神是三峡人民创造的精神，是中华民族继承发扬爱国主义精神的新成果，是改革创新时代精神的新表现。同时，三峡移民精神发源于三峡，具有典型的地域和时代特征，并体现鲜明的民族性与先进性。三峡移民精神的内容主要包括爱国精神、奉献精神、协作精神、拼搏精神、创新精神五个层面，① 每个层面的精神体现都是具体的，具有相应价值理念体现及典型人物事例支撑。三峡移民精神就其核心实质而言，主要是中国特色社会主义制度优势的精神彰显、中国传统爱国主义精神在新时代的弘扬，以及"以人民为中心"的根本宗旨在现实工作中的体现。

三 三峡文化品牌价值的转化方式

三峡文化源远流长，在丰富的文化资源中可提炼具有代表性的文化品牌。诸如长江三峡本身就是著名世界自然遗产，具有重要的自然和人文价值；三峡诗歌文化独树一帜，在中国古诗词发展史上具有重要里程碑意义，并且，其再现了三峡地区诗情画意的优美景色，具有重要的文化符号意义，有助于推动现实旅游发展；三峡工程及其所孕育的三峡地区人民"舍小家，顾大家"的精神，恰恰是当前重庆文化强市建设最需要的"精""气""神"，是塑造文化强市的灵魂基础。围绕这些极具文化价值的品牌，需采取多种方式传承创新。

（一）三峡文化遗产保护

当前在前期对三峡文化资源保护的基础上，应适时开展三峡后续文化保护利用工程，将沉睡的文化资源重新激活。梳理长江三峡延续的文化遗产，建立三峡文物资源总目录，并纳入当地城乡建设规划管理。以此为基础，围绕长江三峡世界自然文化遗产整体风光带和三峡重点文物古迹保护两大品牌，加快实施三峡后续文物保护利用重大专项工作。将长江沿线风光带的文物古迹提档升级，适度进行旅游开发建设，并连点成线形成规模

---

① 吴大兵：《三峡移民精神》，重庆出版社，2013，第5页。

效应，展现品牌价值。推进白鹤梁水下博物馆、涪陵点易园文物保护及涪陵 816 工业遗址联合保护，大宁河栈道的部分修复与宁厂古盐都建设联合行动，巫山神女峰生态文化保护区与巫山龙骨坡遗址公园联合建设，奉节白帝城与八卦阵等大遗址保护，张飞庙与云阳磐石城联合保护利用，万州天生城大遗址公园、丰都小官山古建筑群民俗文化园、忠县皇华城遗址公园、开州故城综合利用等项目建设。加强三峡地区历史文化街区、名镇、名村中的文物保护。加强濒危文物、出土文物、珍贵文物的修缮保护。完善文物安全巡查检查报告制度，严厉打击各类文物犯罪行为，确保三峡文物安全。

此外，还应进一步扎实做好以三峡诗歌文化和三峡移民精神为核心的非物质文化遗产保护工作。完善三峡地区诗歌文化的普查、认定和登记工作，建立三峡诗歌文化档案资料和数据库，科学制定相应保护、利用、推广规划。建立三峡地区诗歌名人数据库，梳理三峡地区有影响的名人作品及其在三峡的游迹，为后期开发利用奠定基础。加快实施三峡地区非物质文化遗产重点保护传承项目，重点抓好三峡古诗词、三峡竹枝词、万州区甘宁鼓乐、丰都庙会、石柱土家摆手舞、巫山龙骨坡抬工号子等与三峡诗词、歌舞相关的传统艺术的保护开发，打造一批具有三峡地方特质的文化品牌。

（二）三峡文化教育普及

重点围绕三峡诗词的教育普及和三峡移民精神的宣传教化开展以下工作。推动库区学校开设三峡历史文化保护传承相关课程，加大宣传教育力度，编制乡土文化教材进校园；在库区扎实开展三峡历史文化进机关、进学校、进企业、进社区、进院坝、进景区的"六进"活动；支持区县建设三峡历史文化雕塑，打造一批凸显三峡历史文脉和经典元素的标志性文化符号，使文化元素渗透日常生活；进一步扩大文化遗产资源的社会开放度，完善博物馆、文物保护单位、非遗场所免费开放机制；实施博物馆、非遗场所教育功能提升工程，与学校教育有机衔接，为中小学生开展社会实践和研学旅行提供重要平台。推进博物馆、非遗场所陈列展览精品工程，通过开展主题鲜明、内容丰富、特色突出的宣教展览活动，提高公共文化产品供给能力。

在全社会大力传承和弘扬三峡移民精神，培养担当民族复兴大任的时代新人、推动社会主义核心价值观融入人们日常生活、贯穿社会发展各领域、转化为人民的情感认同和行为习惯的现实需要。大力传承和弘扬三峡移民精神，形成高水平的道德意愿、道德品质，提升道德判断、道德责任水平，引导人民形成讲道德、尊道德、守道德的思想认识，进而提升社会文明素养，提高全社会文明水平。围绕传承和弘扬三峡移民精神，创作思想精深、艺术精湛、制作精良的讴歌党、讴歌祖国、讴歌人民、讴歌英雄的文学艺术作品，营造出尊重崇高、追求崇高的精神氛围，推动社会主义文艺事业的大繁荣、大发展。围绕传承和弘扬三峡移民精神进行文化事业建设和文化产业发展，为全社会提供精神产品供给，强化中华人文交流互动，推动承载三峡移民精神的重庆地方文化、三峡文化走向全国、走向世界。

（三）三峡文化发展转化

以长江三峡世界自然文化遗产品牌建设为核心，按照高起点、新观念、宽视野、可持续的要求，编制形成新三峡库区重点文化资源旅游发展总体规划—相关的部门专项发展规划—库区各区县相关旅游发展规划—相关旅游区开发建设规划四级规划体系。根据旅游总体规划建设库区旅游项目库，增强规划的针对性和指导能力。

建设世界级旅游精品。加速巫山小三峡、奉节白帝城、丰都名山、忠县石宝寨、云阳张飞庙等5个传统长江三峡旅游黄金线景区景点的提档升级，着力打造巫峡—神女峰—神女溪、白帝城—瞿塘峡—赤甲山等两个诠释"高峡平湖"的景观高地，继续巩固长江三峡旅游"国线精品"地位。

开发一批国家级旅游名品。着力培育巫山小小三峡、奉节天坑地缝、巫溪红池坝、开县雪宝山等旅游名品和新品，结合国家生态旅游示范区、旅游扶贫开发区、旅游度假区、移民新区建设，重点培育一批个性突出的旅游产品，增强新三峡旅游发展后劲。

加快培育一批特色鲜明的旅游新品，实施库区水面开发以及库区腹地旅游资源开发。积极推出万州铁峰山—开县雪宝山—巫溪红池坝—大宁河小三峡、龙骨坡—奉节天坑地缝、白帝城—万州等"三峡腹地"旅游环线；奉节瞿塘峡—白帝城、天坑地缝—巫溪汉风神谷悬棺、红池坝—巫山大宁河等"金三角"内环线和"新三峡"环湖线。

四　三峡文化促进文化强市建设的途径

（一）促进文化遗产保护

持续推进文化遗址、遗迹挂牌预防性保护。尽快公布第三批市级文保单位，同时推进与挂牌保护相匹配的预警制度，对市级以上文保单位坚持保护在先，抢救在后；推进市级、区县级两级文保单位"四有"（有范围、有标志、有档案、有专人）标准化建设和可持续发展。尤其加强区县文管所标准化和社会化建设，将一般性文物点，在不违反文保基本职责的前提下，开辟为公益文化场所，增强文化遗产社会教育服务功能；加大保护资金投入，拓宽保护资金来源渠道。加大对特色文保单位的财政投入，同时引导社会资本投资文保单位文创产品开发，多渠道、多层次实现文化保护可持续发展。

（二）加速文旅产业发展

深化文化旅游融合发展体制改革和创新经营机制，进一步厘清思路，统一思想，充分发挥新三峡旅游资源优势和资源变动后发优势，发展优势产业；推动科技创新发展，提升经济发展实力；以保护为前提，以市场为导向，突出文化旅游特色，打造旅游精品，加快优势资源的合理开发，拓展旅游市场，发展大旅游、形成大产业，大力提升旅游发展水平和竞争能力；挖掘文化旅游产业就业潜力，加快城镇化建设，加强资源优势向经济优势的转化，提升社会经济总体发展水平；落实"两山论"，注重生态环境保护和建设，促进地区可持续发展；推进三峡库区社会经济的协调、快速、健康与可持续发展；通过新三峡高山峡谷观光、巨型湖泊旅游休闲度假、特色产品开发、精品营造、生态示范、三峡文化展示，建设全国规模最大的大江大峡大湖大库首选旅游目的地和世界级"高峡平湖"旅游观光休闲度假胜地。

（三）建设学习型城市

依托三峡丰富文化资源，开展富有区域特色的当地文化建设，首先是要开展丰富的三峡文化学习推广活动。在三峡库区开设各类特色便民学习点，建立社区教育资源库，推动重点人群（青少年、农民工、暂未就业人员、离退休人员等）学习；大力推进文化教育志愿服务，探索具有专业水准的文化教育志愿服务管理模式，建立文化志愿者注册系统和数据库；加大文化志愿队伍培训，提升服务意识、服务能力和服务水平；以群众基本文化需求为导向，制定三峡地区特色文化服务单位业务规范和服务规范，尤其加强内容多样化建设；建立群众文化需求反馈机制，确保服务供给与群众需求有效对接；立足社区开展定期免费推送优秀出版物、影片、戏曲工作；加快三峡库区市民文化素质提升建设，建立三峡特色业余学校或开展相关活动，以公共文化机构、社区和用工企业为实施主体。

《三峡文化研究》 第 16 辑
第 156～165 页

乡村振兴背景下民族地区文化扶贫路径研究

——以湖北省五峰土家族自治县苦竹坪村为例*

彭　娟**

　　摘　要：苦竹坪村作为土家族的居住地之一，其传统文化在现代化的影响下面临着继承与创新、变迁与流失的局面。通过分析村民对传统文化的认识，在经济脱贫的同时为苦竹坪村制订高效有序的文化扶贫计划，从文化教育、文化传承场所建设、文化宣传场所建设、文化习俗及业余生活等方面不断丰富村民的精神生活，这对加强传统文化的挖掘和阐释，充分提炼传统文化的时代价值，增强传统文化的认同感和归属感，提升传统文化遗产的保护意识等具有重要的意义。

　　关键词：乡村振兴　文化扶贫　苦竹坪村

一　苦竹坪村基本情况

　　苦竹坪村位于湖北省五峰土家族自治县采花乡东部，由原苦竹坪、黄粮溪、大沙坡三个村合并而成，因此地苦竹生长茂密、品质特佳而得名。该村土地面积 16.4 平方公里，平均海拔 1025 米，东邻五峰镇麦庄村，南与白溢寨相依，西与珍珠头村接壤，北抵付家堰乡八坪，五峰和巴东县的公路穿村而过，渔泉河流经全境。目前，全村总人口 515 户 1683 人，共有 8 个村民

　＊　基金项目：2018 年度三峡大学党建与思想政治教育研究课题"高校基层党建工作与学科建设有效融合机制研究——基于三峡大学民族学学科建设路径探索"。

＊＊　彭娟（1981～），女，湖北宜昌人，三峡大学民族学院讲师，主要研究民族地区文化扶贫。

小组，村两委班子成员 4 人，大学生村官 2 名，网格员 1 名，现有党员 58 名，其中老党员 25 名。

自然资源方面，苦竹坪村有耕地面积 4000 亩，茶园面积 3000 亩，林地面积 20000 亩，种植业以茶叶为主，兼有玉米、土豆、红薯等，养殖业以能繁母猪、山羊、土鸡为主。该村还是生产采花毛尖生态茶叶的重要基地，驰名的茶叶品牌天麻剑毫茶厂即坐落在该村腹地。

历史文化方面，历经数百年沧桑的汉土疆界碑至今仍矗立在苦竹坪村漂水岩上，吸引了众多的考古、参观、游赏者。社会经济方面，在国家各项政策的大力帮扶下，苦竹坪村经济状况虽有所改善，但作为五峰土家族自治县 6 个深度贫困村之一，该村经济发展仍然比较落后。然而，经济之发展离不开文化之根基，深入挖掘文化资源，传承民族优秀文化，弘扬新时代的文化，改善该村的精神面貌，助力苦竹坪村改善经济状况，具有特殊的意义。

当前，政府和社会各界就如何更好地传承和延续村落传统文化，正在努力研究和探索。三峡大学民族学院党委组织教工支部和研究生支部前往苦竹坪村开展文化调查，[①] 目的是全面系统了解该村保留的传统文化、村民的文化需求以及苦竹坪村的文化发展规划，为学院进行持续支持和发挥智力优势提供基础资料，也为三峡大学相关部门提供可供参考的资料。

二 苦竹坪村传统文化发展的现状

苦竹坪村风俗习惯与五峰县及周边地区相同，《长乐县志·风俗志》记载："乐邑旧多为长阳、石门等县地，风气近古。自明中季，近城及水渍、石梁等处为各土司迁徙地，间杂戎俗，改土后，衣冠文物与通都大邑等。"[②] 该地历史上并非商贸重镇，也非文化中心地域，故遗留下来的文化古迹较少。据村民介绍，在"文化大革命"之前，苦竹坪尚有观音庙、扭秧歌台

---

① 参与此次调查的成员有：彭娟、刘兴亮、黄祥深、李超、张娜、李阳、谢晶、张秋利、梁佳雪。

② 《长乐县志》校补编纂委员会编校补修《长乐县志》，三峡电子音像出版社，2014，第 165 页。

子等文化展演的地方，后来这些场所渐渐被废弃。据村民介绍，在民俗节日中，还有"叫饭节"，主要是为了纪念死去的老人，意为叫逝去的老人回来吃饭。① 节日当天，摆上八仙桌，桌上摆放饭碗、酒杯、茶，屋里一桌、屋外一桌，仪式开始后，会烧些纸钱等。这是当地的传统节日，其他一些风俗节日与五峰地方大致相同。

苦竹坪村传统文化的发展状况大致呈现继承、流失、变异的特点，尤其是在山歌文化、丧葬文化等方面，呈现较大的变化。由于苦竹坪村位于相对闭塞的山区，交通条件十分有限，传统文化相对有所留存，但同时，随着外界信息的渗透、外来文化的影响，以及民间文化本身所具有的变异性的特点，苦竹坪村的传统文化也有所流失与变异。

苦竹坪村传统文化中，传承得较好的要数"山歌传承"。宜昌市级土家族山歌传承人祝凤池所唱的山歌就极具民族特色。祝凤池是苦竹坪村8组村民，现年61岁，原先居住在新安坪，后嫁至此地，她的母亲是唱山歌的能手，她有一个将山歌唱到美国去的妹妹，自己又是本土山歌著名传承人，在山歌传承事业上做出了很大的贡献。调查组在村干部的带领下，重点对其进行访谈调查，试图通过对她的访谈了解整个村的山歌传承和发展现状。

祝凤池从十一二岁开始，在母亲和上一辈老人的教导下，开始学习唱山歌，17岁就能独自参加山歌比赛，此后随着年龄增长，她的山歌唱得越来越地道，名声也越来越大，成为远近闻名的山歌能手，跟随她的学徒也遍布附近山村。如今，祝凤池不仅能自己唱传统的山歌，还能根据不同的曲调进行创作，她所学的山歌不止于当地，也学过一些长阳山歌，掌握了不同的山歌调子，更有助于对山歌独特韵味的把握。过去没有现成的词曲，只能口耳相传，为了方便下一代学习山歌，祝凤池联合县文化馆、乡文化站对已有山歌进行编辑，将许多经典曲谱编成册，对山歌进行录音，通过这个方式将山歌传播开来，调查组在祝凤池家中翻阅了部分山歌册子，据祝凤池介绍，这种册子由县文化馆影印，并不断增加。

---

① 访谈人：刘孝坤，男，老党员，72岁。访谈时间：2018年6月29日。访谈地点：苦竹坪村刘孝坤家。

编辑成册的山歌集子也为后人学习山歌提供了方便。以祝凤池为首的山歌传承人已然形成一个"传承家族"，她们家七姐妹都可以唱山歌，且都跟着她学习，她的侄子也会唱一些，俨然一个"家族山歌队伍"。祝凤池到过的地方，都有着山歌的流传，当地人也都愿意跟她学上一些，她有时候会一起参加乡文艺活动，进行演唱表演，获得了很多奖项；有时候也会和下乡的艺术学院的学生合作表演。可见，山歌文化的传承还是在传统的基础上持续创新，而更多的传承人出现于老一辈之中，如今人们也会根据不同场合对山歌做出适当的调整，或融入文艺汇演，或采取"歌伴舞"的形式。

祝凤池除了演唱山歌外，3年前，她还在村里组织了舞蹈队，目前这个舞蹈队有30~40人，经常参加活动的有15~20人，这个舞蹈队有两个功能。其一，消遣娱乐。由于村里条件有限，祝凤池就集合愿意跳舞的村民在自家门口跳舞，音响设备由她负责，在天气允许的情况下，她每天都会组织村民学习舞蹈。这种方式让她将传统的舞蹈与现代的广场舞结合了起来。她还参加了乡里组织的"计生协会成立38周年文艺汇演"等比赛并获得奖项。在苦竹坪村有限的条件下，手把手传授也许是一种最佳的传播方式。其二，祝凤池还组织舞蹈队跳丧。跳丧是土家族传统的丧葬仪式的一部分，据《五峰县志》记载，20世纪"办丧事打新丧鼓之风日盛，亦有文艺工作者将跳丧舞改编后搬上舞台"[1]。调查组在村里调查当天，即遇到祝凤池组织部分舞蹈队人员前去跳丧。她告诉调查组，现在会跳丧、愿意跳丧的人也越来越少了，她希望能够将这种仪式传承下去。正是因为跳丧越来越少，祝凤池常被临近村庄村民请去跳丧。

在苦竹坪村小学还开设时，祝凤池还到小学教授唱山歌，后来村小学不再开设，她也就没有了年轻的徒弟，她认为这是一种遗憾。在现代文化的冲击下，传统歌舞传承面临许多困境，如山歌传承条件的流失、山歌传承环境的变化、山歌传承对象的缺失，以及传承人的断层、山歌本身的变异等。祝

---

① 湖北省五峰土家族自治县地方志编纂委员会编纂《五峰县志》，中国城市出版社，1994，第592页。

凤池表示："山歌学习首先需要具备一条，就是嗓子要好，还要唱出山歌的味道来。"① 而今很多人在流行歌曲的熏陶下，很难再学习山歌的发声技巧。过去人们劳作的时候，一个人唱，另一个人接，形成一种风气，山歌的流传就自然而然了，而今，缺失了集体劳作的环境，也很难再见到真正在大山之中所吟唱的"山歌"了。除此之外，年轻一辈人中许多都外出"打工"，留守在家的极少，自然很难长时间接触当地传统文化，学习氛围不浓，学习成果自然就不显著；就是有几个愿意跟着学习山歌的，后来也都出去了，山歌的传承因此极容易断层。有些传承人学习了山歌，也积极传承，但苦于没有传承对象，而一般本土的山歌，在没有较大知名度的情况下，也很难走出去，很容易在环境缺失的情况下"自生自灭"。同时，传承人也没有得到足够的传承保障，他们对于山歌的传承完全来自内心对山歌的喜爱、对老一辈的敬爱、对传统文化的保护，而脱离了这些，支撑他们积极传承山歌的外在力量少之又少。这样一来，当地"山歌队伍"想要拓展得更广就变得极为不易。事实上，也有许多山歌在当地仍然极为流行，但它已经是另外一种形式，有的经典老山歌换了新词，有的谱了新曲，有的甚至融合了流行音乐的风格，这都是山歌在自然发展过程中的变异，也是为了适应时代的变迁所做的改变。

苦竹坪村传统文化的发展现状基本都如山歌的传承情况一样，面临着继承与创新、变迁与流失的局面，而这也是历史演变的自然结果，但在此之间，我们仍然能够采取一些措施，极力保存当地优秀的民间文化，大力弘扬中华民族优秀的传统文化。

三 苦竹坪村民对于传统文化的认识

传统文化是民族的魂，是民族的血脉与根本，是一个民族自强不息的力量来源。"五峰改土归流前系古容美土司属地，长期处于半封闭状态，文化

---

① 访谈人：祝凤池，女，市级土家族山歌传承人，61 岁，学山歌 50 多年。访谈时间：2018 年 6 月 29 日。访谈地点：苦竹坪村祝凤池家。

习俗极少受到外来冲击，保持了原生自然形态。"① 但当下，苦竹坪村作为土家族的居住地之一，现代化对当地传统文化的影响越来越大。

（一）对传统文化的理解

苦竹坪村的村民对于本村的传统民间歌曲有不同的认识。一部分村民认为，传统文化有历史的和现实的意义。第一，山歌等传统文化是祖祖辈辈经过世世代代流传下来的，很多过去的山歌保留了历史的记忆，是对过去生活的一种记录和见证，十分珍贵，不能随意丢弃。第二，保存至今的民间歌曲等传统文化是自己生长的地方土生土长的印记，打上了地方的烙印，是属于地方的特色文化，具有典型性和代表性，应该甚至必须以本地的传统文化为骄傲，这是文化认同和身份认同的标志。第三，传统文化的存在有其重要的现实意义。如五峰山歌《采山茶》，结合现代的"歌伴舞"的形式，大有裨益。清晨和傍晚，聚集一群唱歌跳舞的爱好者，一起唱唱跳跳，不仅能够锻炼身体和练嗓子，还能增进邻里之间对彼此的认识、联络大家的感情以及加强村民之间的凝聚力，使大家能够团结一心。由此一来，民族之间的认同感和集体感也得到增强。当然，另一部分村民则对传统文化的认识不够深刻，态度比较淡漠。他们认为，如民间歌曲这类文化，已经与时代的主旋律不相符了，这些古老传统的、被历史遗留下来的事物，并不那么重要。

（二）文化的传承意识

对传统文化的传承，也分成两个阵营，一部分村民认为应该对传统文化进行保护和传承，这部分村民往往具备四个意识。

第一是重要意识，他们能够意识到传统文化的重要性。村里会根据实际情况不定期举行文化活动，召集群众积极参加，给予一定物质性奖励。另外，部分村民、村支书以及传承人联合五峰土家族自治县文化馆对山歌进行保护，请文化馆的工作人员将山歌的曲调记载下来，以便保存。

---

① 《五峰土家族自治县概况》编写组、《五峰土家族自治县概况》修订本编写组编《五峰土家族自治县概况》，民族出版社，2007，第177页。

第二是困难意识，村民表示传统文化的传承具有困难性，具体有以下几个关键的因素。首先，传统文化学习的困难性，以民间山歌为例，学习该歌曲需要嗓子好、有时间、有意愿练习的群体，但是符合条件的寥寥无几。唱山歌的一副好嗓子并不是人人都具备的，基础十分重要。其次，学习山歌的过程也十分艰难，训练十分辛苦。大部分的年轻人不愿意吃这样的苦，不愿意学习山歌。最后，学习五峰山歌经济效益较低。人们花了大量时间和精力去学习，但受传播途径和展演的限制，传承人往往无以为生。

第三是危机意识，即传承人的断层现象十分普遍。首先，传承人的去世，老一辈的群体因为年龄问题已经有传承人（如五峰民间山歌的传承人）相继去世，但是后继无人，情况十分紧急。其次，20世纪六七十年代出生的这一辈人，即使是前期有时间和意愿进行传唱，但是随着时间的推移，他们需要照顾家人尤其是刚出世的孙子辈一代，让进城务工的年轻父母无后顾之忧，也就没有了传承时间。紧接着，以民间歌谣为例，村里80年代出生的绝大多数年轻人都选择进城务工讨生活，唱山歌等民间文化的传承活动仅仅在老一辈的人群中进行。最后，社会的转型对传承传统文化的挑战。现在即使是有时间进行学习的"90后""00后"一代，由于受到社会发展变化的影响，他们也更愿意学习流行音乐来丰富自己的内心世界，来表达自己和塑造自己。所以，几乎没有任何年轻人愿意学习山歌，在他们看来，民间的山歌比较土气、比较俗气，"是老年人才会进行的活动"，对传统文化几乎没有什么传承的概念。

第四是传承意识，根据传统文化的类别，不同的传统文化有不同的历史价值和作用。如五峰山歌的传唱是对过去历史记忆、生活情境的一种保存和复现，是一种情怀。苦竹坪村的部分村民认为，应当采取措施对传统文化进行抢救。首先，他们意识到学习氛围和学习环境的重要性，认为应该在村里建设相关的基地和培训机构，培养年青一代的学习兴趣和学习热情。其次，他们认为应该完善传统文化传承的基础设施，建立在全村范围内的学习风气和学习氛围，鼓励人人参与学习与传承，让民间山歌"活起来"，成为每个村民生活的一部分。最后，他们认为应该借鉴与学习，学习其他类型的传统文化的优势长处以及借鉴其传承的方式方法，实现自己地方文化的传承。

四　苦竹坪村文化发展建议

三峡大学高度重视苦竹坪村，多次进行走访调查，力求为苦竹坪村制订高效有序的发展计划。经济发展是第一位，同时文化建设也要跟得上，唯有如此，才能做到真正的发展。

苦竹坪村的文化发展规划主要分为文化教育、文化传承场所建设、文化宣传场所建设、文化习俗及业余生活等。

（一）大力发展文化教育事业

县乡党委、政府会同县教育局、苦竹坪小学、苦竹坪两委对苦竹坪小学闲置房产——一栋老旧综合楼进行仔细核查。该栋楼共有四层，其中第一层为苦竹坪小学食堂，第二、三、四层闲置，主要放些基本无维修价值的破损杂物。

经各方多次协商，现已达成一致，拟对苦竹坪小学闲置房产进行改造利用，改造后用以建设教育培训中心及产学研基地，便于三峡大学开展教育培训、暑期支教等对口帮扶活动。老旧综合楼改造后可作为教学科研活动场所为各方所用。老旧综合楼的改造既实现了资源的最大化利用，又极大地促进了苦竹坪村文化教育事业的发展。

（二）继承传统文化习俗

土家族人是唱山歌的好手，但是在时代的前行中山歌的生存发展受到极大地威胁，越来越少的人学习山歌，越来越少的人听山歌。山歌的传承变得艰难。为了保护山歌这种优秀的民族文化，苦竹坪村在脱贫的同时也为山歌的传承谋划了一条路。

根据苦竹坪村的山歌传承人——祝凤池的介绍，土家族的山歌都是从老一辈那里习得的，山歌的种类较多，新编的山歌较少，大多是旧曲填新词，歌词根据情境需要而作。

山歌传承的难点在于传播范围窄、受众少，要想解决这个问题，需要对症下药。首先，扩大山歌的传播范围。在一定的节日、文化活动里，可以进行山歌编研，引起老一辈人的共鸣和年轻一辈的兴趣。其次，在村里设置文化活动室，供爱好山歌的人一起学习、讨论和演唱。最后，进行山歌创新，不能和时代接轨的，终将被时代所抛弃。要想山歌传承得久远，最重要的是要和这个时代相联系。要进行山歌歌词、谱曲的创新。歌词的内容要与时代的发展相契合，只有这样，山歌才是一种集传统与现代于一体的优秀文化。做好山歌的传承，一方面可以使优秀的文化习俗得以保存，另一方面也可以形成苦竹坪村的一个文化品牌，为苦竹坪村带来经济效益。

（三）丰富村民业余生活

温饱问题得以解决，业余生活也要丰富多彩。苦竹坪村的村民喜欢扭秧歌和跳广场舞。扭秧歌是一种全民参与的节目，老少皆宜。广场舞也是当下流行的活动，这些都能丰富苦竹坪村村民的业余生活。村里的文化生活需要固定的场所，苦竹坪村村委在未来的规划中拟建一文化广场，并开设报刊亭、阅读栏，作为村民休闲娱乐的场所，为村民精神生活的丰富提供最周全的服务。

苦竹坪村在发展的过程中，经济与文化两手抓，在满足物质生活的同时，精神生活也得到不断丰富。

（四）打造茶产业文化品牌

为促进苦竹坪村的精神文明建设，提高人民的思想文化素质，培养和造就有理想、有道德、有知识的新型农民，实现经济与文化双重发展的目标，当地政府派遣干部驻村，以便更好地帮助人们解决实际问题。① 采取对贫困户进行"一对一"帮扶等政策，开展文化下乡，鼓励高等院校下乡支教，当地政府创新文化服务方式和文艺表现形式，让广大群众在享受文化服务的过程中接受了道德教育，达到了"以德育人、以文化人"的目的。

---

① 访谈人：向雷，男，驻村扶贫干部，38 岁。访谈时间：2018 年 6 月 29 日。访谈地点：苦竹坪村扶贫工作驻地。

　　毛尖茶产业是竹山县重要的文化产业项目之一。苦竹坪村依靠当地丰富的毛尖茶资源，围绕打造"毛尖茶"的品牌目标，遵循"政府主导、企业主体、依法管理、市场运作、科学开发、永续利用"的原则，不断推动茶叶管护法制化、资源开发集约化、市场经营规模化、行业管理规范化、终端产品品牌化，加快毛尖茶产业的集约集成和转型发展。当地政府引进企业等对苦竹坪村的毛尖茶进行收购，并打造成品牌。

　　综上，当今时代，苦竹坪村应加强对传统文化的挖掘和阐释，充分提炼传统文化的时代价值，增强人们对传统文化的认同感和归属感，并加强对传统文化遗产的保护。苦竹坪村大力建设公共文化服务体系，以培育社会主义核心价值观为主，以基层公共文化服务为重点，以实现基本公共文化服务标准化、均等化为目标，以不断加强改革创新为手段，通过建设各类公共文化设施、开展各种群众文化活动来满足人们的基本公共文化需求，不断提高公共文化服务的能力和水平。不断加大公共文化服务的资金投入，积极建设各类公共文化设施，丰富人们的文化生活。在村里建设供人们表演的广场、组织专业人员对民族歌谣等进行编排并宣传。

《三峡文化研究》 第 16 辑
第 166~178 页

地方传统文化在渝东北文旅
开发中的赋能作用[*]

黄贤忠^{**}

摘　要： 渝东北地区的文化资源深厚、自然景色秀美、区域经济欠发达、环保压力非常大，我们认为做好地方传统文化对旅游开发的赋能是转化劣势、巩固优势的关键要素。如何做好民俗、名人、诗词文化的深入研究、转化、有机融合是文旅工作者亟须深度思考的课题。本文建议以"巴渝唐诗之路"为文化 IP 统摄渝东北的旅游历史景点，彰显其内在文化内涵，增强彼此之间的互补性、关联性。鼓励各区县政府与本地高校文化研究机构建立合作。

关键词： 渝东北　巴渝唐诗之路　文旅开发　唐代诗歌

根据《重庆市旅游发展总体规划（2016—2030 年）》中提出的规划设想，"到 2025 年，重庆游客接待量达到 6.74 亿人次以上，其中入境旅游 700 万人次以上，旅游业总收入 7570 亿元以上，旅游完全拉动经济产值增加 10602 亿元以上"。旅游产业成为全市经济社会发展的重要支柱产业，重庆成为国家旅游中心城市，建成国际著名旅游目的地。而渝东北在整个重庆文旅产业版图之中更是扮演着举足轻重的角色。由于各种的历史原因，制造

---

* 基金项目：2021 年国家社会科学基金项目"巴渝唐诗之路的形成与传播研究"（项目编号：21XZW003）。

** 黄贤忠（1970~）男，重庆渝中区人，博士，硕士生导师，重庆文理学院教授，主要研究中国古典文化与文学、国学教育、巴渝文化。

业很难真正成为这些区域的重要支撑产业，所以做好旅游开发这篇文章对渝东北而言，不仅仅是为了发展经济，更有着乡镇扶贫和环境保护的多重意义。概言之，渝东北地区的文化资源深厚、自然景色秀美、区域经济欠发达、环保压力非常大，文旅开发意义重大。上述特点对渝东北的发展来说，有优势，也有劣势，我们认为做好地方传统文化对旅游开发的赋能是转化劣势、巩固优势的关键要素，因此全面深度地挖掘渝东北的文化内涵，精准凝练其中的文化精神与品格，的确是渝东北文旅开发的重中之重。带着这个问题，我们对渝东北地区在当前文化旅游开发中的状况、发展规划、文化资源分布与开发，以及值得吸收的经验和存在的问题等，均从不同层面做了系统的调研，以下将以梁平、丰都、奉节等有代表性的重点区县为例，来阐述我们发现的问题，最后结合当地传统文化资源的利用，来思考一个最优的解决之道。

一 当前渝东北文旅开发总态势喜中有忧

重庆市文化与旅游发展委员会发布的《2019 年重庆市旅游业统计公报》披露，2019 年重庆的旅游发展态势非常强劲。据初步统计测算，2019 年全市接待境内外游客 6.57 亿人次，实现旅游总收入 5739.07 亿元，同比分别增长 10.0%和 32.1%。其中接待入境游客 411.34 万人次，实现旅游外汇收入 25.25 亿美元，同比分别增长 6.0%和 15.3%。在入境游客中，过夜游客297.11 万人次，增长 6.1%。对比重庆主城，我们可以发现渝东北、渝东南等几个区域的发展态势总体是良好的。2019 年，"一区两群"①各区域旅游业彰显特色、协同发展。值得关注的是，渝东北三峡库区城镇群和渝东南武陵山区城镇群的旅游接待及收入增速明显高于主城都市区。2019 年"一区两群"旅游接待及收入增速情况见表 1。

---

① 所谓"一区两群"是重庆政府对当地文旅开发的一个简明提法，即主城都市区（简称"主城区"）、渝东北三峡库区城镇群（简称"渝东北"）和渝东南武陵山区城镇群（简称"渝东南"）。

表1 2019年"一区两群"旅游接待及收入增速情况

区域	人数（万人次）	增长率（%）	收入（亿元）	增长率（%）	人数占比（%）
全市	65708	10.0	5739	32.1	100.00
主城区	41816	6.9	3495	28.2	63.60
渝东北	12338	15.8	1126	38.5	18.70
渝东南	11554	16.2	1116	38.9	17.58

　　这些数据一方面说明渝东北、渝东南等周边区县的文旅开发增长势头强劲，但另一方面也表明这些偏远区域的旅游基础很薄弱，旅游产业还存在收入基数小、起点低的问题。不过，通过对比图1中的旅游收入占比，渝东北、渝东南等周边区县的旅游收入占比略微高于其旅游人数占比，三者旅游人数占比分别为63.60%、18.70%、17.58%，而收入占比分别为61%、20%、19%。同时，考虑到重庆周边区县的旅游交通、设施配套、消费水平远不如主城区，所以我们同样有理由认为，如果通过适当的产业升级换代和文化赋能，从而为其注入更优的旅游品质，事实上，重庆周边区县的旅游业发展还存在巨大的增长空间。

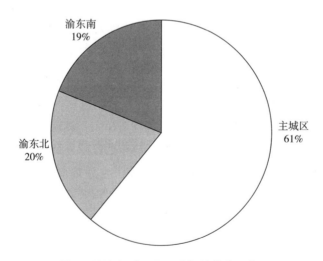

图1 2019年"一区两群"旅游收入占比

我们也注意到，因为旅游业的带动，2019 年全市住宿业、餐饮业营业额同比分别增长了 11.3%、13.4%，而《2019 年中国大陆民宿业发展数据报告》显示，重庆民宿的数量居全国第一，好评率进入全国省级区划前十名。众所周知，重庆的渝东北与渝东南地区山川壮美，气候宜人，其未来在民宿和餐饮等领域的发展，以及对其他服务类领域的拉动作用非常值得关注和期待。目前，渝东北全域旅游的概念也在提速，巫山县已经成功创建首批国家全域旅游示范区。目前，奉节县也正在积极申请成为国家全域旅游示范区。

然而透过这些看似乐观的数据，我们从人均收入上还是看出了渝东北旅游业的一些隐忧。我们知道重庆的总人口约在 3000 万人，而渝东北三峡库区城镇群涵盖万州、开州、梁平、城口、丰都、垫江、忠县、云阳、奉节、巫山、巫溪 11 个区县，面积 3.4 万平方公里，2018 年常住人口 818.8 万人，其 2019 年的旅游总收入 1126 亿元与渝东南的 1116 亿元相比较，大致接近，但是我们若考虑到这两者的面积和人口的较大差距，渝东北的数据会顿时变得令人沮丧，因为渝东南面积是 2 万平方公里，2018 年常住人口 237.1 万人，换而言之，渝东南的面积比渝东北小近一半，人口约是渝东北的 1/3，而二者的收入竟然接近，所以，当我们从人均收入的角度来观察时，就会发现渝东北的人均旅游收入为 13752 元，渝东南为 47069 元。显然，这是一个非常值得反思的结果：渝东北的旅游发展态势其实远不如渝东南，人均旅游收入仅仅占对方的 29%。而更加值得深入思考的是，一方面，渝东北拥有众多的国际旅游品牌和异常丰富的传统文化资源；另一方面，其旅游业表现却远远落后于其他地域，很明显，渝东北的地方政府并没有用好文化开发战略这张好牌。

二 文化资源开发是渝东北文旅发展规划的主线

渝东北以其独特的地理位置和文化积淀在重庆经济发展中具有特殊的地位。它地处三峡库区和秦巴山连片特困地区，包括万州、开州、梁平、城口、丰都、垫江、忠县、云阳、奉节、巫山、巫溪 11 个区县，是国家重点生态功能区，旅游资源丰富。根据重庆市政府未来的旅游规划，渝东北要建设大三峡国际黄金旅游目的地，以邮轮为重点、景区为核心、码头为关键、环境为支撑、体制为保障，实现"东西横贯、南北延伸"，形成以长江三峡国际黄金旅游带为脉络，片区辐射拓展的发展格局，从而振兴长江三峡旅游，带动两侧腹地"养在深闺"绝品旅游资源的开发，重点打造奇观探秘、生态休闲、避暑度假、文化体验、乡村旅游等产品集群，全面提升三峡旅游品质和国际化水平。

在此我们想要特别指出的是地方传统文化开发在旅游规划中的角色定位。重庆市政府在文件中明确指出，将依托长江三峡国际黄金水道，深度开发周边的人文及生态资源，建设长江三峡文化旅游长廊。打造以三国文化、民俗文化和移民文化三大文化品牌为支撑的多元文化旅游产品体系。重点提升石宝寨、张飞庙、白帝城等重点景区文化内涵，围绕三国故事，开发水八阵、旱八阵、草船借箭等旅游产品，打响三国文化品牌。推进丰都名山景区提升工程，名山景区与邮轮港、国家森林公园、古街综合打造，通过实景演艺等丰富民俗文化内涵。推进博物馆等公益性文化设施建设，整合旅游要素，挖掘和整理名人遗迹、红色文化、诗文化、巴文化、巫文化、忠文化、川江号子、神女传说、移民文化、峡江文化等特色地域文化，开发参与性、体验性文化休闲旅游产品。

不仅如此，重庆市政府还计划加大历史文化名镇及传统村落保护性开发力度，建设民俗风情浓郁的历史文化旅游镇、旅游村。积极打造万州区甘宁镇、恒合土家族乡、太安镇，开州区竹溪镇、长沙镇、满月乡，梁平区金带镇、竹山镇，城口县东安镇、河鱼乡、巴山镇、岚天乡，垫江县沙坪镇，奉节县兴隆镇，云阳县云安镇、清水乡，巫山县大昌镇，巫溪县古路镇、花台乡、通城镇、宁厂镇等重点旅游村镇，形成三峡文化城镇集群。除此之外，渝东北重点打造的多个精品景区都有着深厚的传统文化背景支撑，例如梁平双桂堂、丰都鬼城、万州大瀑布、云阳龙缸、奉节天坑地缝、巫山小三峡等精品旅游景区，它们的背后都凝聚着历代文人墨客的大量题咏描写，以及与中国历史紧密联系的各种传统文化思想的积淀。

综观上述重庆市政府对渝东北的旅游开发构想，文化开发的比重的确非常之大，可以毫不夸张地说，它是确保渝东北文旅开发品质、效率以及生态发展的主线。我们可以把上述的文旅发展愿景浓缩为这样一个大致的框架：长江三峡文化水道是旅游的主干道，但传统文化、民俗文化、地方文化是基础和支撑。如何做好民俗、名人、诗词文化的深入研究、转化、有机融合是所有文旅工作者需要深度思考的课题。文化的研究不仅是景点建设的延伸、拓展与创新，也是民居乡镇建设、民俗展演的关键。

三 区域内的历史文化遗产厚重而丰富

不同于政府的视角，我们从历史文化遗产的角度，对渝东北地区的资源分布、历史成因、文化品格也做了一个系统的梳理。从历史上的行政建置来看，渝东北地区古代大致有忠州和夔州两个大的州府。其忠州下属梁平、丰都、垫江三县。夔州的管辖范围变化较大，北宋咸平四年（1001）曾经设置夔州路，夔州路治夔州，以夔州、黔州、施州、忠州、万州、开州、达州、涪州、渝州、云安军、梁山军、大宁监来属。清代则管辖奉节（今重庆市奉节县）、巫山（今重庆市巫山县）、云阳（县治在今重庆市云阳县云阳镇）、万（县治在今重庆市万州区）、开（今重庆市开县）、大宁（今重庆市巫溪县）共六县。

往上追溯，渝东北区域是古代巴国的故地，是上古巫文化的发源地，同时也是盐文化的重要产地。其地下藏有大量的宝贵文物，上可考证远古社会风貌，下可补充中古以至唐宋元的历史事实。这些文物和文化资源对于整个西南，乃至全国都是重要的文化遗产，但目前对于这些文化的深度研究发掘，尤其是在转化为文旅资源方面，以及学术界和文化旅游开发部门的合作方面，的确还存在很大的空白，需要我们在未来实现融合与交流。以下我们将分别从忠州和夔州两个区域来展开对渝东北文化资源的阐述。

首先我们认为，虽然忠州和夔州都地属渝东北，但二者的文化资源是不同的。忠州自古以忠义精神和丰富的民俗文化而著名，更有"四贤四将"的说法。也许是因为唐代白居易诗名卓著，并且曾经在此为官，所以人们总会把白居易的诗歌声名与忠州联系在一起，但是人们常常会忽略这里曾经是一个以忠义精神为核心的历史人物聚集区。从先秦时期巴国的巴蔓子开始说起，这里的忠义之士可谓层出不穷，而且个个慷慨激烈，可歌可泣，巴蔓子为救巴国，诓骗楚国出兵，并最终以头颅抵债，震惊楚王。三国的严颜，忠勇无双，张飞义释忠良，跪求归顺，可谓忠义之将，肝胆相照。明代的秦良玉以女儿之身，不以丧夫之痛为念，数次出兵勤王，为国戍边，保境安民，名震天下，加之三国东吴名将甘宁，合称"四将"。合而观之，他们共同的特征是爱国爱民忠肝义胆，以舍身为国而名垂青史。

这种文化在唐代因为"忠州四贤"而到达了顶峰。他们分别是白居易、刘晏、李吉甫、陆贽。白居易因正直忠贞而遭贬谪忠州，其于忠州为官期间，曾留下百余首脍炙人口的诗篇，这些诗文流传至今，并且伴随着白居易在忠州留下的遗址，历代诗文题咏唱和不断。中唐财相刘晏，主政国家财赋17年之久，其从税制上改革盐铁和漕运制度，挽救中唐国库于濒危，居功至伟，也因奸臣陷害，于公元780年贬为忠州刺史。刘晏到忠州后，一如既往勤政廉政，体察民间疾苦，发展地方经济，半年后，被朝廷赐死。抄家时，其仅有"杂书两乘，米麦数斗而已"。李吉甫，唐代名相。年轻时曾任太常博士、屯田员外郎，公元793年被宰相陆贽误贬为明州员外长史。陆贽被裴延龄构陷贬为忠州别驾后，裴延龄故意拔擢李吉甫为忠州刺史，欲假借其手置陆贽于死地。但李不计前嫌，反而礼待陆贽，因此六年不徙官，其后两度为宰相，当地人赞其"宰相肚里能撑船"，至今传为千古佳话。其子李德裕亦如父命两度拜相，范仲淹说："李遇武宗，独立不惧，经制四方，有相之功，虽奸党营陷，而义不朽矣。"而最值得关注的是陆贽，大唐名相，浙江嘉兴人，政治才能卓越不凡，苏轼评价他"才比王佐，学为帝师"。陆贽一生忧国忧民，直言敢谏，清慎廉洁。因亢直而触怒皇帝，贬为忠州别驾。居忠十年，杜门谢客，遍集良方，以解民苦。唐顺宗即位后下诏召还，诏未至而人已逝，谥号"宣"，葬忠州南岸翠屏山。从此之后，历代朝臣文士，围绕陆贽之忠，反复陈说，不断阐释演绎，文章之繁盛，不一而足。可以这样说，对陆贽忠的争论事实上已经形成了一部忠州忠义文化和精神的演进史，它不仅是对陆贽的评价和解读，更是对忠州历史文化的建构和凝练。

忠州辖地的梁平、垫江，地方文化异常发达兴盛，而最值得一提的是梁平区，梁平古代称为"梁山"，此地诗词文化和图书刊印异常发达，在清代方志中可以发现，此地诗人不仅人数众多，而且多数都有自己的诗集刊行。即使以今日而观之，一个区县竟然有5个国家非遗项目，20个省级非遗项目，89个区县级非遗项目，也是令人叹为观止的。此地更是西南地区重要的佛教禅宗发源地，尤其是明清之际，以破山为代表的禅宗流传甚广，直接辐射整个西南，乃至全国，号称"西南禅宗祖庭"。与此相邻接的丰都，是中国著名的鬼神文化发源地，依托道教、巫术和佛教的发展，丰都的鬼神文化在明代之后堪称鼎盛，遂成为中国近世最具盛名的景区。其地域内丰富的民俗和祭祀活动都是非常有价值的旅游文化资源。

与忠州不同，夔州以长江三峡水道而闻名于世，因为这里的山川风光壮丽雄伟，加之这里也是古代最重要的出川之路，所以历代有不少大诗人留下了他们的诗篇。其中最为著名的诗人是唐代的杜甫，而杜甫成就最高、最伟大的400多首诗篇正是于此地写就。此外，唐代的陈子昂、李白，宋代的苏轼兄弟、陆游、范成大都曾经过此地，留下许多题咏。我们若进一步分析会发现，三峡地区的诗词文章又往往与先秦时期的楚王神女、屈原，三国的刘备君臣有关。而宋代以后，这里的题咏又常常和杜甫联系在一起。所以，我们认为这里的诗歌与历史文化，以及与山川风景的融合度非常之高，更与忠州的忠义文化相呼应，共同形成了以忧国爱民为旨归的渝东北文化，并进一步表现为趋向于崇高的美学品质。除了诗词文化，夔州受到楚文化的影响，历代盛行巫术，还是重要的盐业产地，所以，夔州的古代巴文化也是这里的一个重要文化资源。

要而言之，渝东北的文化资源不仅积淀丰厚，而且忠州、夔州两个区域相互补充，一个以忠义文化和历史故事而闻名，一个以忧国忧民的诗圣杜甫和雄奇风光而著称。加之当地民俗文化，尤其是巴文化、巫文化资源丰富，所以渝东北的文化基调是对国家的忠诚、对人民的热爱，如果我们意识到文化凝练是整个渝东北地域文化的基调和主线，那么我们很快就会意识到，这些文化品质即使放在全国来看也是独一无二的，它之于文旅产业的辨识度和重要性，自然是不言而喻的。

四　历史文化开发利用中的经验与问题

从整个渝东北的文旅开发历史和现状来看，开发利用当地文化资源的成功经验和存在问题都很突出。首先，成功的经验当然很多，例如丰都的鬼城、刘备托孤的白帝城、奉节夔门、忠县石宝寨、云阳县张飞庙等，它们在过去的旅游史上，凭借著名的历史事件而闻名世界，是长江三峡水道长盛不衰的热门景点。近年来，云阳县的龙缸景区更是凭借惊险的孤悬于海拔1010米崖上的世界最长玻璃廊桥而红遍网络，不过这些景点的走红并非都是因为文化开发成功。如果说从文化开发的角度来看，那梁平文创产品的开发和非遗项目的结合则更值得我们借鉴。如前所述，梁平的非物质文化遗产固然非常丰富，但我们这里要肯定的是梁平在非遗保护推广和文创产品开发上所取得的成绩。首先，我们说梁平的非遗保护是从小学抓起的。在区里命名的基地中，6个传承基地是区内的中小学校。其中梁平区实验小学办学历史最悠久，可以上溯至清代康熙年间的桂香书院，这所学校是梁平木版年画的重要传承基地，该校的校长本身就是重庆市级的非遗传承人。学校设有工作坊，把各类美术非遗技艺有机地融入小学学习之中。目前，实验小学有57件少儿作品获 PHE 国际青少年书画大会金、银、铜奖和优秀奖，68件学生作品获教育部、中国教育学会、中央教科所举办的全国儿童绘画大赛一等奖、二等奖，2件作品通过全国小学美术编委会审定入编人美版《美术》教材，38件作品及事迹被《光明日报》《美术大观》《中小学美术教育》等国家、省市级报刊专版介绍和报道，还有2件作品被中国邮政局制成邮票全国发行。其次，梁平县有这么多的非物质文化遗产成功申报，不能不说是地方政府高度重视的结果。去过梁平的人，对梁平博物馆的印象都非常深刻，因为梁平博物馆无论是藏品内容，还是场馆设置都远远高于重庆其他区县的博物馆，这也从一个侧面反映了地方政府对地方文化资源的重视。"保护、传承好非物质文化遗产，是重庆梁平人的历史责任。"这是重庆梁平县委书记的表态。近年来，梁平县委、县政府一直在探索如何用最好的方式保护传承祖先留下来的这些宝贵的文化财富。他们的另一个成功经验是发展"非遗"

文化的生产性保护，用生产性的方式来让"非遗"产生经济效益，用效益来保护和传承好"非遗"。正是因为这样的思路，梁平的非遗产品活态化、产业化程度非常高。梁平有着著名的百里竹海，竹子是当地的主要物产，目前，当地的高职院校、乡镇村民都积极介入这些文化项目产品的加工生产，利用竹帘、版画等各种非遗工艺不断开发出富有新意的文化产品，赢得了游客的广泛青睐。

除了成功的经验，调研过程中，我们也发现一些亟待反思、纠偏的问题。以丰都的名山鬼城为例，我们认为丰都鬼城的文化正在走向一个以惊险刺激为卖点，进而滑向暴力、血腥、色情的误区。其中元节活动就是一个很好的证据。走进名山鬼城，我们发现这里到处都是各种血淋淋的断肢残躯，树枝上，池塘边，不时冒出无头的裸体女尸。更有甚者，刻意夸大色情元素，宣扬暴力和血腥。整个展演完全褪去了鬼神文化中惩恶扬善的主题，伴随着中元节文化活动的是震耳欲聋的青年的狂歌乱舞，丰都的鬼神文化如今只剩下赤裸裸的商业挑逗和噱头。很明显，这实质上是在过国外的狂欢节和万圣节，它基本已经丧失了丰都鬼城文化的基本文化底蕴。而与此相关的是，我们发现当地政府近年在鬼城文化的研究挖掘上也乏善可陈，甚少举办类似的专业研讨交流，甚至整个丰都没有一个像样的博物馆，这些都在一定程度上表明，政府对当地文化的重视与否直接影响旅游业的发展速度和成就。

而一个好坏参半的例子是奉节县对诗歌旅游文化的打造。从传统文化利用的角度来说，抓住夔州诗歌、三峡诗词是一个尊重地域文化，发掘地域文化并合理利用的好战略。从媒体的视角，奉节对"诗城"招牌的推广和打造也是很成功的。当地政府通过参与中央电视台的全国诗词大会，使得奉节"诗城"在国内有了较大名气和关注度。但是从实地调研的情况来看，奉节的诗歌文旅开发利用，同样存在很多不尽如人意的地方。首先，奉节县并未真正从基础教育领域做好诗词这篇文章。诗歌是奉节的招牌，但是奉节的中小学并未真正落实诗歌教育内容，奉节政府原定在杜甫草堂处设立一个诗词研修基地，但是不知何故，现在迟迟没有动工，甚至连牌子都找不到。其次，奉节县的城市建设和文化发展程度与诗城名片也不是非常符合。我们认为深度旅游一定要让客人在当地做较长时间的停留，因为只要旅客留在当地，就一定会产生巨大的消费现金流，但奉节的市政设施还比较陈旧，接待能力严重滞后，尤其是车站码头，设施简陋，不时还有不文明的行为出现。再次，奉节县为打造诗词文化事实上投资甚大，据悉仅仅参与一次诗词大会就花费1000多万元，的确花了很大的血本，然而在对本地文化的内涵挖掘上却严重投入不足，还存在不少的误读和偏差。一个显著的例子是《归来三峡》大型山水展演。这是一个投资接近5亿元的大项目，但基本是张艺谋团队在别处山水展演的一个简单翻版。整个演出以写意抒情为主，由几首诗词诵读配上歌舞表演，贯穿全剧。从目前的受众反馈来看，普遍认为较为平淡，观众不是很多，目前每周只有两次演出，很难说得上成功。我们认为演出表现方式的单一和缺乏故事情节不够吸引观众，是重要的原因，但更重要的原因是，该演出没有突出杜甫诗歌中的崇高性，也没有融入三峡夔门的风光和特色。正是因为没有足够的文化高度和深度，所以它最终只是一个光彩绚丽的诗词诵读会。由此，我们也认为奉节的文旅开发不但要以诗歌为抓手，而且必须与本地地理文化相融合，不能失去自己的本色。在实际的走访过程中，我们发现当地政府对以杜甫为代表的夔州诗词的了解也并不多，这都充分说明，政府在地方文化资源的开发上，还有大量的工作需要去做。归根结底，一句话就是，缺乏文化软实力，必然影响经济的硬实力。

五　以"巴渝唐诗之路"为IP提升
渝东北文旅品质的建议

我们认为随着浙东唐诗之路研究的兴起和成功，当前各地的唐诗之路研究正从"星星之火"向"燎原之势"转化。在重庆，虽然巴渝唐诗之路研究尚处于萌芽待兴的状态，但其在文学、文化和学术机构等方面还是具备一定的或者说是较好的前期研究基础的。首先，从文化地理的视角来看，巴渝地区复杂的地域文化为唐诗之路的研究提供了特别而又不可或缺的文化语境和时空背景，它让巴渝唐诗之路的研究独具特色，不可取代。可以这样说，正是巴渝地域文化和唐诗的有机融合才催生了那些在唐诗领域独一无二和感人至深的名篇。那些产生于巴渝山川之中的唐诗，题材、语言、手法、风貌、格调都深深地烙上了巴山渝水的印记，而巴渝文化也以其特有的多元的地域文化风貌滋养、生成着唐代那些经典的，甚至堪称最伟大的诗歌。

其次，在巴渝之地虽然唐人写诗不多，但却绝对是唐诗经典佳作的富矿。如果仅从人数和诗作绝对数量来看，巴渝地区远不如临近的蜀地和成都，更无法媲美长安与江浙，但从作品的经典度、流传度和诗人的知名度来看，巴渝地区的唐诗研究还是有足够的资本可以自矜的。仅就唐代优秀的诗人而言，陈子昂、李白、杜甫、白居易、刘禹锡、孟郊、韩愈都在巴渝大地留下了他们的名篇佳句。这些诗人中间有好几位都是长期淹留，留下了一定数量规模的作品，粗略估计，这些诗篇应该有 500 首，或者更多。虽然这个数量与唐诗总量相比甚为逊色，但我们认为巴渝唐诗之路研究更看重这些诗歌的质量。我们可以自豪地说，唐代诗圣杜甫最伟大的诗篇绝大多数都写在巴渝夔州。还有，刘禹锡流传天下、至今不衰的《竹枝词》就写在巴山渝水凄凉地的夔州，虽然只有 11 首，但对古典诗词和中国古代地方史志的影响，可谓巨大，所以如果我们说最好的唐诗就写在巴渝地区，相信人们很难反对。

最后，我们认为重庆地区的研究力量和研究机构也在一定程度上对巴渝唐诗之路的研究构成了支撑。这里的西南大学有长期积极致力于杜甫研究，并形成了自己独具特色的研究风格的杜甫研究团队。在重庆的渝东南、渝东北、渝西地区也有三所高校，三者都有相关地域文化研究机构和学术研究基础，与唐诗研究也有颇多交集。此外，重庆国学学会巴渝文化专委会是研究巴渝文化的专业机构，该机构整合了重庆本地研究地方文化的众多高校，长期致力于本地的风俗文化、书院文化、诗词文化、人物传记研究。重庆学界对巴渝古代府县志的风俗与艺文类文献的研究正在有序推进，他们共同构成了对巴渝唐诗之路的文献基础。

综上所述，我们认为重庆的高校和研究机构已经具备深入研究本地文化，支撑渝东北文旅开发的实际能力，再加上重庆的渝东北作为长江水道的一个重要部分，沿途的诗词文章震古烁今，这本身就已经具备极佳的文化推广效应。

基于上述研判，我们对渝东北的文化开发提出如下政策建议。

第一，应该通盘考虑渝东北的文旅开发品牌战略，我们建议以"巴渝唐诗之路"为文化 IP 统摄渝东北的旅游历史景点，彰显其内在文化内涵，增强彼此之间的互补性、关联性。其理由有四：其一，渝东北的大量历史文化古迹都是因为古代著名作家诗人的歌咏题写而著名，诗人行走之路，其实也是风景之路、文化之路，以其为名，具有很好的统摄性、系统性，极其有利于各区县景点之间关联性的建立。其二，诗歌具有极强的流传性、启发性，具有很强的推广效应，那些著名的诗歌实际上就是一个免费的广告词。其三，这些古代的诗歌同时完成了文化精神的建构、凝练和景色风俗的书写等多重任务，充分解读这些诗歌本身就是挖掘当地的文化内涵，阐释当地的风景。其四，浙江唐诗之路，投入运行多年，"巴渝唐诗之路"有借力打力的效果，事半功倍。

第二，鼓励各区县政府与本地高校文化研究机构建立合作，加大合作和研究地域文化的力度，以求更加准确地理解地方文化内涵，更加精准地提炼文化精神，尤其是强化对本地诗文与风景、历史之间的相关性研究，打造真正接地气、得精髓的文化研究成果，为本地的文旅开发赋能。

第三，鼓励本地师范院校和当地中小学积极合作，把乡土教材的开发和地方文化的传承，以及诗歌的吟诵赏析落实到中小学教育之中，为渝东北的文化旅游开发守住根基和源头，不断注入活力。

第四，在文旅发展中，注意把握其中的伦理尺度和意识形态倾向，积极弘扬其中的正能量，尽量把地方文化研究和良好的地方文化生态的建构结合起来，杜绝其中尚奇尚怪的不良倾向，尽量做到地方旅游开发、文化建设、廉政建设的良性互动。

《三峡文化研究》第 16 辑
第 179~195 页

三峡库区孙家镇室内装修工人
职业选择的个案研究

李 霞 刘 佳*

摘 要： 在三峡库区腹地的万州区孙家镇，有刘姓家族中的部分男性成员选择长期从事室内装修行业。他们的劳动时间较长，劳动强度较大，但作业时间相对自由，技术和资金门槛不高，收入能够满足生活需要，这对他们的职业认同有积极的影响。在访谈和参与观察中，报道人展现了他们的职业轨迹和生活安排，影响他们职业选择的因素既有个人经历、家族文化，同时也有现代社会结构和经济发展。

关键词： 装修工人 生活场景 作业场景 职业选择

自房屋出现以来，人类便开始通过各种方式，对室内进行装饰、配饰。中国建筑结构不断发展，其装饰亦随之发展并在人们生活中变得愈加重要，直到建筑结构与建筑装饰融为一体，建筑装饰便实现了由简到繁的发展。①如中国古代建筑多为梁柱框架体系，对其内部空间进行灵活自由的二次改造是古代室内装修的鲜明特色。汉唐时期流行以幔帐装饰室内，至唐宋时期幔

---

* 李霞（1979~），女，湖南汨罗人，博士，重庆三峡学院公共管理学院教授，主要研究民族社会学；刘佳（2000~），女，重庆万州人，西南大学民族学专业硕士研究生，主要研究三峡社会文化与苗族文化。

① 孟霓霓：《装饰在中国传统建筑中的应用研究》，硕士学位论文，天津科技大学，2010。

帐装饰转变为小木装饰，而后演变出了隔断做法、欢门帐带做法，① 并被后世传承与改造发展至今。如今的室内装修，随着经济与文化的发展，有了更为复杂繁多的装饰方法和技术。

随着室内装修行业的发展，专业的室内装修公司逐渐出现并活跃在经济市场上，为人们所接受、选择。按照室内装修行业的观点，室内装修包括六大工种，即建筑结构改造工、水工、电工、泥瓦工、木工、油漆工。室内装修工人在《中国职业分类大典》（2015 年版）中，被划分为房屋建筑施工人员。国家职业标准认为："砌筑工指的是使用砂浆或其他黏合材料，将砖、石、砌块砌成各种形状的砌体和屋面挂瓦的人员。"本文的研究对象均为泥瓦工，属于其中的"砌筑工"。这些工人中的一部分选择进入装修公司，工作由公司安排；一部分属于个体工；还有一部分工人在公司挂名的同时，闲时自己单干。本文的研究对象为个体工。笔者于 2021 年 3~7 月对报道人进行线上与线下访谈，并于 2021 年 7 月进入报道人的施工现场进行参与观察。

一 室内装修工人个案基本信息

（一）四位刘姓室内装修工人信息

本文以三峡库区腹地万州区孙家镇亭子垭刘姓家族中从事室内装修的成员为研究对象和报道人。祖籍地址在重庆市万州区孙家镇亭子垭的刘姓家族有三支，即第八代后人刘书 Q、刘书 H 与刘书 J 的后人，本文所研究的刘姓家族指的是刘书 H 一支。该支目前有人口 14 人，刘书 H 已逝，故不计算在内。

刘礼 F 与自己的家庭居住在重庆市江北区，刘礼 G 与自己的家庭居住在重庆市城口县，刘礼 Y 与自己的家庭居住在重庆市万州城区。周启 Y 由儿子们以一年为单位，轮流供养（见图 1）。

---

① 张十庆：《从帐幔装修到小木装修——古代室内装饰演化的一条线索》，《室内设计与装修》2001 年第 6 期。

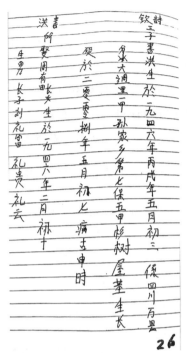

图1 刘姓家族族谱第八代后人记录手抄本（笔者拍摄于2021年）

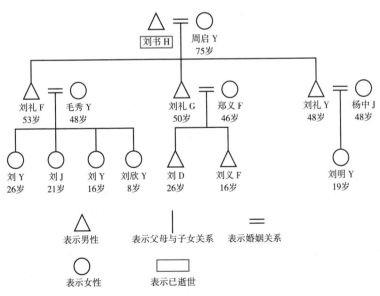

图2 刘书H一支成员基本情况（笔者绘于2022年）

本文的报道人有4人，即刘书H的儿子刘礼F、刘礼G、刘礼Y，以及其孙子刘D。刘礼F、刘礼G及刘D目前正在从事室内装修工作，刘礼Y曾从事过一段时间的室内装修工作。刘礼F目前在重庆市主城区从事室内装修工作，刘礼G、刘D父子目前在重庆市城口县从事室内装修工作。刘礼Y目前在重庆市万州城区从事运输工作。其中刘礼F为主要报道人，刘礼G、刘D父子与刘礼Y为次要报道人。此外本文还将刘姓家族另一支即刘书Q及其后人作为对照组。

（二）四位刘姓室内装修工人的主要经历

刘姓家族成员有着不同的从事室内装修工作的经历，笔者通过访谈，详细记录了报道人的学习和工作经历，详见表1。

表1　报道人的学习与工作经历

报道人	学习经历	工作经历
刘礼F	1973~1978年，小学（五年制）。1978~1980年，初中（辍学）	1980年，贩卖炮糖。1982年，前往云南文山从事室外装修行业。1988年，离开云南。1993年前往广东当老板，从事室外建筑修建与室内装修。1997年回到万州城区，从事室内装修一年。1998~1999年在重庆主城从事室内装修。2000年回老家从事卤菜、水果等生意。2004年，前往上海从事室内装修行业。2008年，40岁，回到重庆继续从事室内装修行业。此后，一直留在重庆主城区从事室内装修行业，其间有转行从商的想法
刘礼G	1976年，小学（五年制，后辍学）	1982年，随大哥刘礼F前往云南、广东、上海等地，从事装修行业。2008年，前往重庆城口从事室内装修
刘礼Y	1979~1984年，小学（六年制）。1984年，初中（后辍学）	辍学后跟随大哥刘礼F前往广东、上海等地从事装修行业。因患病停止从事室内装修，在万州城区从事运输行业。2012年到主城跟着大哥刘礼F又从事室内装修半年，后回万州城区继续从事运输行业
刘D	2001~2007年，小学（六年制）。2007~2008年，初中（后辍学）	辍学后辗转于重庆主城区、万州城区与城口城区，从事各类工作。后回到重庆城口跟随父亲从事室内装修行业至今

由表1可知，报道人之间存在的共同点是：其一，受教育程度较低，即学历低；其二，首次从业年龄偏小；其三，有多次转业经历；其四，选择的工作从业门槛较低。

二　室内装修工人的作业场景

每个行业都有从业者需要遵行的行业规则，行业的从业者只有遵守行业规则才能为行业整体环境与同行所接纳，才能在行业内有所发展。因此，报道人的作业模式也遵循着室内装修行业作业模式的规则，在施工作业的方法、分工、顺序等多方面有着相似性。同时，报道人虽均从事室内装修行业，但因其为个体工并不受该行业的各公司限制，施工作业较为自由，灵活性较强，有着符合自身具体情况的独特性与差异性。本文的报道人均为泥瓦工，为此本文仅描述报道人作为泥瓦工的作业模式。室内装修行业为一套房子进行装修时的作业模式如下。

第一，组建施工队伍。室内装修的人才队伍通常需要的工种包括建筑结构改造工、水工、电工、泥瓦工、木工、油漆工；此外还需要一位主要负责人统领一套房子整个装修过程中的全部工作，这名主要负责人若在装修公司会由"经理"担任，若为个体工可由上述工种中任意人员担任。

第二，确定开工时间。按照顺序，各工种依次进入作业场地进行施工，施工时间或有交叉。

第三，购买施工建材。各工种与主要负责人或房屋主人进行联系，商榷材料购买等事宜。

（一）作业工具

作业工具是作为泥瓦工的报道人在作业施工现场各项工作得以顺利开展的物质保证，是联系报道人与作业施工现场的纽带，是报道人施工作业场景中不可缺少的部分，是报道人不同施工作业场景片段的侧面反映。作业工具时刻存在于报道人的每一个作业场景之中。了解报道人的作业工具便于初步了解报道人的作业场景。刘姓家族中的室内装修工均为"泥瓦工"，因此本文展示的作业工具为泥瓦工专用工具，详见表2。

表 2　泥瓦工专用工具

名称	用途	名称	用途
切割机	用于切割瓷砖，以满足作业施工现场对瓷砖独特形状的要求	铁锹	用于铲运水泥、作业施工现场的废弃垃圾等
水平仪	用于测量地面瓷砖是否平整	玻璃刀	用于切割瓷砖至所需形状、大小
灰刀	用于将泥沙敷至瓷砖上	铁板	用于将泥沙敷至瓷砖上
搅灰机	用于搅拌灰浆（石灰墙上，水泥+河沙+砂浆贴砖）	卡子	用于固定瓷砖之间的距离，以便后续"勾缝"的开展
榔头、铁锤	用于作业施工现场部分墙面的砸凿工作	木工铅笔	用于作业施工现场的标记工作
卷尺	用于作业施工现场各处尺寸的测量工作	毛巾	用于作业施工现场的清洁工作
羊角锤	用于作业施工现场敲打钉子的工作，以达固定灶台的目的	木柄胶锤	用于将已贴好的瓷砖进行轻快捶打工作
扳手	用于作业施工现场装卸水龙头、气管固定架的工作	凿子	将其安装至电钻上，用于作业施工现场墙壁与地面的线槽挖凿工作
绝缘胶	具有绝缘功能，用于处理作业施工现场切割机、电灯、插板等的电线外壳破损问题	纸胶带	本是漆工用具，报道人将其作为保护手部的用品，具体会将其缠至手指上
钉子	用于作业施工现场的固定灶台工作	刀片	用于作业施工现场铅笔的削剥工作

　　报道人表示，上述工具多为他们自行前往建材市场、五金店采买或联系熟人代买。随着网上购物的兴起，他们也开始网购，通过网上购物软件购买所需的工具。在购买工具时，品质、价格是报道人的主要考虑因素，报道人认为"物美价廉"是最为理想的。

（二）作业规模与作业时间

　　作业规模与作业时间是报道人在作业场景中的重要部分，贯穿着报道人作业施工场景的全过程。作业规模是指报道人装修的房屋的面积；作业时间是指报道人从早上进入到晚上离开作业施工现场这个过程所花费的时间。根据报道人的口述情况，其作业规模与作业时间如表 3 所示。

表3 报道人作业规模与作业时间

报道人	作业规模	作业时间（2016~2021 年）
刘礼 F	按照从小到大的顺序，作业规模大致分为三类：第一类是 20~30m²，此类的房屋户型为单间配套，即一室一厅；第二类是 80~90m²，此类的房屋户型为两室一厅或三室一厅；第三类是 150~200m²，此类多是大平层、跃层、花园洋房、小别墅等房屋户型	每日作业时间：8：00~12：00、13：30~20：00。共计 10.5 小时
		每月作业时间：少则 10~15 天，多则整个月
		每年作业时间：9~10 个月
刘礼 G 与刘 D 父子	按照从小到大的顺序，作业规模大致分为三类：第一类是 20~30m²，此类的房屋户型为单间配套，即一室一厅；第二类是 80~90m²，此类房屋户型则多为两室一厅或三室一厅；第三类为 150~200m²，此类的房屋户型通常是大平层、跃层、花园洋房、小别墅等	每日作业时间：8：00~12：00、14：00~19：00。共计 9 小时
		每月作业时间：少则 10~15 天，多则整个月
		每年作业时间：9~10 个月

由表3可见，报道人的作业时间与作业规模大体相同，但存在细微的差异。此外，报道人表明：作业规模、作业时间实际上都是不固定的，会根据实际情况进行调整。例如刘礼 G 与刘 D 父子在作业时，刘礼 G 按照表3的时间进入施工作业现场，刘 D 会在家睡觉至自然醒再进入施工作业现场。再如刘礼 F 进入施工作业现场的时间深受道路交通的影响，存在晚一分钟未及时赶上早高峰前的公交车而延迟 1 小时的情况。作为个体工，报道人的作业规模、作业时间会受到不同因素、不同程度的影响，个人主观意愿与社会客观条件是两个主要方面。个人主观意愿体现出报道人的自主、随意，社会客观条件反映出报道人的受限、无奈。

（三）作业顺序

作业顺序是报道人装修整个房屋的步骤，可以展现报道人在施工现场进行施工的详细场景。

第一步，分析房屋主人提供的房屋结构图，掌握房屋需要进行施工的面积。

第二步，砌墙、打墙、粉墙。砌墙即报道人在某一固定位置修葺一面墙或半面墙。打墙则与砌墙相反，是报道人在作业施工现场对某一面固定墙壁进行打砸，以达到拆除该墙面的目的。粉墙则是砌墙、打墙之后的工序，将砌好的墙用白色的腻子粉或滑石粉兑腻子胶水（比例无具体要求）进行粉刷。在打墙环节，报道人的打墙工作实际上属于善后工作。报道人表明打墙工作由专门的人（打石匠）负责，当打石匠打墙结束后，报道人根据被打墙面的情况决定是否对墙面进行二次凿打。墙面被完全打掉后，打石匠或报道人会对在墙上留下的痕迹进行处理，涂刷白色腻子粉（粉墙）。砌墙工作则完全由报道人来完成，待砌完墙后，报道人同样需要在新砌的墙面涂刷白色腻子粉。报道人需要等待房屋的水电安装工作完成再实施该步骤。是否需要砌墙或打墙，取决于房屋主人的需求。房屋主人的需求分四种：一是需要砌墙；二是需要打墙；三是既需要砌墙，又需要打墙；四是不需要砌墙、打墙。这些情况多是因为房屋主人对房屋的部分结构持不认可态度，他自己有"更合理"的结构设置方案，方案的差异性导致房屋主人的需求分化为上述情况。

第三步，敷线槽、封水管（红砖）、安装便盆、地面回填找平、防水。敷线槽指的是将房屋内地面、墙面上的凹状电线槽用水泥制成的灰浆敷平。封水管指的是围绕水管用红砖将水管封起来，形状为直角，并用水泥制成的灰浆将间隙平敷一遍。安装便盆是在厕所开展的工作。地面回填找平是将厕所、厨房、阳台凹凸不平的地面进行回填找平。防水则是专门针对厨房、厕所、阳台的工作，报道人会将搅拌好的水泥沙兑防水胶或防水浆兑防水粉的成品平铺在厨房与厕所的地面，待其干后，将墙壁瓷砖贴至 2.2~2.4m 的高度，再放水至水平面与门槛齐平，水深大致 5~6cm，间隔一天水可全干，不受天气状况或温度的影响，至此防水工作完成。

第四步，贴砖、修建灶台。贴砖指的是报道人将房屋主人购买好的瓷砖贴在地面或墙面上。不同房屋主人的需求不同，贴砖范围不同。关于地面：有整个屋子全贴瓷砖的；有整个屋子全贴地板的；还有部分房间贴瓷砖，部分房间地面贴地板的。关于墙壁：有全部贴瓷砖的；有部分墙壁贴墙纸，部分墙壁不装饰的；还有部分墙壁贴瓷砖，部分墙壁贴墙纸，部分墙壁不装饰的。关于瓷砖的规模，市面上常见的地面瓷砖规模有如下情况：300cm×600cm、600cm×600cm、400cm×800cm、750cm×1500cm、600cm×1200cm、900cm×1800cm 等。墙面瓷砖规模有如下情况：300cm×300cm、800cm×800cm 等。通常报道人先贴厕所厨房的瓷砖，再贴客厅、卧室的瓷砖。瓷砖贴完后，报道人会在房屋的厨房修建灶台。在贴砖与修建灶台的过程中，报道人会一边贴，一边勾缝，一边为瓷砖灶台做清洁。勾缝是指报道人将勾缝剂与水调和，用灰铲将其敷至瓷砖与瓷砖之间的缝隙，待其风干后用毛巾擦掉多余部分。

第五步，维修。维修是指房屋主人在入住后，向报道人反映家中有漏水或其他情况。报道人会去现场检查确认原因，并进行维修。通常是报道人并未参与装修的房屋存在需要维修的情况，屋主人或与报道人熟识，或通过他人介绍与报道人进行联系，就家中情况与报道人进行沟通，并邀请报道人对其房屋进行维修。维修价格按照具体情况商定，以漏水来说，若漏水规模大且情况严重，一口价 4500~6000 元；如漏水规模较小，价格则按 100 元/块瓷砖计算。

三　室内装修工人的生活场景

报道人的生活场景是与作业场景相对的，是报道人工作之外的场景，报道人可以根据自己的主观意愿自由地做不同的事情，安排闲暇时间。

（一）薪资与消费情况

报道人做任何事情都需要资金的直接支持或间接支持，其唯一资金来源是从事室内装修的报酬。报道人的薪资及消费情况可反映出其生活场景的部分情况。笔者统计了 2019~2020 年报道人的收入与消费情况，详情见表 4。

表 4　2019~2020 年报道人的收入与消费情况

单位：元

报道人	年收入	年消费
刘礼 F	144000	120000
刘礼 G 与刘 D 父子	120000	100000

报道人的收入情况因工作时间及实际工作时商谈的价格有上下浮动，收入情况欠缺一定的精确性。重庆统计年鉴发布的城镇私营单位就业人员平均工资（2019~2020 年）中建筑业为 57389~59037 元。相较而言，报道人的收入较为可观，能够维持家庭日常开销，但存款较少。刘礼 F 认为如果在重庆主城区购买房屋或车辆有一定的压力，因为家人较多，劳动力少，且有三个孩子在上学。刘礼 G 与刘 D 父子也认为存款较少，但凭借多年积蓄加上向朋友借钱能在城口县城买一套房。

（二）闲暇时间安排

报道人处于有业务就上班，没业务就休息的状态，闲暇时间不固定，具有较大的弹性，较少受国家法定节假日的影响。

访谈 1

笔者：你平时不上班、空闲的时候会做些啥子啊？

刘礼 F：微信聊天嘛，看点视频，看点电影、电视剧嘛。过年过节走个亲戚，有时候去外面景点逛哈嘛。有时候，自己做点卤菜、豆芽、豆腐、凉粉来吃嘛，自己做的干净又便宜噻。还有就是在网上买点杂七杂八的东西嘛。（2021 年 5 月，微信）

刘礼 G：就是在屋头看电视嘛。（2021 年 5 月，微信）

刘 D：上网，打游戏。（2021 年 5 月，QQ）

2021 年 7 月 18 日，刘礼 F 早上 5 点醒来看微信刷视频至发困遂入睡，早上 8 点再次醒来吃早饭，早饭是面条或稀饭。刘礼 F 吃完后继续看微信、看视频，与妻子出门理发并前往菜市场购买食材。中午 12 点刘礼 F 吃午饭，饭后开始与妻子熬制卤料，待卤料熬制完成开始卤各类肉食，包括鸡肉、牛肉、猪耳朵、鹌鹑蛋等。晚上 7 点刘礼 F 吃晚饭，饭后与亲友打电话聊天，打完电话玩手机至晚上 12 点，发困睡觉。

在闲暇时间，刘礼 F 会在手机上看短视频与电视节目、外出购物、理发、烹饪、喝酒等；刘礼 G 则是在家看电视；刘 D 爱宅在家，是一名网络游戏爱好者，曾于 2021 年 8 月前往杭州旅行。报道人在闲暇时间均没有参与棋牌活动。棋牌活动即打牌、打麻将，在重庆地区十分常见，居民居住区都设有麻将馆，刘礼 F 所在小区、刘礼 G 所在小区附近均有大量的麻将馆。报道人刘礼 F 说自己坚决不会碰，家里人也坚决不能碰。报道人对于闲暇时间的安排具有随意性，也有一定的原则。

除放松之外，报道人在闲暇时间还会出于各种目的联系亲友，与朋友聊天、寒暄。根据刘礼 F 的讲述，他与亲友联系的情况有：单纯的问候，关心近况，处理生活中的其他事宜；联系同行，商量工作事宜。他的交际圈包括自己的亲戚、朋友、同行、曾经的业主等。

报道人均能在空闲时间做自己感兴趣的事情，放松自己的身心从而得到精神上的满足。报道人的精神满足基于薪资相对充足，能够满足物质需求。

四　刘姓家族室内装修工人的职业选择

职业是人们得以在社会生存的基本保障。中国古代将职业与社会身份地位相结合，分为三教九流。三教九流泛指古代中国的宗教与各种学术思想流派，并由之产生了各种职业，三教九流亦是中国古代对地位、身份、职业进行等级划分的标准。由于三教九流在后世中演变出各种职业和身份，如和尚、道士、塾师、方士、术士、幕僚、文人、侠客、农夫、手工业者、商贾等，逐渐成为古代职业的象征和统称。[①] 室内装修工是现代社会建设中的重要角色，特别是在房屋建筑中发挥着不可替代的作用，其职业选择受到多种因素的影响。

（一）职业选择中的身份认同

田建杰指出中国人关系的建立靠的是传统的血缘和地缘关系，关系网络通过熟人关系建构，[②] 中国社会是一个讲究人情面子的社会，[③] 如翟学伟的

---

① 刘谊人、周礼：《"三教九流"原来是学派的统称》，《建筑工人》2020 年第 2 期。
② 田建杰：《非正式装修工的求职社会网络再建构研究——以郑州市丫装修团队为例》，硕士学位论文，云南大学，2017。
③ 翟学伟：《人情、面子与权力的再生产——情理社会中的社会交换方式》，《社会学研究》2004 年第 5 期。

"人情""面子"、费孝通的"差序格局"、梁漱溟的"关系本位"等均是其体现。① 刘旻佳认为苏北在沪装修工人维护与亲友的关系，可以帮助自身职业的发展并适应家乡—上海两地奔波流而不迁的生活方式。②

认同是社会的结构性因素和个体的反思性互动下的一个动态的过程。从本质上来讲，认同给人一种存在感，它涉及个体的社会关系，包含己身和他者的复杂牵连。③ 职业认同与身份认同均属于社会认同的范畴，社会认同是个人对自身所属社会群体的认识，同时也认识到群体带给其自身的情感和价值意义。④ 社会认同理论认为，社会认同由三个基本历程组成：类化、认同和比较。类化指人们将自己编入某一社群；认同是认为自己拥有该社群成员的普遍特征；比较是评价自己认同的社群相对于其他社群的优劣、地位和声誉。⑤

当人们因不能确定自己的归属而感到困扰时，身份问题就会出现。也就是说，当人们身处不同的身份情境时，角色要求和角色期待有明显的差异。当个体对自身的身份认同模糊，又无法依靠他人对自身的角色期待来确认自身的身份认同时，身份边界模糊且可能存在认知冲突，这时身份问题就出现了。身份问题并不是仅仅通过诸多理论架构就能解决的"身份是什么"这样一个本体论层面的问题，它更多的是一个实践层面的问题，是在具体的行为实践过程中才能体验到的问题，是当原有的身份偏离或脱离了适合于其行为实践的情境时，主体才能够深刻体验到的问题。因此身份问题实质上还是一个关乎行为情境的问题，它具有强烈的实践性、情境性和情境体验性。身份需要经过情境中的行为实践才能够生成、体验并不断被纳入自我的认知过

① 田建杰：《非正式装修工的求职社会网络再建构研究——以郑州市丫装修团队为例》，硕士学位论文，云南大学，2017。
② 刘旻佳：《苏北在沪装修工人的地域认同与关系网络研究——以上海 G 装修公司为个案》，硕士学位论文，上海师范大学，2020。
③ 赵静：《城管的身份认同困境及行为策略研究——以上海市为例》，硕士学位论文，华东师范大学，2013。
④ H. Tajfel, *Differentiation Between Social Groups: Studies in the Social Psychology of Intergroup Relations*, London Academic Press, 1978: 10-56.
⑤ 赵志裕、温静、谭俭邦：《社会认同的基本心理历程——香港回归中国的研究范例》，《社会学研究》2005 年第 5 期。

程之中。①

职业与人们的身份有着密切联系，关于职业与身份之间的关系，人们有不同的说法，甚至存在将身份与职业等同起来的说法。人的身份具有多重性，在不同的情景之下有不同的身份，且可以同时有多重身份。职业则使得人们的身份发生变化，不同的身份对于职业也产生一定的影响。人们的职业选择与身份认同之间存在相互作用、相互影响的关系。

（二）职业选择的主位观点

要了解室内装修工人，报道人的主位观点不可缺少。下面就主要报道人如何看待自己的这份职业进行描述。

1. 为何选择成为室内装修工人

访谈 2

笔者：你为啥子要从事室内装修工作欸？

刘礼 F：我没得其他本事，就来搞建筑做装修。第一，为了踏踏实实的生活，能够做哪样就做哪样，我看搞装修（收入）还可以，也不影响其他。嗯，做装修还是要勤快，天晴落雨都可以（做）。第二，也没得其他啥子收入。（2021 年 3 月，刘礼 F 家——重庆市江北区大石坝街道）

刘 D：可以挣钱啊。生活需要，现在都想挣钱哦。（2021 年 3 月，微信）

经济因素是报道人选择从事室内装修工作的主要导因。室内装修作为一门技术活，对人的体力、耐力有着极大的要求，同时带给从业者的回报也较为可观。相较其他职业而言，如报道人刘礼 F 的父亲刘书 H 务农和叔叔刘书 J 编草鞋卖，室内装修行业能够获得更为丰厚的收入。而且，室内装修行

① 潘佳玲：《住在城市边缘：艺术"深漂"群体的身份认同探究——以鳌湖艺术村艺术工作者为例》，硕士学位论文，深圳大学，2019。

业不需要从业者投入大量资金。

访谈3

刘礼F：（从事室内装修）虽然吃苦点嘛，还是为了后人娃儿明确地走一条正确的路，要勤扒苦做，给后人做个榜样。关键的是要这些读书的娃儿，晓得吃苦耐劳，自己去奋斗，要跟我们搞装修一样，任何事情自己去解决，再难的事情要处理好，要那些装房子的心里满意，主要是要学到沟通能力。其实搞装修，也是看起简单，要说细了，也是件很复杂的事情，因为要碰着各种各样的环境，要去面对。

我是老大嘛，我要教他们噻，又没得其他本事。

一家人就是要团结在一起。（2021年7月，刘礼F家——重庆市江北区大石坝街道）

刘礼F十分重视以血缘关系为基础的家族关系，有着较强的家族观念。他认为一家人应该携手互助，团结一心。他在不同身份的切换与统一中，将自身的观念通过职业转化为实际行动，传递给自己的兄弟与孩子。当身份为长兄时，刘礼F将自己拜师学来的谋生技术教授给自己的两位弟弟，带着弟弟谋生赚钱。当身份为父亲时，刘礼F注重教导孩子人生哲理，通过将孩子带去自己的施工作业现场，让孩子切身感受勤劳、踏实、勇敢、团结、自信等良好品质。同时刘礼F因从事室内装修工作，获得新的身份："师父"与"师傅"。刘礼F是两位弟弟的师父，将两位弟弟引入装修行业。刘礼F又是同行以及房屋主眼中的装修师傅，装修师傅这个身份使得刘礼F得以与同行合作，穿梭于各个家庭的房屋间，进而成为他人房屋的"缔造者"。除去对于身份的影响，职业还可强化人们已有的身份。刘礼F是刘礼G从事室内装修工作的师父、刘礼G是刘D从事室内装修工作的师父，师父这一身份的权威性，加强了刘礼F作为兄长、刘礼G作为父亲这一身份的权威性，进一步强化了刘礼F的兄长身份、刘礼G的父亲身份。

2.如何看待室内装修工作

刘礼F很骄傲自己是一名室内装修工人。一是他很认可自己的装修技术和装修成品；二是他能够以这份工作支撑家庭各项开销，还能有小量存款；三是传授给了自己的两位弟弟谋生手段；四是这份工作扩大了他的人际关系网，认识了各行各业的人，并将他们发展成为自己的朋友；五是他从不认为自己的工作因为是体力劳动就比别人低一等。但他认为室内装修工非常辛苦。一是通勤时间较长。因为工作地点在重庆主城九区均有分布，每天的通勤时间在3~4小时，经常需要早上五六点起床出门赶早班公交或轨道交通，避免堵车以致耽误施工进度；晚上有时甚至八九点下班。二是环境较艰苦，尤其是夏天，重庆天气炎热，施工场地没有空调，只能自己准备小风扇，而风扇的风力有限。且部分工作地点周边商铺较少，用餐不便。三是身体健康会受到一定的损伤。长期吸入大量灰尘，对肺部影响很大；手部接触装修材料，也受到材料中一些化学物质的侵蚀，变得粗糙不平，甚至变形。四是施工难度较大。随着年纪的增长，体力愈渐下降，加上部分施工材料如地面瓷砖的重量增大，增加了施工难度。五是疫情导致经济发展受阻，房地产行业、建筑行业都受到影响，一方面业务越来越少；另一方面出门工作也受到影响。所以他希望自己的孩子好好学习，将来能够从事较为轻松的工作。

（三）职业选择的客位观点

客位观点是笔者根据观察及收集到的信息得出的观点，与主位观点相互印证，有助于更好地理解报道人的职业选择。

1. 家族观念影响报道人的职业选择

报道人身上体现出较为明显的中国社会中的家族观念，这种家族观念对于家族成员在职业选择上有着较大影响。报道人所在的刘姓家族刘书H这一支以从事室内装修工作为主体，职业习惯影响了家族的文化，进一步影响着家庭男性成员的职业选择。刘姓家族另外一支即刘书Q的后代，亦表现出相似性，该支重视教育。刘书J育有二女一儿，其本人、长女、二女婿、幼子、外孙（长女之子）均为教师，均重视对子女的教育。如二女热衷给孩子安排各种补习班；幼子为了让孩子接受更好的教育，从重庆万州跳槽到重庆主城名校任教。两家族分支又共属于同一家族，两支的成员因家族观念与日常交流的影响，对于职业的选择，出现了相互影响的情况，刘礼 F 希望自己的子女也能成为教师。

2. "强—弱关系"强化报道人的职业选择

职业选择与身份认同之间的关系，表现为报道人之间对于相互的血缘身份与职业身份的二重性感知。报道人之间存在二重性关系，即报道人互为血缘亲戚关系，同时还是以"师徒"授业模式为基础的同行关系。这种同行关系以稳定的血缘亲戚关系为基础。中国学者将血缘关系和地缘关系定义为强关系，如家人、亲戚、老乡、朋友；将业缘关系定义为弱关系，如工友、业主、客户。① 按照此观点，本文报道人之间的血缘亲戚关系为强关系，同行关系为弱关系。报道人之间的"强—弱关系"，使得他们强化了对职业与身份的认同，但这种关系并非从两个方面单独对主体发挥作用，而是同时发挥作用，共同促进报道人的职业发展。

3. 血缘、地域与职业"三合一网络"影响报道人的职业选择

报道人所在的家族分支中存在一张血缘、地域与职业交织的网络。刘礼 F、刘礼 G、刘礼 Y 与刘 D 四人是亲兄弟或亲子或叔侄，存在亲密的血缘关系。刘礼 F 在重庆主城，刘礼 G 与刘 D 父子在重庆城口，而刘礼 Y 在重庆万州城区，三个地点形成一个代表三方的稳定的地点网。刘礼 F 作为家中长子，在自己学到一技之长后，将技术教给两位弟弟刘礼 G 与刘礼 Y，刘礼 G 又将技术教给自己的儿子刘 D。室内装修泥瓦工这一技术活在这个家族分支里流动使用，并且成为各个家庭在一段时间内赖以生存的资本。至亲的血缘关系、稳定的三角地域分布、相同的职业相互交错，最终表现为室内装修泥瓦工成为家族的共同职业，阐述着"子承父业"与"长兄如父"。刘 D 在父亲刘礼 G 的教导下学习从事室内装修行业的相关知识与技能，并将室内装修作为自己的工作，这体现的是子承父业。刘礼 F 作为兄长，疼爱弟弟刘礼 G、刘礼 Y，将自己的装修技术教给两位弟弟，使弟弟们得以谋生；弟弟们则敬爱感激兄长。

4. 职业入门门槛影响报道人的职业选择

大多数职业对其从业者都有着严格的要求，如教师需要有教师资格证

---

① 田建杰：《非正式装修工的求职社会网络再建构研究——以郑州市丫装修团队为例》，硕士学位论文，云南大学，2017。

和相应的学历、司机需要考取驾驶资格证。而从事室内装修，从业者不需要具备较高的学历、参与严格的培训、掌握丰富的理论知识或投入大量资金；只需要有吃苦耐劳、勤奋踏实、善学专研的敬业精神，掌握室内装修所需技术，熟练应用室内装修的各类工具即可。

五 结语

本文以重庆市万州区孙家镇刘姓家族中的一支为个案，介绍三峡库区室内装修工人群体中个体工的基本情况，近距离展现了库区室内装修工人当下的生活、施工场景的样貌，并在此基础上分析报道人的择业因素与择业思想，论述传统社会文化如何影响其职业观念和职业选择。报道人的家族、学习经历是其选择从事室内装修工作的基础，而其职业选择又构成了自身的人生经历。报道人赚取相对可观的薪资，在生活中有足够的金钱进行消费，能够随性自由地安排自己的休息时间均得益于其选择从事室内装修工作。报道人掌握的装修技术，不仅易上手且在社会中的实用性较强，能够作为自己的谋生手段；其所需的施工工具耐用便宜，不需额外花费精力对工具进行维护，报道人在这两方面不需投入大量资金与精力。上述内容共同作用于报道人的职业选择，使得报道人对室内装修行业有着较积极的认同感。室内装修的职业同时带给报道人相互之间除血缘以外的业缘关系，"强—弱关系"使报道人自身产生较为强烈的身份认同感。积极的职业认同感与身份认同感表明报道人对于自身的社会角色持肯定态度。

职业选择是一个复杂的问题，它既是个人的自主行为，同时也受到社会结构、经济环境、传统文化、时代背景等各种因素的影响。三峡库区孙家镇刘姓家族成员选择成为室内装修工人，体现了个体在面对生存问题时，如何综合各方面的情况做出最适合当下的选择，同时也受到长辈和同辈群体的感召，符合当前经济形势的需要。但职业选择并非长期化、固定化的行为模式，室内装修个体工的职业选择充满灵活性与变动性。这既是个体的生存智慧，同时也是时代的缩影。

《三峡文化研究》第 16 辑
第 196~203 页

平湖下的历史多彩纷呈

——读《三峡考古文化》有感

付　昶[*]

摘　要：《三峡考古文化》一书是杨华教授在三峡地区考古发掘几十年的经验积累和观点总结。全书不仅介绍了三峡地区从旧石器时代到宋元明时期的古代居民遗址和遗物，而且对巴文化和楚文化及长江水位和河床的历史变化进行了分析和研究。全书研究区域广，涉及遗址和文物点多，但文章结构层次分明，主题突出，每个章节都有不同的重点和亮点，值得深入研读和探讨。

关键词：三峡考古　巴文化　楚文化

三峡以曲折迂回滩多水急的西陵峡、群峰如屏俊秀幽深的巫峡、悬岩壁立雄伟险峻的瞿塘峡著称于世。这是狭义的三峡地区。广义的三峡地区指的是西起重庆市西南部江津区，东至湖北宜昌市夷陵区的长江峡谷地段，东西全长约 700 千米，属于长江上游的下段区域，总面积 106838 平方千米。三峡以其雄伟壮丽的景色令人向往，历代文学家、画家用他们的如椽大笔，给三峡蒙上了一层绮丽神秘的色彩。古代人民留下的文物古迹，更为三峡增色添彩。

为了减少长江中下游地区的洪涝灾害，加强电力、航运和旅游的开发和

* 付昶（1977~），女，四川新都人，新疆维吾尔自治区博物馆副研究员，主要研究考古学、体质人类学。

管理，20世纪90年代国家决定开启三峡水利枢纽工程建设，建立世界上规模最大的水电站，这也是中国有史以来最大型的工程建设项目，实现了毛主席"高峡出平湖"的战略构想。大坝建成后，坝前海拔175米以下的广大地区都将被淹没，沿江两岸的居民都必须搬迁，地貌和环境发生重大改变。随之被淹没的还有该地区极为丰富的历史文化古迹和文物资源。为了永远留住三峡库区的文化遗产，伴随宏伟的三峡工程的兴建，大规模的库区文物抢救性发掘与保护工作紧锣密鼓地进行了起来。国家文物局根据国务院三峡建委的工作部署，按照"重点保护、重点发掘，既对基本建设有利，又对文物保护有利"的方针，动员了全国225所文物保护研究机构和大专院校的数千名文物保护工作者，众人云集三峡，满腔热忱地投入库区文物抢救保护工程。历时十多载的文物发掘、保护和研究，文物工作者埋头于风餐露宿的野外艰苦环境，在简单的文物修复整理室和朴素的书桌台及绘图板前，获得了丰收的喜悦。到2008年底，三峡库区大规模的田野勘探与文物发掘工作基本完成，对19个区县的764处文物进行了考古勘探和发掘，总勘探面积约1600万平方米，发掘面积近190万平方米，获得各类文物及标本约25万件（套），其中较珍贵文物6万余件（套）。这是新中国成立以来由国家文物主管部门为某一地区调集单位和专业人员最多的一次文物保护工程，也是我国在同一区域、同一时间内出土文物数量最多的地下文物保护工程。考古发掘是一项科学工作，也是考古研究的基础，是对文物进行保护的有效活动。这些大量重要遗迹遗物的抢救保护，填补了峡江地区史前考古学文化研究的空白，使该地区原本并不清楚或只有一些初步认识的考古学文化的时空框架得到系统完善。在短短的十多年时间内，该工程就使三峡地区的古代人文遗址和遗物得到了科学发掘和系统性研究，大量的专业研究论文和成果专著得以发表。三峡工程不仅是水利建设工程上的盛事，也成为中国考古史上的丰碑。众多研究成果中，《三峡考古文化》或可谓其中的集大成者。

全书12个章节共80余万字，分别介绍了三峡地区从旧石器时代到宋元明时期的古代居民遗址和遗物，还对巴文化和楚文化以及长江水位和河床在这几千年之间的变化进行了分析和研究。全书研究区域广，涉及的遗址和文物点多，但文章的结构层次分明，主题突出，同时每个章节还有不同的重点和亮点，读后使人不仅对三峡地区的时代脉络有了清晰的把握，还对各个时代的特点和特色以及某行某业的起源和发展有了形象而深刻的认识。

第一章绪论总体介绍各时期的遗址概况。第二章旧石器时代考古文化，应用古人类学和体质人类学的理论和方法，介绍三峡地区发现的旧石器时代遗址及其出土的古人类化石、石器和动物骨骼化石标本。还探讨了古人类居住遗址的选址和建筑结构特点，使距今 200 万年前直至距今约 1 万年的三峡地区古人类起源和发展的脉络清晰可辨。最后还列出了三峡地区目前所发现的旧石器时代遗址和古人类化石情况。三峡库区旧石器时代考古发现具有非常重要的学术意义，在库区内发现如此多的更新世古文化遗址，使三峡库区由旧石器时代考古的空白地区一跃成为富积地区，扩大了古人类在中华大地上的分布区域。龙骨坡的古人类发现表明古人类可能早在更新世便出现在三峡地区，这为古人类在东亚地区的起源提供了珍贵的资料。如此密集的旧石器时代遗址沿长江分布，表明长江和黄河一样，是孕育华夏民族和中华文明的一条重要河流。[①]

第三章新石器时代、第四章夏商时期和第五章西周、春秋战国时期的考古文化是全书的重点。其结构都是先概述该时期的考古文化，列举其中的重要考古文化遗存，然后分析当时的社会经济和技术形态，再介绍房屋建筑和古城遗迹，最后介绍埋葬习俗文化并与周邻地区文化进行对比分析。其中第三章对墓葬人性别和年龄的统计分析，生动地反映了新石器时代三峡地区居民在当时环境下的生存状态。并应用植物考古学的理论和方法对与水稻相关的遗迹和遗物进行分析和研究，证明三峡地区远古居民水稻栽培存在从东部向西部传播发展的特点，黍、稷和麦的种植可以追溯到距今约 5000 年前的新石器时代晚期。还应用动物考古学的理论和方法论证三峡地区的居民早在新石器时代就饲养了家猪、家犬和家鸡，其中家猪的饲养时间最早。三峡地区水源充沛，植被繁茂，动物和鱼类资源丰富，与狩猎和渔业相关的出土文物和葬式葬俗令人耳目一新。除此之外，还对各个区域出土的纺轮的形制做

---

① 高星、裴树文、冯兴无、陈福友、卫青：《三峡地区在中国旧石器时代考古研究中的地位》，重庆市文物局、重庆市移民局编《重庆·2001 三峡文物保护学术研讨会论文集》，科学出版社，2003，第 1~3 页。

了分析和总结，探讨了当时纺织业的起步和发展。第四章夏商时期考古文化中对盐业考古的分析非常细致，还从陶器器型来分析三峡与周边文化的关系，同时探讨了巴文化的起源。最后还详细介绍了腰坑葬俗。第五章西周、春秋战国时期考古文化，青铜器和铁器的分析和描述是其重点。第五章对窑业也进行了讲解，并且后面章节中也有这部分内容，从中可以看到陶窑的形制变化和制陶工艺的发展。还有对"丹阳城""夷陵城""楚王城""江州城"等著名城址的介绍，不仅应用了考古发掘的材料，还将文献资料作为佐证，为研究三峡地区古城的发展和演变提供了很好的材料。房屋建筑遗址一节中详细介绍了板瓦和筒瓦的发展和演变，配图和标本的列举使论证充分。墓葬部分详细介绍了崖墓和瓮棺葬，还对这一时期的丧葬习俗如殉人等进行了分析和总结。

第六章秦汉时期考古文化，除了介绍考古遗址和建筑遗迹外，还重点介绍了钱币的发展演变。文物方面陶器中的双唇罐和泡菜的制作方法使人印象深刻，可见三峡地区居民喜欢做泡菜和吃泡菜的传统是自古有之。

从第七章三国两晋南北朝时期考古文化开始，章节的结构出现些许变化，除了介绍考古发掘遗址、建筑规模、城址和埋葬习俗，还介绍这一时期主要文物类型的形制特点和制作方式。并且很注意文献资料与考古材料的相互印证。这一章介绍了瓷器的出现和类型丰富的钱币。从文物类型上可以看出俑在随葬品中的比例明显增加。第八章隋唐时期考古文化通过介绍土洞墓讲述古代居民的迁徙。第九章宋元明时期考古文化着重介绍了奉节白帝城古城遗址、重庆老鼓楼遗址和改变世界历史进程的合川钓鱼城古城遗址。

第十章三峡地区的巴、楚文化，首先通过陶器类型把两种文化区别开来，楚文化为鬲、盂（盆）和豆，巴文化一般为釜、罐等。巴文化又被称为"釜罐文化"，花边口尖底罐和尖底杯都是其典型陶器，与产盐有关。同时结合文献史籍分析从西周时期到战国时期巴楚之间的关系。重点考察了廪君的来源和活动范围。并根据考古资料得出廪君巴人在清江的历史最早只能是夏商时期，其主要活动区域也超不出清江中下游，约自西周以后，巴人才开始向清江上游发展。而且其族属是属于三苗的，其迁徙路线是沿长江三峡顺江而下到达清江下游后，再逆江而上。然后用体质人类学的方法介绍了巴人的骨骼标本情况。从新石器时代墓葬中出土人骨的体质特征分析其属于南亚人种和东亚人种的混合型，或者具有明显的华南人或南亚蒙古人种特征。并且通过进一步论证得出结论：巴人具有明显的华南人或南亚蒙古人种的特征，而楚人属于东亚类型。从而否定了"巴人起源于北方西羌说"。最后通过DNA分析表明巫溪南门湾悬棺葬中人骨与渝东和鄂西地区的土家族居民的基因成分相同，对东周时期巴人墓葬中的人骨进行DNA分析也得出相似结论，证明现今的土家族与古代巴人是一脉相承的。

第十一章三峡地区长江洪水遗迹考古，作者首先从古代洪水"淤沙层"入手，探讨旧石器时代三峡地区长江发生洪水及洪水海拔高度的情况。通过考察冉家路口遗址和井水湾旧石器遗址埋藏在古长江主河道边缘低河漫滩上的砾石层，得出长江的水位比现代要低得多的结论。然后根据奉节鱼腹浦遗址的大部分地段都在现在的长江常年洪水季节水位以下，再次肯定前一结论。再用巴东高桅子遗址和巴东福利溪遗址中只见有旧石器时代遗物，而不见原生地层，说明可能东周时期以前至旧石器时代晚期的原生堆积层毁于长江的洪水或是山洪，旧石器时代长江常年水位的海拔高度可能在80米以下，三峡地区原古森林覆盖率很高。在春秋晚期至西周晚期，长江三峡地区曾发生过一次或者数次较大的洪水，洪水将巫峡地区的旧石器时代遗址给冲刷掉了。同时根据《水经注》中记载，周代三峡地区的确发生过洪水。保存下来的旧石器时代遗址大部分分布在长江两岸海拔较低的山地和缓坡地带，应是常年受长江洪水的冲刷而遭破坏或者是山洪水引山体崩塌所致。然后介绍新石器时代遗址中的洪水遗迹。比如宜昌窝棚墩遗址的中心地点是目前的江心，秭归朝天嘴遗址A区的第15层为棕黄色淤沙层，可能为当时洪水留下的痕迹。再如宜昌中堡岛遗址中区第5层和第6层之间明显为洪水过后的纯淤沙层，根据其上下两层的年代分析在距今5500~5200年曾发生过洪水；东区第9层之下为洪水过后的淤沙层，而且靠近江边有一座屈家岭文化晚期的墓葬，其墓坑直接打破淤沙层，因此洪水可能发生在新石器时代屈家岭文化晚期以前；西区第6层为新石器时代晚期屈家岭文化堆积层，第6层之下和第5层为洪水淤沙层，第4层为商周时期文化堆积层，可能也是前面所述洪水留下的痕迹。最后又根据夏商周时期人类居住遗址的位置和面积分析了长江水位的变化和洪水情况。

第十二章三峡地区长江古河床的演变历史，通过远古人类的遗址考察重庆至西陵峡河段和宜昌至宜都长江河床的演变情况，总的来说，三峡地区的长江河床由深且窄逐渐向浅且宽演变，河床也呈逐渐抬高趋势。

《三峡考古文化》是恩师杨华教授在三峡地区进行考古发掘几十年经验的积累和总结。作为其学生，我也有幸跟随老师的脚步参与了三峡考古工程。记得 2006 年杨老师带我们到湖北发掘新石器时代遗址，出土了非常精美的石斧，探方中的红烧土和灰色的小洞原来是古人类的房屋地面及其柱洞。这是我的第一次田野考古实践，印象深刻。虽然当时我们挤在当地农民的家里，半个月才可能洗个头，一个月才能去县里洗一次澡，乡下吃的也不多，小商店的零食有些还是冒牌的。但我们都甘之如饴，因为每一天都能遇到新的情况、学到新的知识，每一天都是新的。工地上杨老师细致耐心地教导我们如何用手铲刮边，如何查看土质土色，如何绘制出正确的平面图和剖面图。我们仔细观察负责的探方，出现任何新的情况，都会咨询老师的意见，学习他对现象的分析并对下一步工作做出判断。那时同学的探方中出土了一个略残的陶器，让我羡慕不已，天天盼着自己的探方也能出点"宝贝"。奈何我负责的探方只有房屋遗迹，而同学负责的探方中却发现了墓葬。哎！后面参加忠县石匣子和洞天堡战国—汉墓地的发掘，出土了好多陶器，还有铜器和铁器，记得出土的铁釜，锈蚀严重，但器型还是很明显，总之有收获的感觉真好！有机会时杨老师还带我们参观附近兄弟单位的考古工地，学习和了解他们的遗址遗物。比如云阳李家坝东周遗址，当时在发掘现场空地上铺满了出土的板瓦和筒瓦，现在在书中看到相关论述和图片，颇觉亲切。在工地上我们还学习了如何拼接和修复陶器，回学校还参与了室内资料的整理和论文的撰写。在杨老师的指导下我掌握了田野发掘的一般规程和基本的技术方法。毕业后来到新疆工作，虽然地理气候和环境条件的差异导致埋葬条件与其他地区不同，再加上文化类型和葬俗的差异，使田野考古发掘的对象和内容有所不同，但发掘流程和使用的技术方法是一样的。记得第一次参与新疆考古所的田野发掘工作，在发掘现场，我既兴奋地期盼着探方或墓葬中的新情况，又暗自庆幸自己在学校跟着老师们学习的田野工作方法比较扎实，虽然出土现象与以前大为不同，但仍能应付自如。

杨老师是从 1975 年开始在湖北宜昌从事考古工作的，先后参加过前三峡考古发掘（长江葛洲坝水利枢纽工程）、大三峡工程（通常称"前三峡大坝工程"）、后三峡工程（通常称"后三峡大坝工程"），浸润于三峡考古事业到现在已经 46 年了，主持管理大、中、小型田野考古调查、勘探、发掘项目近 300 项，先后出版专著《三峡先秦考古文化》、《巴文化考古研究》、《三峡夏商考古文化》、《三峡远古时代考古文化》、《三峡考古文化教程》（教材）和《三峡考古文化》，参与合著 4 部，主编、参编 10 余部作品。主持完成多项国家社会科学基金项目、省部级科研项目和国外合作项目，在国家级权威性刊物、省部级有关刊物上发表学术研究论文（含报告）200 余篇，在海外发表论文数篇，多次获得国家和省政府颁发的成果奖。尽管目前已经退休了，但仍继续在重庆库区进行文物保护工作，发挥自己的光和热。2018 年他带队的涪陵区大河口遗址考古发掘，2022 年荣获"重庆市'十三五'期间重大考古发现"称号。

《三峡考古文化》的书名就告诉我们该书包罗万象，其内容也的确名副其实。从中我们可以看到作为一名资深的专业考古学者对材料的熟悉程度和综合分析能力。三峡库区地域范围广，涉及的遗址和文物点非常丰富，很多遗址点时间跨度长，要从众多的考古材料中按照时间脉络提取出相关的主要信息，还要进行文化类型的梳理，没有一定的功底是做不到的。单单是其中一类出土器物的数据统计、绘图和归纳，就需要花费大量的时间和精力。但本书不仅呈现了作者深厚的考古专业积累，而且书中涉及的古人类学、体质人类学、地质学、文献学、建筑学、城市发展学、文物学、社会学、民俗学、文献学和工艺美术等理论知识和方法可以看出作者涉猎之广，论证之充分。同时也证明了考古学作为一门人文学科，其开展需要借鉴许多自然科学理论和方法，其结果也可以为其他学科提供论点和论据，考古发掘的出土材料的确可以用来探讨古代社会生活的方方面面。这些学科理论的加入使该书并不局限为一本考古专业的综合报告，而是一本关于三峡地区从古人类出现直到明朝时期的历史读物。它不是只有考古或历史相关专业人士才能看懂的专业参考书，而是一本通俗读物，从中您可以看到三峡地区人类的起源、发展和社会演变的历史，生产工具和生活用品的工艺技术进步以及长江水域和河床的变化。因此，对于任何一个研究三峡地区的学者，您都可以从这本书中找到所需要的相关古代知识；对于任何一个对长江流域古代居民社会生活感兴趣的读者，您都可以从这本书中搜索到相关信息；对于任何一个想了解孕育了华夏民族和中华文明的长江及其深刻内涵的中国人，您都可以从这本书中找到中华民族源远流长的文化自信！

《三峡文化研究》第 16 辑
第 204～209 页

一书而兼二义：故土与学风

——评滕新才教授《三生有幸:三峡历史文化研究》*

王志清　林标洲**

摘　要: 滕新才教授鸿制《三生有幸:三峡历史文化研究》，为其三十年三峡历史文化研究之阶段性总结。是书立足大三峡地区，将古今三峡、渝地历史、文学、自然、军事、民俗等内容熔为一炉，各篇独立又互有联系，以新理论、新视阈、新方法彰幽阐微，克绍前贤。该书成而兼故土与学风二义，前者扬渝乡故土，后者则发朴学严谨学风，启末进立足乡土。于各篇内容，略做颂赞，期味于大方之家。

关键词: 滕新才　三峡历史文化　书评

三峡自古有令名。长江之水，冲荡三峡，造就多重险，数重关，历来为文人墨客所嗟叹。仗剑出蜀，溯洄三峡，千里江流，荡人心魄。而其间山水耸峙，云峰雨壑。峡关次第，夔门天下称雄；神女望霞，巫山万峰弄奇。人文蜂舞，老杜夔国操觚；翰澜叠出，船山①隔代有诗。天生白帝，天赐赤牛②，卫疆土宋祚绵长。迨今朝，三峡工程胜自然造化，西南别有新貌。白

---

* 基金项目：重庆三峡学院 2020 年校级高等教育教学改革研究项目"汉语言文学专业核心课程的'课程思政'研究"（课题编号 JGZC2035）的研究成果。
** 王志清（1977～），男，蒙古族，辽宁阜新人，博士，重庆三峡学院教授，主要研究民间文学、民俗文化；林标洲（1997～），男，重庆三峡学院硕士研究生，主要研究中国古典文献学。
① 张问陶，字仲冶，一字柳门，号船山。清代性灵派三大家之一，今四川遂宁人。
② 指天生城、白帝城、天赐城、赤牛城，依山而建，绝壁而险，构筑山城防御体系。

鹤石鱼，潜蛰水宫①；滟滪天险，诗文尤存②。三峡库区延布荆渝，人文遗产重焕新辉。

业师滕新才教授鸿制《三生有幸：三峡历史文化研究》是岁付梓，布脊纸面精装，辅以护封，有彩绘清末夔州府城图，精美可爱。书纸柔韧，铅字清晰，捧读有酣畅之感，不费目力。是书乃相关文章结集而成，近600页，洋洋75万字，卷首有陈志《三生有幸，我的万州》长诗代序，书末有滕师自撰后记一篇。目录分四部分：三峡文献考索、三峡历史稽沉、三峡文化刍论、三峡文学谫识。钤以文章若干，皆与分部相合。

值此新时期，从三峡地区人文、自然、历史景观出发，以新理论、新视阈、新方法彰幽阐微，克绍前贤，在在备述，实在是功莫大焉。古时儒者，上以致君尧舜，下以化民齐家，通达六合，遂成一功。今兹来者，必有生长于斯、深荷厚恩其故土者，亦有求学遐陬、知遇他乡而反哺之者。前之者颂桑梓宿德，扬家邦古志，必其人之担当也；后之者格致修齐，孜孜于是土，亦申其志、履其遇、报其养也。滕师者，渝西昌州③人士，传道万州，潜心乙部④，卅年不倦，此余所谓后之者也。朱子寓建阳，阳明悟龙场，诚可期焉⑤。滕师不爱其桑梓耶？无谋其故园耶？非也。乃知生我养我，树我成我，时有异地也。今昌州虽不属库区，然其地仍归渝境。古时夔路，囊括大略，各地乡人，其音声近，其风俗似，其文化心理认知同，或可谓大三峡地也。读滕师是书后记，知其曾颓然于三峡战事之不为人识，遂自作勘研，乃为嚆矢⑥，竟笔耕不辍，至于今朝。探文化文学、究民俗民风、考史志史乘，集腋成裘，箕裘不坠，诚可贺也。想读者观是书，于一乡一地者可察幽

---

① 指白鹤梁遗迹，题刻上有石鱼。因三峡大坝蓄水，创造性地修建了世界上唯一在水深40米处的白鹤梁水下博物馆，因以言水宫。

② 滟滪堆，因航运障碍，于1959年冬炸除。巨石虽除，但仍能见于古今诗文中。

③ 今重庆市荣昌县。

④ 古代图书四分法，六朝时分甲乙丙丁四部，内容大致为后来的经子史集。后《隋书·经籍志》确立四分法为经史子集，隋唐以后则以乙部代称史部书籍。

⑤ 朱熹，祖籍徽州府婺源县（今江西省婺源），生于南剑州尤溪（今属福建省尤溪县），而晚年寓居福建建阳，创立考亭书院，讲学于此。王阳明，被贬贵州龙场，任驿丞，环境艰苦，忽有悟道，即所谓"龙场悟道"。此二人皆非于其桑梓生养地而扬其地望，以此作喻。

⑥ 滕新才：《宋末万州天生城抗元保卫战》，《四川文物》1993年第1期。

隐于桑梓情深，凝心聚力；于后学末进者启以脚踏实地，植根乡土，苦心孤诣。成一书而二义兼得，此书之谓也。人不负父母先民之邦，学不泯朴实勤恳之风。仰而上，可叹浮云变苍狗；俯而下，明察沧海化桑田。不以雅俗之辨而成于一心，一方人文赖以此传而成之厚之，信不虚矣。张元济先生"睹乔木而思故家，考文献而爱旧邦"之语，良有以哉！

　　是书以"三生有幸"为名，三生者何？万州古称南浦，蛮荒无名，因《甘泽谣》三生石故事，藉苏轼椽笔改篆，不胫而广传九州。三生因此与古南浦结缘，今万州沿以为城市名片，幸焉。是书以《三生石文献疏证》开篇，以评熊笃教授《巴渝古代近代文学史》终音，首尾互映，古今同辉。《诗》以《关雎》置弁，论纲纪之统，王教之伦。今者以三生石发端，氤氲文学，定其基调。三生之说于此，幽玄而不邪僻，笃思而不虚罔。不启求仙问道避世之风，反孳惜时奋争吊古之气，有南橘北枳之惑。转念思之，三峡风物之奇、险、壮、雄、秀并兼，哺育地方，乃成民情。以三生石之说流于万州千年，已成人文标识，柔和山水之奇险，益增民风之淳朴，乃本地人民不可辜负之瑰宝。首篇既定其基调，则末帙为之承绪，以新时期巴渝文学研究绍述先贤，期涌泉后学，篇章设置之妙，于此可见一斑。

　　滕师是书各篇，分目编排，匠心独运。首部乃文献考索，广援博引，翔实可征。无论地方史志，抑或摩崖碑铭，细细考证，久久为功。其行文引经据典，信手拈来，举重若轻，非有深厚学养，不能为之。其学既厚，其风亦宗朴学之严谨，无征不信，二者合之，乃成佳构。于此可窥《开州史志文献考辨》之严谨缜密，《三峡乌鬼考》之娓娓生趣，《天城石壁记》《大宁监创筑天赐城记》并述战事，裨补史阙。次部为历史稽沉，定于三峡一地，发亘古之咏史深思，察三峡之乱世烽火。有天生城、白帝城、赤牛城、天赐城构筑山城防御体系，抗击蒙古；有元末明夏政权，立国巴蜀，颉颃朱明；有明末秦良玉巾帼英雄、张献忠义军纵横；有"夔东十三家"坚守一隅，强固汉祚，血火腾飞。于今有立足三峡库区，鳌往昔建制沿革之文。亦有近代陪都，重庆抗战，志士仁人，烈士许身报国之述。此部史述婉转，立足史志实录，无稗官野史之厕杂，唯守马迁良风，文学性亦强，如明玉珍、秦良玉、张献忠之文，阅之如古人历历在目，烽烟亦形诸眼前，学与趣兼之，信哉难矣。又次为文化刍论，三峡人杰地灵，文翰英才辈出，岂可以一部数篇述尽？故曰刍论，发读者之思而已矣。三峡文化，巫发其源，灵、易、医、农踵其后，一脉相承，源远流长，可申文明之初祖，可论人文之滥觞。时至今时，三峡一地，枕其优渥山水，揽其滂沛风华，人文天成，数之不尽，后辈苗裔，孜孜兴之，不亦宜乎？末部为文学谫识，窃以为本书之重，文翰光华，莫出于此部；学术裨益，益盖乎他篇。《清代夔州诗论稿》《清代巫山诗论》，二璧生光，清冽如玉，读之晓畅沁人；王士禛、张问陶二月同天，神韵性灵，赖三峡以成，歌三峡而名，人地契合，自杜陆以降，数百年间，三峡灵蕴，仍秀极天工。

纵览是书，文献考据有之，史述评议有之，文化民俗有之，文学批评有之，三峡旅游、非遗保护亦有之，视野宏阔，题材广泛。于文史考据用力颇勤，深思数见；文化论谈，亦颇见笔力。如据《天城石壁记》碑刻，纵横恣肆，支搜节讨，委折波澜，曲尽其妙。明代中叶荆襄流民风潮，细究社会根源，评铨抚民良策，首尾贯通，一气呵成，是研究古代民族迁徙的上好材料。有清一代，夔州、巫山诗论，纵览横顾，多方牵引，人、事、情、典诸端汇通，此其博；王士禛神韵悠长，张问陶性灵独抒，反思其上下风格，回溯其前后诗韵，此其专。又如三峡巫文化、夔文化探赜，上及蛮荒，下迄今世，盐泉肇始，灵巫奠基，易象继轨，夔子立国，诗城绝巅。《山海》经说，史志笔削，源流细细，捃摭多方，都为一编，大雅华笺。于今时之民俗文化研究，苗族银饰详考源流，推陈出新，导夫先路；旅游开发，不废山川之美奇，"词源倒流三峡水"，尽展自然之造化；非遗探寻，深描土家织锦，闲观梯田飞鹭，自然与人文共生。此间数种，学科交叉，理论捭阖，抽绎其中，非有博闻淹洽之识，不可为之，观止矣。

滕师此书，最大特色乃所收文章，朴学之风颇盛。文献引用，详注详征，决疑鞭辟入里，发覆娓娓道来，如滕师后记言，或肤廓浅近，或呻缓冗沓，因而造就此书一大亮点：学术性与可读性并重。既可作为三峡地区历史人文推挽之作，资普罗大众品鉴，亦有助于专业人士考究，嘉惠学林。高者撷其柔桑，低者拾其落芳，奥窔幽深绝少，文采自然可爱。小子窃以为事皆两面，详征博引有助观瞻，但有时偏于烦琐，可注可不注者不注，可释可不释者不释，何也？如征引纪年，倘涉罕见年号，或相关人物生卒年，非专业者稀闻，夹注公元纪年，可使大众甚至文史工作者理解更明，定位更准。但全本皆夹注公元纪年，于泛泛举例之人亦详注生卒，不免太过琐碎，于彼无甚大用，且割裂文章，不尽美观，如《三峡库区旅游文化资源深度开发研究》即可征之。可注可不注、可释可不释者，乃见于一些概念：如《夔州文化论纲》述及"后夔"，详释"后"字古今词源、词义演变，袁蒐诸家数百言，此间功非不深，但于此观之，若普通大众读之，想必惮烦于此，若征引一二，定其名义，其人接受亦甚轻松；而专业文史研究者于此，则必有相关知识背景，虽不至条分缕析，然基本概念早已了然。则内外之人读此，即小子所谓可注可不注、可释可不释者。但此种注释又存乎一心，论及刘梦得《竹枝词》，引以古代五音、律吕与人身五脏之对应关系，"肾应羽，其声沉以细""仲冬之月……其音羽""正羽调式能促进全身气机的下降，并且带有调节肾与膀胱的功能，兼带助肝阴制心火的功效……就像从山泉中汩汩而出的灵动，既温婉又空灵，让人听来舒畅，多出一分安详宁静"[①]，详释细考，读之如山泉顺流倾泻，环环相扣，有水落石出之感，于悦读阅读皆有益。另本书乃相关文章集，某些篇章有重合概念及互见描述，固其体例如此，盖不赘言。

孔颖达《毛诗正义》有云："《风》言一国之事系一人，《雅》亦天下之事系一人。"[②] 则如父母家园、职遇之邦、巴渝之地何？滕师卅年学术生涯，孜孜不倦，矻矻地方文史，其心系于故园桑梓、留寓他乡、夔府渝城，而家邦土地羁恩于其人，可乎？非也。学术成非一人，生计谋非一时。若言有俯于三峡地方文化者，则非有滕师此一心终始，根于基本，汇编成册者；倘使有著书刊版者，其心又何有涅而不缁，卅年如一日为渝省潜研者耶？由是观之，此书之功，非在一时，非在一册，乃有启发后学扎根乡梓，厚恩作养之意。建木非一日之功，其亦出于灰土。广而化之，人各有其乡，乡各有其容，合小家而成乡梓，聚乡梓而成邦国。他乡游子闻见此书，想必有欣欣

---

① 滕新才：《三生有幸：三峡历史文化研究》，巴蜀书社，2022，第277、317页。
② 《十三经注疏》整理委员会整理，李学勤主编《十三经注疏·毛诗正义》（上、中、下），北京大学出版社，1999，第17页。

然欢喜、戚戚然感慨之意，而君子是则是傚，① 若此，则功莫大焉，滕师必不胜欢欣鼓舞，"维其有之，是以似之"②，其寄望学风如此。一地后学末进共参，众煦漂山，众志成城，实乃学术之大幸。

曾有老学究夜行，遇其亡友，已为冥吏，至南村有所勾摄。并行至一破屋，鬼曰："此文士庐也。……凡人白昼营营，性灵汩没。惟睡时一念不生，元神朗彻，胸中所读之书，字字皆吐光芒，自百窍而出，其状缥缈缤纷，烂如锦绣。学如郑、孔、文如屈、宋、班、马者，上烛霄汉，与星月争辉。次者数丈，次者数尺，以渐而差，极下者亦荧如一灯，照映户牖。人不能见，惟鬼神见之耳。此室上光芒高七八尺，以是而知。"③ 小子读是书，信不诬也。纸虽毫厘，亦可承千斤之重，读有好书，如食甘旨，击节而不已。

要之，小子扬搉如上，时近炎暑，读是书，时有盛夏白瓷梅子汤、碎冰碰壁响当啷之轻快感，方悟毛宗冈所谓"寒冰破热、凉风扫尘之妙"④。读此一书，略窥三峡文化之门径，可缘之而登堂奥矣。一书读毕，信有所感，拙笔杀青斯竟，敢献前辈同仁。

① 《十三经注疏》整理委员会整理，李学勤主编《十三经注疏·毛诗正义》（上、中、下），北京大学出版社，1999，第558页。
② 《十三经注疏》整理委员会整理，李学勤主编《十三经注疏·毛诗正义》（上、中、下），北京大学出版社，1999，第861页。
③ 故事出自（清）纪昀著，韩希明译注《阅微草堂笔记》，中华书局，2014，第14页。
④ 见于毛宗冈《读三国志法》。（明）罗贯中原著，（明末清初）毛宗冈评点《毛批三国演义》（上卷），天津古籍出版社，2006，第11页。

《三峡文化研究》第 16 辑
第 210~219 页

Table of Contents & Abstracts

Abstract: Yunyang is located in the hinterland of the Three Gorges region, which is the central area of ancient Ba State. In ancient Chinese literature, there are a large number of human activities' records in Yunyang area in the Eastern Zhou Dynasty, such as the territory of Ba Sate, the social economy and production technology of the Ba people, population flow and migration, military activities, etc. From the perspective of archaeological findings, the number of sites and tombs in the Western Zhou Dynasty, the Spring and Autumn period and the Warring States period in Yunyang area is more than that in the Xia and Shang Dynasties. Its cultural features are mainly the Ba culture and the Chu culture, of which the Ba cultural sites and tombs are relatively more. Archaeological relics of this period unearthed in Yunyang area have a large number of stone tools, ironware, bronzeware, bone implements, musses and other production tools, which not only confirmed the existence of extensive agricultural production at that time, but also reflected the emergence and development of bronze manufacturing industry and iron smelting industry in the local area.

Keywords: Yunyang Area; Ba culture; cultural relics

The Interaction Between Ba State and the Surrounding Ethnic Groups from the Perspective of Ba Weapons
LIU Tingting / 030

Abstract: The Ba people had been recorded in the historical records for their bravery and good fighting. Among the archaeological achievements in ancient Ba area, the bronze weapons in the tombs account for a large proportion. The typical ones are Ba style willow leaf sword, copper dagger, copper spear and copper Yue. Although the shape and decoration of these four types of weapons have the characteristics of Ba, they are not unique to Ba. They not only show the special features of the early Ba culture, but also demonstrate the subtle influence among ethnic groups at the pre-Qin Period.

Keywords: Ba weapons; Ba culture; identity memory; ethnic group

A Brief Account of the Old Annals of Yunyang County in the Past Dynasties
XIONG Maosong / 038

Abstract: Yunyang county is located in the core area of the Three Gorges. Its administrative division was built in Quren County after the Qin destroyed the Ba state and set up the Ba County. According to the existing literature, the revision of the annals of Yunyang County began in the 20th year of Jiajing in the Ming Dynasty. The existing old county annals include 5 types: Jiajing version in the Ming Dynasty, Qianlong version in the Qing Dynasty, Xianfeng version in the Qing Dynasty, local records version in the late Qing Dynasty and the version in Republic of China. The old annals of Yunyang County contain rich historical materials of regional culture, which is an important reference for the study of historical and cultural issues in the Three Gorges area.

Keywords: Yunyang County; old annals; local records

Review and Analysis of Various Statements of "Qu Yuan's

Hometown" *TAN Jiabin* / 051

Abstract: *Historical Records*: *biographies of Qu Yuan and Jia Sheng* (《史记·屈原贾生列传》), the earliest record of Quyuan's life, did not describe the birthplace of Qu Yuan, leaving space for later generations to explore. Moreover, later generations confused the concept of "Qu Yuan's hometown" and "Qu Yuan's birthplace", believing that hometown was the birthplace, which is actually a confusion. In the Ming and Qing Dynasties, disputes continued, especially since modern times, there have been more than 10 kinds of statements. In earlier version, it was believed that Qu Yuan was born in Zigui, and the earliest historical document that clearly recorded Qu Yuan's birthplace, which was Zigui, was Yuan Shansong's *Yidu Ji* (《宜都记》) in East Jin Dynasty.

Keywords: Qu Yuan; hometown; birthplace; Zigui

The Life, Friends and *Boudoir Collection* of Liu Fangjie, a Poet of

Yidu in the Ming Dynasty *XIAO Daping* / 064

Abstract: Liu Fangjie was a famous poet in Yidu, Hubei Province in the Ming Dynasty. He had written *Yunzai Hall Collection* (《云在堂集》) and seventy pieces in *Boudoir Collection* (《闺情集句》). According to the Kangxi *Yidu County Annals* (康熙《宜都县志》), he was highly praised as "confrontations in Jingchu" with Lei Sipei of Yiling and Yuan Zhongdao of Gong'an. Liu's friendships with Zhang Juzheng, Yuan Zhongdao of the Gong'an School, Zhong Xing and Tan Yuanchun of the Jingling School, Song Maocheng and Qian Qianyi were very strong. His *Boudoir Collection* was valued, but the whole book is not handed down. There are only four selected poems in Qian Qianyi's *Poetry of Past Dynasties* (《列朝诗集》), according to which the *Poems of Four Dynasties Selected by the Emperor* (《御定四朝诗》) are transcribed. Zhu Yizun's *Jingzhiju*

Poetic Talk (《静志居诗话》) selected the triple collection sentences in it, and Liang Zhangju's *Qiaodui Lu* (《巧对录》) transcribed them. Through the analysis of these four poems, we can seek some information about the spread and acceptance of Tang Poetry in the late Ming Dynasty.

Keywords: Liu Fangjie; friendship; *Boudoir Collection*; collection of poems

Research On The Changes of Immigrant Families in Wuling Mountainous Area in the Late Qing Dynasty and Republic of China from the *Inscriptions of Cheng's Ancestral Hall*

—Seeking The Inscription of Wuling (2)

GUO Feng, SHEN Li, CHEN Jing / 086

Abstract: The Cheng's Ancestral Hall is located in the old urban area of Enshi City, Hubei province. It is a rare typical ancestral hall building in Wuling mountainous area. The ancestral hall retained three inscriptions about Cheng Junxian family in the 14th year of Daoguang (1834), the 23rd year of Daoguang (1843) and the 2nd year of Xianfeng (1852). They perfectly presented the process of Cheng family's immigration to Wuling Mountain and its continuous development. Cheng Junxian's family was a complete and precious miniature of the immigration society in Wuling mountainous area after the bureaucratization of native officers. It provides a valuable case for studying the social changes and multi-ethnic exchanges in Wuling mountain area after the bureaucratization of native officers.

Keywords: *Inscriptions of Cheng's Ancestral Hall*; Wuling mountainous area; immigration society

Legends and Belief Customs of the Three Kingdoms Characters in

the Three Gorges Reservoir Area   *CHEN Weixing*, *LIU Meiling* / 100

Abstract: Folk belief is closely related to legend. Legend is also one of the manifestations of folk belief. Folk belief deepens the credibility and legendary nature of the legend. The Three Gorges Reservoir area is the place where many historical events of the Three Kingdoms occurred. For thousands of years, there are many legends related to the figures of the Three Kingdoms. The legends of Liu Bei, Guan Yu, Zhang Fei, Gan Ning, Zhuge Liang and other figures of the three kingdoms are important representatives. The legends describe the image transformation of the characters "from man to God", which leads to the folk belief. The characters of the Three Kingdoms were endowed with various folk belief functions so that they became the "protection gods" to save human suffering and protect believers. People have been offering sacrifices, praying for gods' protection and seeking psychological comforts. The interaction between the legends of the Three Kingdoms characters and the beliefs of the Three Kingdoms characters constitutes a very dynamic folk culture in the Three Gorges Reservoir area.

Keywords: Three Gorges Reservoir area; Three Kingdoms legend; belief customs of Three Kingdoms characters

A Study of the Reverse Characteristics of Musical Cultural Events

—Taking Tujia People's Crying Marriage Song, Funeral Drum

Dance and Nuo Opera as Examples   *WANG Chuanli* / 119

Abstract: The Tujia people is one of the few ethnic minorities living in non-frontier areas in China. Its music and cultural events show many reverse characteristics. From the perspective of Crying Marriage Song for separation of flesh and blood, Tujia girls don't laugh but cry at weddings, which is actually the promotion of filial piety culture under the domination of Confucianism. They cry to show filial piety. Judging from the funeral songs mainly based on love songs and a large number of dance movements imitating animals in the Funeral Drum Dance, Tujia people are not sad but happy in the funeral, which is actually the realization of the people's desire for "life". The whole activity is actually a ceremony to convey reproductive worship. From the perspective of vulgar libretto and primitive masks in Nuo Opera, Tujia people have formed the aesthetic taste of regarding ugliness as beauty, which is in fact the devout belief in Nuo witch who flushes evils with filth and curbs ugliness with ugliness. The Crying Marriage Song, Funeral Drum Dance and Nuo Opera are the representatives of Tujia songs, dances and plays, which together constitute the earthy color and fragrance of Tujia music.

Keywords: Tujia people; Crying Marriage Song; Funeral Drum Dance; Nuo Opera; reverse characteristics

A Report on the Folk Culture in the Southern Dialect Area of Tujia
ZHANG Weiquan, XIANG Yuansong / 136

Abstract: In addition to retaining the southern dialect of Tujia language, Tanxi town in Luxi County of Xiangxi District also has different folk cultures from the northern dialect area of Tujia, the most prominent are Tiaoxiang Dance, Six Dragon Festival, Land Temple Fair and Xizhai Activity. These cultures are primitive, reflecting the long cultural and ancient simplicity of the folk customs in the southern dialect area of Tujia. At the same time, they are also records of Tujia people in the southern dialect area integrating into nature for survival and fighting against disasters.

Keywords: Tiaoxiang Dance; Six Dragon Festival; Land Temple Fair; Xizhai Activity

The Study of Three Gorges Culture and the Construction of
Excellent Cultural City of Chongqing   *LIU Rong* / 145

Abstract: This paper starts with a brief analysis of the concept and content of the Three Gorges culture. Through the refining and analysis of the Three Gorges poetry culture, the Three Gorges cultural relics, the Three Gorges Project and the reservoir immigrants, it fully demonstrates the cultural characteristics of the Three Gorges, and then reveals the value and transformation channels of the above three cultural brands from the aspects of cultural heritage protection, education and cultural tourism development. On this basis, it analyzes how Three Gorges culture promotes the construction of excellent cultural city in Chongqing.

Keywords: Three Gorges culture; Three Gorges culture relics; excellent cultural city construction

Research on the Path of Cultural Poverty Alleviation in Ethnic
Areas under the Background of Rural Revitalization
　—Taking Kuzhuping Village (Located in Wufeng Tujia
　　Autonomous County, Hubei Province) as an Example
                                               PENG Juan / 156

Abstract: As one of the residences of Tujia people, the traditional culture of Kuzhuping village is facing the situation of inheritance and innovation, change and loss under the influence of modernization. Through the analysis of villagers' understanding of traditional culture, an efficient and orderly culture-aid program was formulated for Kuzhuping village while shaking off poverty economically. The spiritual life of villagers has been constantly enriched from the aspects of cultural education, cultural heritage sites, cultural propaganda places, cultural customs and amateur life. The discovery and interpretation of traditional culture have been strengthened, and the era value of traditional culture has been fully refined. It is significant to enhance the sense of identity and belonging of traditional culture and improve the protection awareness of traditional cultural heritage.

Keywords: Rural Revitalization; cultural poverty alleviation; Kuzhuping village

The Empowering Role of Local Traditional Culture in the Cultural Tourism Development of Northeast Chongqing

HUANG Xianzhong / 166

Abstract: Northeast Chongqing has rich cultural resources, beautiful natural scenery, but underdeveloped regional economy and great pressure on environmental protection. We believe that the empowerment of local traditional culture on tourism development is the key element to transform the disadvantages and consolidate the advantages. How to do well in the in-depth research, transformation and organic integration of folk customs, celebrities and poetry culture is an urgent issue for cultural and tourism workers. It is suggested that the cultural IP of "Bayu Tang Poetry Road" should be used to integrate the tourism and historical attractions in Northeast Chongqing, highlight its internal cultural connotation, and enhance the complementarity and relevance between them. The establishment of cooperation between governments and local cultural research institutions of colleges should be encouraged.

Keywords: Northeast Chongqing; Bayu Tang Poetry Road; local traditional culture; Tang Dynasty poetry

A Case Study on the Career Choice of Interior Decoration Workers
in SunJia Town of the Three Gorges Reservoir Area

LI Xia, *LIU Jia* / 179

Abstract: A branch of male members in the Liu family at Sunjia Town, the
Three Gorges Reservoir Area, mostly work in the interior decoration industry.
Their labor time is long, labor intensity is large, the working time is relatively
free, the technology and capital threshold is not high, and their income can meet
the needs of life which has a positive impact on their professional identity. In the
interviews and observation, the reporters showed their career path and living
arrangements. The factors affecting their career choices include personal experience,
family culture, modern social structure and economic development.

Keywords: interior decoration; life scene; work scene; occupation selection

The Colorful History under the Smooth Lake
—Comments On *Three Gorges Archaeological Culture*

FU Chang / 196

Abstract: The book *Three Gorges Archaeological Culture* is a summary of
Professor Yang Hua's decades of experience and views on archaeological
excavations in the Three Gorges region. The book not only introduces the sites and
relics of ancient residents in the Three Gorges area from the Paleolithic Age to the
Song, Yuan and Ming Dynasties, but also analyzes and studies the Ba and Chu
cultures as well as the historical changes in the water level and riverbed of the
Yangtze River. The book covers a wide range of research areas and involves many
sites and cultural relics. Meanwhile it has a clear structure and prominent
theme. Each chapter has different focuses and highlights, which is worthy of in-
depth study and discussion.

Keywords: Three Gorges Archaeology; Ba culture; Chu culture

One Book with Two Meanings: Homeland and Style of Study

—Comments on Professor Teng Xincai's

Fortunate in Three Lives: A Study of the History and Culture of the
Three Gorges

Abstract: Professor Teng Xincai has published the book *Fortunate in Three Lives: A Study of the History and Culture of the Three Gorges*, which is a phased summary of his 30 ‑ years research on the history and culture of the Three Gorges. The book sets up on the Three Gorges area, combines the ancient and modern Three Gorges, melts the history, literature, nature, military affairs, folklore and other contents of Chongqing together. Each article is independent and interconnected, applies new theories, new horizons and new methods to highlight the subtle elucidation inherit the research results of predecessors. The book is composed of two meanings: homeland and style of study. The former promotes the hometown of Chongqing, the latter has a simple and rigorous style of study, and educates later generations based on hometown culture. For the content of each article, there has a little praise and looks forward to the review of experts.

Keywords: Teng Xincai; the Three Gorges history and culture; book review

稿　约

　　《三峡文化研究》系湖北省人文社会科学重点研究基地三峡文化与经济社会发展研究中心、湖北省三峡文化研究会主办的学术集刊。2001 年创办，自 2019 年起，由社会科学文献出版社出版，一年一刊。

　　本刊主要刊载三峡历史文化与社会经济的相关学术成果，奉行开放性编辑方针，专题论文、问题争鸣、学术综述、书介书评、读史札记均受欢迎，字数不限，选取稿件坚持"英雄不问出处，唯在学术建树"的原则，实行专家匿名审稿制度，不收取任何费用，优稿优酬。为了进一步提升本刊水准，热诚欢迎海内外专家、学者赐稿。

　　本刊注重实证，提倡探索，来稿请严格遵守学术诚信，应是未在其他刊物发表的原稿，按照学术论文要求撰写，文风朴实、论从史出、观点新颖、逻辑严密、引文准确、注释规范。同时，稿件请注明篇名、作者姓名、所属机构、职称、通信地址、电话、电子邮件等联络资料。本刊注释一律采取脚注形式，每页单独排序，标为①②③……

　　来稿文责由作者自负，请通过电子邮件，以附件形式提供 Word 文本稿件。投稿邮箱：SXWHYJ@ 126. com。

　　由于人力所限，对于来稿不能一一回复。作者自投稿之日起 45 个工作日内未接到录用通知者，请自行处理。我们对决定采用的稿件，有权进行修改、删节。

　　根据著作权法规定，凡向我们投稿者皆被认定遵守上述约定。

湖北省三峡文化研究会

三峡文化与经济社会发展研究中心

《三峡文化研究》编辑部

2021 年 9 月

图书在版编目（CIP）数据

三峡文化研究 . 第 16 辑 / 王祖龙，曹大明主编 . --
北京：社会科学文献出版社，2023.10
　ISBN 978-7-5228-2180-1

　Ⅰ . ①三⋯　Ⅱ . ①王⋯ ②曹⋯　Ⅲ . ①三峡 - 文化 -
研究　Ⅳ . ① K297.19

中国国家版本馆 CIP 数据核字（2023）第 139900 号

三峡文化研究　第 16 辑

主　　编 / 王祖龙　曹大明

出 版 人 / 冀祥德
责任编辑 / 刘同辉
文稿编辑 / 公靖靖
责任印制 / 王京美

出　　版 / 社会科学文献出版社（010）59366556
　　　　　地址：北京市北三环中路甲 29 号院华龙大厦　邮编：100029
　　　　　网址：www.ssap.com.cn
发　　行 / 社会科学文献出版社（010）59367028
印　　装 / 三河市尚艺印装有限公司

规　　格 / 开 本：787mm×1092mm　1/16
　　　　　印 张：14　字 数：222 千字
版　　次 / 2023 年 10 月第 1 版　2023 年 10 月第 1 次印刷
书　　号 / ISBN 978-7-5228-2180-1
定　　价 / 98.00 元

读者服务电话：4008918866

版权所有 翻印必究